ル・マンジュ・トゥー

Le Mange-Tout

# 谷昇シェフの
# ビストロ流 完全レシピ

絶対おいしく作れる
永久保存の120品

La bonne cuisine
est la base
du véritable
bonheur

はじめに

# おいしい料理は真の幸福の基礎となる

―― オーギュスト・エスコフィエ ――

「レストランの料理は時代とともに変化する。最も大切にしたいのは家庭料理と郷土料理」。そんな恩師の言葉をいまも大切にしています。

この本で紹介しているのは、この言葉のように残っていく料理、ご家庭でくり返し作っていただきたい料理、何より僕自身がとても好きで大切にしている料理です。

フライパンで焼いただけ、ソースもつけ合わせもない超シンプルな一皿から、時間をかけて作りたい郷土色豊かな煮込みまで。また、ビストロの定番料理のゆで卵にマヨネーズをかけただけの前菜やチーズがとろけるオニオングラタンスープといったフランス人にとっての国民食、そして同様に日本人にとっての国民食である洋食もリストアップしました。

これらは、僕の店の『ル・マンジュ・トゥー』で出しているお料理とは違います。でも、お店でやっていることや考え方はまったく同じ。ご家庭で作っていただきたい、これらの料理を通して、僕がフレンチのシェフとして培ってきた「おいしい料理を作るために大切なこと」をすべてお伝えしているからです。

料理には、ひとつひとつの工程に意味があります。無駄なことはしないでいいから、大切なことはしっかり身につけてほしい。だから、まるで僕のキッチンに入って、作り方を見ていただいているかのように、プロセス写真でそれぞれの作業の意味をお伝えしました。

まずは、僕がお教えした通りに、忠実に作ってみてください。絶対においしく作れますから。

自己流でちょっとずつ誤差が出ると、最後の仕上がりでとても大きな差になって、違う料理になってしまいます。

でも僕は料理書はあくまで参考書だと考えます。だから皆さまがそれぞれ好みの味や香りにできるよう、できるだけシンプルな味つけにしています。上手くできたら「次はハーブを加えてみよう、食材や調味料を少し加えてみよう」とアレンジしてください。そしてご自分の味を作っていってください。

お料理が上手くいったときを、「かまどの女神が微笑む」と言うそうですが、料理の女神が微笑み、作った人も食べた人も笑顔になる……。そんな幸福な時間にこの本が少しでもお役に立てたら、このうえなく嬉しく思います。

ル・マンジュ・トゥー

谷昇

# 誰でも料理がおいしくできる、いくつかのヒント

## 素材を知る

　野菜には個体差があります。産地や季節によって甘みも香りも水分量も違います。例えば玉ねぎを炒める際に水を加えますが（p.237 参照）、新玉ねぎはたっぷり水分を含んでいますし、貯蔵したものは貯蔵期間によっても差がありますが水分が少ない。それを見極めながら水を加減します。味つけも然り。同じグラム数だったとしても個々の性質によって味の感じ方が違うことがあります。肉も魚も同じです。各段階で味をみることはお約束ですが、最終的には自分の判断を信じて。

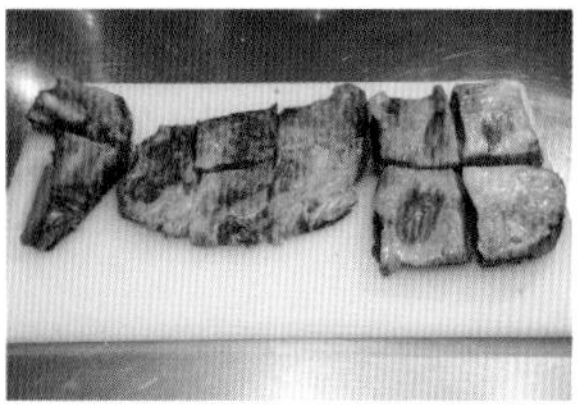

## でき上がりをイメージして切る

　例えば牛ばら肉のビール煮込みの場合。牛ばら肉は煮込むと 3 分の 2 ほどに小さくなります。ですから、でき上がりをイメージして切る大きさを決めることが大切です。とくにかたまり肉は形も大きさもさまざまですから、切り方も均等にはいきません。肉の個性を見極めて、最終的に体積が同じになるように切ります。野菜にも同じことが言えます（p.239 玉ねぎの切り方参照）。

## 手に持つ

　素材の重さ・触感を感じることが重要です。魚でも野菜でも手に持てば、その状態がわかります。水分が多すぎたり、時間がたって乾いていたり。素材の状況を把握できれば、加減もできる。つまり失敗を防ぐことになるのです。例えば鶏肉に塩をふるとき、左手に持って右手で塩をふりますが、僕は 100 人分でも 100 枚すべてを手に持って塩をふります。

## 「塩、こしょう」は辞書になし

「塩、こしょう」という言葉はありません。塩とこしょうは決してセットで使うものではありません。こしょうは香りを求めるときに使うもの。僕は、こしょうが大好きだからこそ正しく使ってもらいたい。とくに焼きものの場合、高温で熱すると焦げ臭くなってしまうし、煮込み料理は最初から入れると苦みが残ってしまいます。こしょうを使うときは、必要性とタイミングを考えて。

## 塩は積み重ねる

　最後に塩を一気に加えたのではカドが残ってしまいます。素材を加えるたびに少量ずつの塩をふることで、味が馴染んでこなれていきます。小さな積み重ねの結果は大きい。自分の感覚でそのつど塩を加えるとなると、「濃くなりすぎないか」と不安になりますが、レシピがありますから大丈夫です。あらかじめトータルで使用する塩を小さな器にでも用意して、そこから使ってはどうでしょう。

## 下味はどこを食べてもおいしくなるように

切り分けて盛りつける料理なら、どこを食べても均一に味がついているように、皿の上をイメージして塩をふります。かたまり肉なら、下味の段階で切る方向も考えます。また、鶏肉の皮は塩が浸透しにくいので、肉側にしっかり塩をふるなど考えをめぐらせます。部分的に味が強くなったり、あるいは調理中に流れてしまわないように。素材の性質にも配慮します。

## 不要なものを除く

アクを取る、焼いている途中で出てくる脂を捨てる。よく出てくる工程ですが、その意味を考えたことはありますか？　アクや余分な脂をなめてみてください。おいしくないはずです。無駄なものは丁寧に、躊躇なく取る。おいしい料理へのプロセスのひとつです。

## ぐらぐら煮立てない

煮込み料理やじゃがいもをゆでるとき、ボコボコと沸騰する火加減は必要ありません。煮込み鍋の中で素材が躍るようではスープが濁り、煮崩れて仕上がりも美しくなく、食感も楽しめません。煮込み料理の火加減は強火にしないことが鉄則です。

## おいしそうな焼き色

料理書によく登場する「きつね色」。皆さんはどんな色を思い浮かべますか？　焼く場合も揚げる場合も、僕は「おいしそうな色」であることが重要だと思っています。中に火が通っているかどうかは、時間だったり、弾力だったり、泡の様子だったり、他にも確認のしようがあります。けれど仕上げの色は皿の上までも支配します。また、味にも深く関わってきます。でき上がりは「おいしそうな色」を目指してください。

## 五感を使う

料理は目で見て、耳で音を聞き、鼻で香りを嗅ぎ、舌で味をみ、手ですべてを感じること。五感をフルに使います。極端な話をするならば、ジュウジュウと焼ける音や水分が油に当たってはねる音を聞き、焼ける香りを嗅いでいるなら、よそ見をしていても大丈夫。そんな側面もあります。

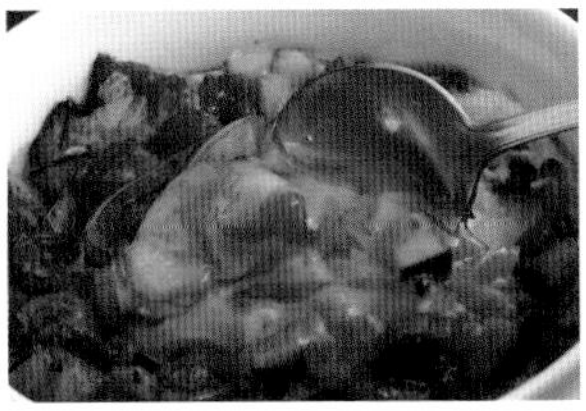

## 味は記憶なり

料理は記憶です。経験の積み重ねによって成長していくもの。こういうときはこういう味なんだ、と経験することです。記憶があれば、成功も失敗も瞬時に「ああ、こうだった」と思い出せます。つまり、次の失敗を回避できるということ。そのためには味をみます。見た目はさんざんでも食べてみたら許容範囲だった、という例もあります。そのつど味をみれば、誤差も少なくなります。とにかく味をみて経験値を高めてください。偉人の言葉を借りるなら、失敗は成功のためのプロセスです。

## table des matières


002 はじめに
おいしい料理は真の幸福の基礎となる
004 誰でも料理がおいしくできる、
いくつかのヒント

011 Chapitre 1
直伝
フライパンひとつで
フレンチ

012 **基本レッスン**
おいしく「焼く」ための5つのコツ
014 鶏もも肉のソテー
018 鶏むね肉の香草焼き
022 ポークソテー
024 ビーフステーキ
026 真鯛のポワレ
030 鮭のムニエル
032 ローストビーフ
035 ▶ロース肉のかたまりがあったら
036 ローストチキン
040 ▶鶏の形の整え方
041 ▶ローストチキンが焼けたら

043 Chapitre 2
野菜と卵
日常のおいしさを極める

044 ミックスサラダ
047 ▶レタスのサラダ
048 にんじんのラペ
050 にんじんのポタージュ
053 ▶にんじんのグラッセ
054 ほうれん草のソテー
056 パプリカのムース／トマトのムース
060 じゃがいもとシャンピニョン、
玉ねぎのバターソテー
064 プレーンオムレツ
067 ▶フライパンの正しい持ち方
068 スクランブルエッグ
070 ゆで卵
071 ▶卵サンド
▶半熟卵のほうれん草サラダ
072 ポーチドエッグ
073 ▶モロヘイヤの冷製スープ、ポーチドエッグのせ

075 Chapitre 3
誰もが愛する洋食
ビストロ流

076 ハンバーグ
078 オムライス
079 ▶チキンライス
080 欧風ビーフカレー
082 ピラフ
084 シーフードマカロニグラタン
086 ロールキャベツ
088 煮込みハンバーグ
090 クラムチャウダー
092 海老フライ
094 かにクリームコロッケ
096 じゃがいもコロッケ
098 ポテトサラダ
▶粉ふきいも

099 Chapitre 4
ビストロ流
ベーシック・フレンチ

100 オニオングラタンスープ
102 スープ・ノルマンド
103 ▶ミネストローネパスタ
104 ラタトゥイユ
106 ▶落とし卵のラタトゥイユ
▶冷製パスタ
107 フレッシュラタトゥイユ
108 緑野菜の温かいサラダ
109 グリーンアスパラガスのソテー
110 じゃがいものピュレ
111 ▶アッシ・パルマンティエ
112 じゃがいものクリームグラタン
114 ジャーマンポテトオムレツ
116 じゃがいもと塩豚のソテー
117 シャキシャキじゃがいものせん切りサラダ
ポム・アリュメット
118 トラディショナルキッシュ／オリジナルキッシュ
120 帆立のポワレ
121 ▶貝ひもの香味野菜ソテー
122 エスカベッシュ
124 まぐろのタルタルを２種
まぐろとアボカドのわさびじょうゆタルタル
125 ルイユ風味まぐろのタルタル、
フレッシュラタトゥイユ添え
126 鮭のポワレ
127 ▶鮭のリエット
128 かれいのムニエル
130 あさりの漁師風
132 あいなめのハーブ蒸し
134 ハーブポークソテー
135 ▶木の実とドライフルーツと豚肉の煮炒め
136 プーレ・オ・ヴィネーグル
138 クスクス
140 ビーフストロガノフ
142 ビトック
144 簡単ソーセージ
146 ミートソース
148 ▶タルティーヌ
▶ミートソーススパゲッティ
149 ▶なすのムサカ風
150 鶏もも肉のコンフィ
152 ▶鶏もも肉のコンフィ ロースト仕立て

153 Chapitre 5
絶品煮込み
伝統料理の底力

154 **基本レッスン**
おいしく「煮る」ための５つのコツ
156 ポトフ
158 牛ばら肉のビール煮込み
160 鶏肉のクリームシチュー
162 塩豚のポテ
164 ▶パングラタン
165 ▶サラダ・ニソワーズ風
166 ブッフ・ブルギニヨン
168 ▶シンプルチーズパスタ
169 ▶ウッフ・アン・ムーレット
170 ▶ブッフとドライフルーツのタルト
172 ブイヤベース
174 ▶パエリア
▶アロス
176 ▶魚介のムース
178 グーラッシュ
180 ▶パプリカと牛肉のテリーヌ

183 Chapitre 6
味わい深めるソースとコンディマン

乳化のソース
184 ［ソース・ヴィネグレット］
185 舌平目のムニエル
186 ゆで豚と葉野菜のサラダ
188 フライドチキン
190 ［ソース・マヨネーズ］
191 ウッフ・マヨネーズ
192 バナナとりんごのサラダ
190 ［ソース・ルイユ］
193 ズッキーニとピーマンのサラダ
194 ［ソース・オランデーズ］
194 ゆでホワイトアスパラガス
195 豆腐のグラタン
196 ［ソース・ベアルネーズ］
197 ステークフリット

野菜のソース
198 ［クーリ・ド・トマト］
199 トマトサラダ
200 海老の網焼き
202 ［ソース・ピストゥ］
203 グレープフルーツのサラダ
204 秋刀魚とりんごのマリネ
206 ［ソース・トマト］
207 なすと玉ねぎの軽い煮込み
208 仔羊ロースの香草焼き

旨みのソース
210 ［ソース・タプナード］
211 豚ときのこのタルティーヌ
212 鴨胸肉のロースト
214 ［ソース・バルサミコ］
215 焼き野菜
216 豚もも肉と根菜の炒め
218 コートレット
219 ［ソース・ラヴィゴット］
220 いかとセロリのサラダ
221 鯵フライ

白いソース
222 ［ソース・ヴァン・ブラン］
223 鱈のヴァプール
224 たらば蟹のヴァン・ブラン
226 ［ソース・ベシャメル］
228 コンテ・チーズと生ハムのクレープ
226 ［ソース・モルネー］
230 里いものグラタン
227 ［ソース・アルマンド］
231 スフレ
227 ［ソース・スービーズ］
232 鶏ときのこのフリカッセ

**その他のコンディマン**
234 ［ハーブピュレ］
［にんにくオイル］
235 ［セミドライトマト］
［シトロン・サレ］
［にんにくと緑オリーブのコンフィ］
**基本のテクニック**
236 ［ルー・ブラン］
［ブール・ノワゼット（焦がしバター）］
237 ［ミロワール］
**野菜の下処理**
237 じゃがいもをゆでて皮をむく／玉ねぎを炒める
238 トマトの湯むき／トマトの焼きむき／パプリカの焼きむき／トマト缶の裏漉し／ホワイトアスパラガスの皮むき／アスパラガスの下処理
239 スライサーでせん切りにする／ブロッコリーを小房に分ける／玉ねぎの切り方／縞目にむく／面取り／玉ねぎ・きゅうりの塩もみ／オクラの板ずり

## Colonne
**谷シェフのキッチン**

010 調理道具とルールなど
042 基本の調味料
074 香りの調味料
182 コクと旨みの調味料

**本書の決まりごと**
* 大さじ1 = 15mℓ、小さじ1 = 5mℓです。
* 塩は自然塩、バターは食塩不使用タイプを使っています。
* オリーブ油と表記してあるものはすべてエクストラヴァージンオリーブオイルです。
* 単に油、また揚げ油と表記しているものは、ひまわり油、菜種油、グレープシード油、米油などお好みの植物性の油をお使いください。
* 小麦粉の種類は材料表で明記していますが、基本的に強力粉を使用しています。
* 卵はＬ玉を使用しています。
* 鶏がらスープは、湯1ℓに鶏がらスープの素（顆粒）10gを溶いたものを使用しています。
* 材料表の重量は、ただし書きがなければ破棄分（皮や芯、種、筋など）を含んでいます。
* 作り方では野菜を洗う、皮をむく、へたを取るなどの基本的な下処理は省略してあります。
* 鍋は具体的な指定がない限り、表記してあるサイズは目安です。参考にしてください。フライパンは基本的にフッ素樹脂加工のものを使用しています。
* 材料の分量は2人分、または作りやすい分量です。写真の盛りつけとは違うことがあります。
* Déclinaison（派生）は、たくさん作って翌日以降作りたいリメイク料理。また、残った食材でもう一品という料理を紹介しています。
* Bonne idée（よいアイディア）は、知っておくと得するアイディア、エピソードなど、作り方では紹介しきれなかったシェフのコメントをまとめています。

# 調理道具とルールなど

## 鍋とフライパン

この本の料理は、すべてフッ素樹脂加工のフライパンを使っています。加工してあると失敗が断然少ないです。僕は店でも利用しています。高級品である必要はなく、安いものを買って、加工がはげたら新調するというローテーション。また、レシピはフッ素樹脂加工であることを前提に油の分量などを出しています。加工をしていないフライパンをお使いでしたら、その種類に合わせた使い方をしてください。鍋は家庭にあるもので構いません。材質もとくに指定はありません。本書レシピページには具体的に使用したサイズを表記していますので、参考にしてください。

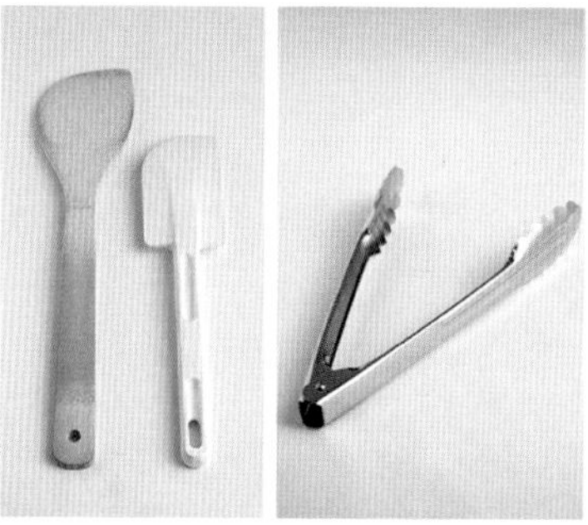

## 木べら・ゴムべら・トング

木べらは必須。炒める、混ぜるなど基本的な調理にはもちろん、鍋底の旨みをこそげるときにも活躍します。また、ゴムべらの柔軟性が必要な場合もあります。漉す、混ぜる、鍋の中のものを残さずきれいに移す場面などです。へらは薄手で柔らかいほうが使いやすく、柄と一体になっていると汚れが隙間に入らず衛生的です。トングは菜箸よりしっかりつかめるので作業がスムーズ。欠かせない道具です。

## シノワとざる

シノワは円錐形をした網目の細かい金属製のこし器です。フレンチで「漉す」場面ではシノワが登場しますが、家庭なら一般的なざるで代用してもいいでしょう。ただし、網目はできるだけ細かいほうが望ましいです。

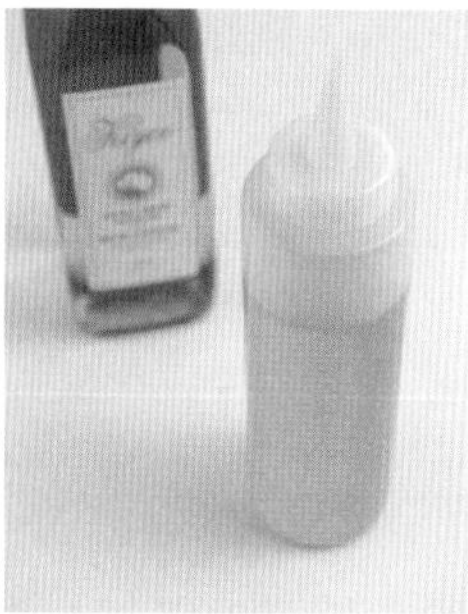

## ディスペンサー

僕はオリーブ油やドレッシングなどをいつもディスペンサーに入れて使っています。先端を好みの細さにカットできるので、出具合の調整ができて、サラダでボウルの縁に回し入れるときも便利。分離したドレッシングは先端を押さえてふり混ぜれば、あっという間に乳化状態に戻ります。

## 火力

店のキッチンのコンロの火は二重のプロ仕様なのですが、より現実的なプロセスをご紹介するために家庭の火力に近づけ、内側の火だけを使って調理しました。「お店の火力とは違うから、同じようにはできないかも」、そんな心配はご無用です。

## 塩ひとつまみ

「塩ひとつまみ」とは親指、人さし指、中指の3本の指先でつまんだ量で、小さじ1/5～1/4ほど。小さじ1が6gですから、1.2g ～ 1.5g ということになります。僕の場合は1g。感覚で覚えているので、そのつど量ることはありません。逆に考えれば、1gとあったらひとつまみすればいい。ご自分の「ひとつまみ」を知っておくと便利です。

Le Mange-Tout

# Chapitre 1

# 直伝 フライパンひとつでフレンチ

フレンチというと作るのが大変！　と思われる料理の筆頭かもしれません。オーブン使うのは面倒、ソースもつけ合わせもたくさんあるから、家で作るなんて絶対ムリ！　と決めてかかっていませんか。大丈夫です。これからお教えするのはフライパンひとつ、お鍋ひとつ。直火調理で作れるものばかり。調味料は塩とこしょう、バター、ときどきワインヴィネガー。わざわざ作るソースも、つけ合わせもなし。これなら毎日でも作る気になりませんか？　そうです。フランスでもこれが日々の家庭料理なんです。この極めてシンプルな料理を通して、僕がフレンチで培ってきた“おいしい料理を作るために大切なこと”を皆さんにお伝えしようと思います。

基本レッスン

# おいしく「焼く」ための5つのコツ

肉でも魚でも、焼くテクニックはほとんど同じです。
僕は、焼くときは基本的にフッ素樹脂加工のフライパンを使います。普通の家庭用のものです。オーブンはほとんど使いません。“ウソでしょ”と言われますが、本当です。
僕がお教えするように作っていただければ、必ずおいしく焼くことができます。

## 1 塩をふるのは身側だけ。素材が変わっても同じ

下味の塩は身側だけにふる、皮にはふらない、これ原則です。皮にふっても染み込まずにはじくので、焼くと油に移って、焦げたようになる。そんな“焦げた油塩”の中で素材を焼くと、そのいやな味をまといますよね。僕にとっては、あり得ません。また、身に塩をしたら、できれば少しおいてください。15分から30分。塩が浸透するから、味つけはこれだけで完了です。

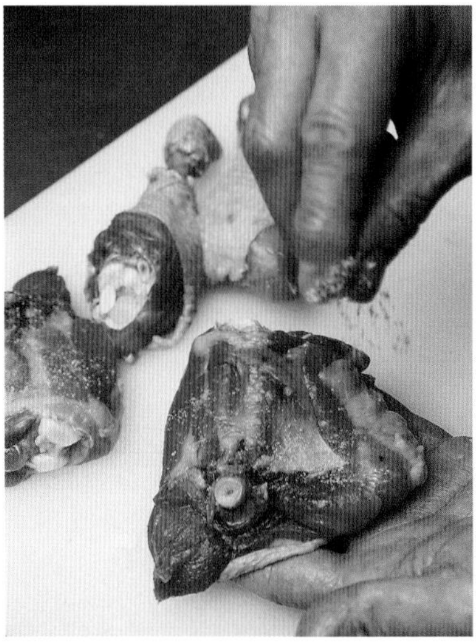

## 2 フッ素樹脂加工のフライパンは、冷たいうちに素材を入れてもいい

フライパンを熱々にしてから素材を入れる、と思っている人、多いですよね。これは鉄のフライパンを使うときのやり方。よく焼いておかないと素材がこびりつくからです。フッ素樹脂加工のフライパンには必要ありません。

熱々のフライパンに素材を入れると、瞬間的に“チュン”という音、するでしょう。これ、素材から出たたんぱく質を含む水分が一気に蒸発する音です。ごく短時間で焼き上げる牛肉や薄めの豚肉、水分の多い野菜は別ですが、皮つきやかたまりの肉や魚では温めるのをやめましょう。とくに身はやさしく加熱して、旨みのあるジュ（水分）を逃がさないようにしながら芯まで火を入れたいので、徐々に温度を上げていくほうが理にかなっています。

そのためにも、肉も魚も焼く前に常温にもどしておきましょう。

## 3　焼き方は、素材が変わっても原則同じ

焼くときには、油が必要です。フライパンの面ではなく、熱せられた油を媒介にして、素材に火を入れていくからです。

具体的には、皮つきの素材はフライパンに必要最小限の油を入れ、皮を下にして焼き始めます。皮が身を守ってくれるから、やさしく火が入るんです。豚肉や牛肉のように両側とも身の場合は、盛りつけたときに上になる側を下にします。フライパンを前後にゆするか、トングで肉を持ち上げて油をすべらせ、素材の下に常に油がある状態をキープしながら焼いていきます。

フライパンをゆすらずにそのままほうっておくと、どうなるでしょう。トングで持ち上げて肉の下を見てください。肉の形に沿って油がなくなっているはずです。このままだと焦げます。焼きもののとき、必ず守ってほしいのがこの作業です。

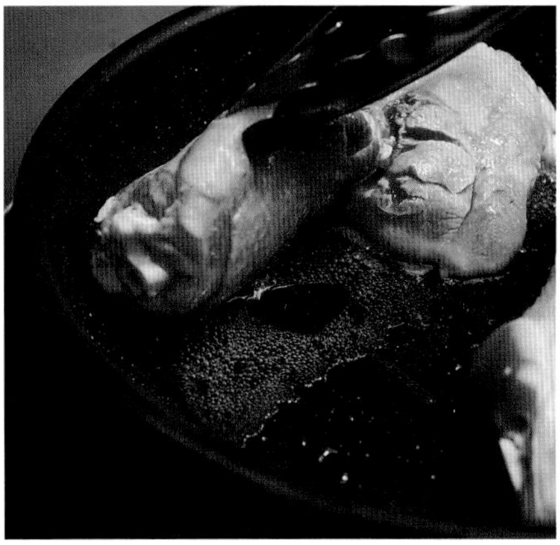

## 4　素材から出るサウンドを聞く

焼くときは温度も大切です。その目安となるのが、シュワシュワシュワという音。これ、素材から出た水分が油ではねて蒸発するときの音です。油が高温すぎると音量が大きく速いリズムで、低温すぎると小さくて遅いリズムの音がします。音がしなくなったら、素材に水分がなくなってきた証拠。ここから焦げやすくなります。このように素材が発するサウンドをよーく聞きながら焼いてください。このサウンドの変化を聞くことが、焼くときの僕の一番の楽しみなんですよ。

## 5　肉と魚、焼き方の最大の違いは“アロゼ”するかしないか

皮つきの素材を焼くときは、基本的に皮側だけフライパンに当てます。繊細な身を200℃近い温度に直接当てたくないからです。そこで、皮の面がある程度焼けたら熱い油をすくってかけて、身に間接的に火を入れます。これで素材の中心が60～70℃になってたんぱく質が変性し始める温度になります。

この作業を“アロゼ”といいます。ただし、アロゼをするのは肉だけです。魚にはしません。アロゼのもう1つ大切な目的が、油に溶け出した旨みやたんぱく質を戻すことだから。魚の場合は臭みも溶け出していますから、絶対にしないように。またアロゼのときに油がはねることがあります。気をつけましょう。

もも肉を焼くなら、絶対骨つきで！
骨の髄から旨みが出てとびきりおいしい

# 鶏もも肉のソテー

Sauté de cuisses de poulet

## ソースもつけ合わせもない、家庭のフレンチはこれでいい

フレンチビストロの定番、“プーレ・ソテー”。旨みをしっかりとたくわえたしっとりジューシーな肉と、カリッとおいしそうに香ばしく焼けた皮。焼きっぱなし、ソースなしのシンプル仕立てで、ぜひ楽しんでください。フランスでも家庭料理はこのスタイル。ソースもつけ合わせもない。それで充分においしいんです。

鶏もも肉は、開いて骨を取った状態で売られていることが多いですね。でも本当においしく食べたいなら、絶対に骨つき！ 骨つきもも肉を使ってください。焼いていくうちに髄の中から旨みやコラーゲンがじわじわ出て、肉に染み込んでおいしさがぐっと増します。食感もしっとりと仕上がります。ただし、強火で急ぐのはNG！　決して急がないでください。

## 違う身質は別々に焼く、これだけで料理が簡単

そして鶏もも肉の大きな特徴が、関節のもも側とすね側で火の通り方が違うこと。もも側は繊維が細く、しかも皮と身の間にある薄い筋が厄介な存在。皮側だけの加熱で焼き上げたいけど、いきなり皮から焼くとその薄い筋が縮んで反り返る。だから鶏のもも側だけはほんの軽くだけ身側から火を入れて、その反っくり返るのを防ぎます。一方、すね側はよく動かす場所なので筋肉質。アキレス腱や筋、繊維がいっぱいあって旨みが強いのですが、身質が均一でないので、意外としっとりとなりにくい。そのように身質の違う２つの肉を一緒に、お互いがベストな状態で焼き上げるのはムリ！ですから、僕は関節で２つに分けて焼きます。こうやって火入れしやすい状況を作ることが、料理を簡単にします。そして、おいしく仕上がります。

**【材料】**（作りやすい分量）

骨つき鶏もも肉（1本220g）……2本
塩……5g
油……小さじ2
じゃがいも（皮つきのまま
　ひと口大に切る）……3個分
黒こしょう……適量

直径24cmのフライパン

もも肉の醍醐味は骨つきでこそ味わえるので、ぜひ使ってください。スーパーの精肉売り場や精肉店で聞けば、たいてい手に入ります。なければ、開いたもも肉でも構いません。そのときも焼き方は同じです。

## 鶏もも肉のソテーの作り方

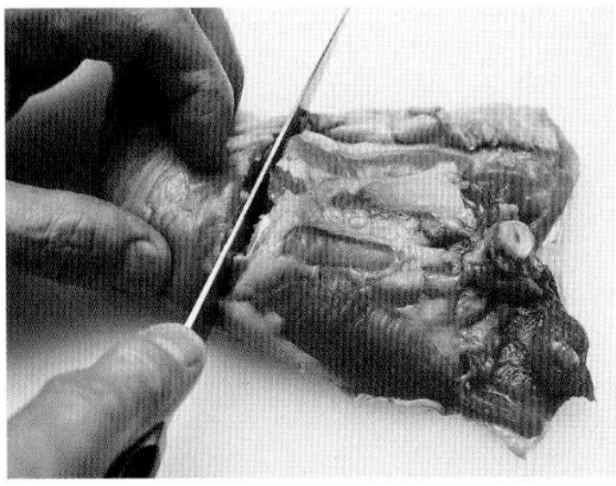

1 関節でもも側とすね側に分ける。

すね側を左にして置き、手前の脂のかたまりの少し左側（すね側）にある関節を確認。関節に包丁を入れる。これで楽に切り分けられる。

＊すね側ともも側で繊維の方向や入り方が違うので、別々に焼いたほうが簡単。

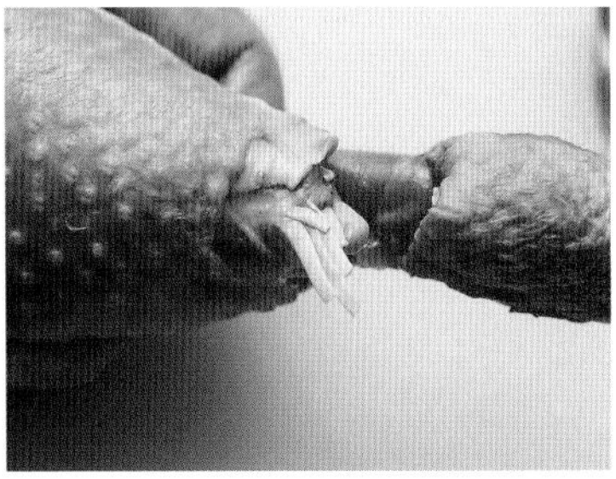

2 足首のアキレス腱を切る。

すね側の端から約2cmのところに包丁を入れ、1周させてアキレス腱を切る。刃先で肉を端に寄せて、丸く形を整える。

＊アキレス腱は強くて太いので、切らないと火が入ったときにぐっと縮み、肉がつられて焼きにくくなります。

3 もも側の身だけに塩をふる。

身1枚あたり塩1gを均一にふる。皮にはふらない。

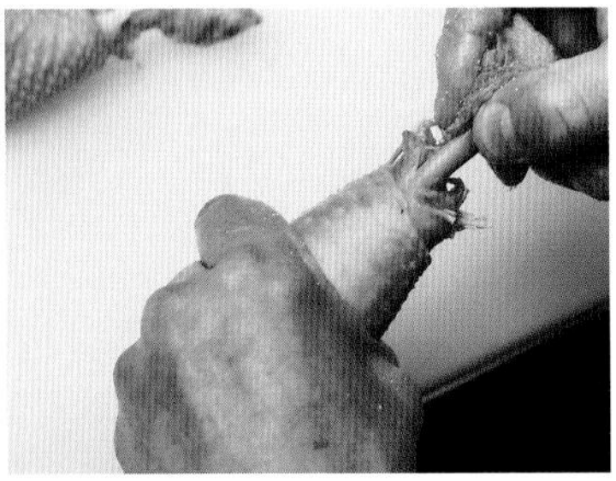

4 すね側の断面にも塩をふる。

すね側の断面（身）に1本あたり0.5～1gの塩をふる。全体を手で何度かしごき、形を整える。

5 もも側の身からさっと加熱。

フライパンに油を入れて弱めの中火にかけ、すぐに3を身を下にして入れる。表面が軽く白っぽくなるまで火を入れる。

＊焼くのが目的ではなくて、身と皮の間の薄い筋に軽く火を入れて、6で焼き始めたときに、反っくり返るのを防ぎます。

6 皮側から焼き始める。

5を裏返し、皮を下にして焼き始める。すね側も入れる。

＊フッ素樹脂加工のフライパンは、あらかじめ熱くしないでください。これ、皮つきの鶏肉を焼くときの鉄則です。

7 下に油をすべらせて焼き続ける。

もも側は一番盛り上がった部分をフライパンのカーブに当て、トングで持ち上げて下に油をすべらせながら焼く。すね側は焼き色がついたらトングで返し、全体に色づける。

8 熱い油をすくってかける。

フライパンを斜めにして、熱い油をスプーンですくって鶏肉にかけながら火を入れていく（アロゼという）。

＊熱いのでヤケドに注意してください。大きめで、柄の長めのスプーンが安全です。

9 じゃがいもを入れる。

すね側にある程度焼き色がついたら、じゃがいもを入れる。フライパンをゆすって油をからませながら焼く。

＊じゃがいもにも、鶏肉のおいしいジュースを分けてあげてください。にんにくを皮つきのまま入れると、なおよし。1かけでも丸ごと1個でも！

**10 もも側の火の通り具合を確認。**

もも側を指で押さえ、弾力が出て火が入っているかを確かめる。皮がおいしそうな焼き色になるまで焼く。

＊鶏の皮は、しっかりと焼き切らないとおいしくありません。“おいしそう”と思うパリッと香ばしい状態にしてください。

**11 もも側の肉を取り出す。**

もも側にほぼ火が通ったら、先に取り出す。

＊骨つきのすね側は火が通るのに時間がかかります。もも側に火が入りすぎないよういったん取り出し、仕上げのときにまた戻します。

**12 塩をふり、さらに焼く。**

塩 1g をふって焼き続け、じゃがいもに焼き色がついたら竹串を刺して堅さをみる。

＊じゃがいもは均一に火入れしなくていい。焼き色も堅さも違っていい。たまにほくほく、たまにじゃりじゃり、その味のグラデーションがおいしさのひとつ。

**13 すね側の骨のまわりに火を通す。**

すね側の骨のまわりに赤い血が残っていたら、熱い油をかけてきちんと火を通す。

**14 もも側を戻し、仕上げに入る。**

取り出した 11 を戻し、フライパンをふって水分を飛ばしながら焼く。

＊ここからは、油を介して火入れしていたのを、鉄板の上で仕上げる、というイメージです。

**15 油を拭き取る。**

余分な油をペーパータオルできれいに拭き取る。

＊鶏とじゃがいもには充分旨みが行きわたっているから、余分な油はじゃま。きれいに拭き取ってください。

**16 じゃがいもの焼き色を調整。**

さらに数回フライパンをふり、じゃがいもにおいしそうな焼き色をつける。

＊僕が見ているのはじゃがいもの色だけ。鶏にはもう火は充分入っているから、気にしなくていい。油がなくなって 14 から変化したサウンドにも耳を傾けて。

**17 火を止め、黒こしょうをふる。**

火を止め、黒こしょうを数回挽き、フライパンをさっとあおり、余熱で香りをまとわせる。

＊こしょうをふるのは火を止めてから。パセリのみじん切りがあれば、こしょうと一緒に加えてもおいしいです。

**Bonne idée**

焼き上がった鶏もも肉の断面、よーく観察してください。筋や腱に火が入って、透明になっているでしょう。これ、コラーゲンです。鶏がいつも動かしている部位だから、こんなに筋肉質。きちんと火を入れてあげると、もも肉の旨みはいっそう強く、おいしくなります。

むね肉はパサつく？　そんなことはありません。
柔らかくてしっとりした本来の身質のまま焼き上げます

# 鶏むね肉の香草焼き

Suprêmes de poulet sautés aux fines herbes

### 違う身質が同居しているから、分けて焼く

鶏肉でもう１つ、皆さんがよく使うのが鶏むね肉でしょう。ももと比べてあまり動かさない部位なので、肉質が柔らかくてしっとり。筋がほとんどなくて、同じ鶏肉ですが“まるで違う肉”。

ちょっと思い出してみてください。むね肉と言っても、１枚の中で、右と左のどちらかが盛り上がっていませんか？　左右で身質が違うんです。鶏もも肉のソテー（p.14 参照）でも言いましたが、違う身質のものを一緒に焼いて、どちらもおいしく焼き上げるのはムリ！　それならどうすればいいか。もも肉のときと同様、別々に焼けばいい。単純です。でもとても大切なことです。

### きちんと焼くと肉が膨らんで大きくなる!?

では具体的にどうすればいいでしょう。繊維の入り方が違います。大きいほうは繊維が細くて同じ方向に整然と入っているから、食感がとてもデリケート。小さいほう（抱き身といいます）は繊維の入る方向がバラバラだから、食感がザクザクして粗い。

そこで、むね肉は大きい身と小さい身を時間差でフライパンに入れて焼いていきます。焼き方そのものは難しくありません。原則通りに焼けば、肉の細胞膜が壊れずに水分を内にとどめます。その水分が膨張して、次第にコロンと丸みを帯びて、焼く前よりも大きくなるんです。その変化も、ぜひ楽しんでください。

理想の焼き上がりは、焼く前の素材の質をそのまま生かした、柔らかくてジューシーな状態。ナイフで切ると、鶏がもともと持っていた水分が断面から透明な滴となってポタポタと落ちるのが見えます。これがフレンチで言う、本来のジュ。絶品ですから、ソースのようにしてつけて、余すところなく食べてください。

**【材料】**（２人分）

鶏むね肉（１枚 330g）…… ２枚
塩…… 6g
油…… 大さじ２
にんにく（皮つき）…… ４かけ
ハーブ
　ローズマリー…… ２～３枝
　タイム…… 適量
　ローリエ…… 10 枚ほど

直径 24㎝のフライパン

にんにくの味や香りを直接出したくないときは皮つきで使って、ゆっくりと油に移していきます。この皮つきにんにくを、フランス語では“シャツを着たにんにく”の意味で、アイユ・アン・シュミーズといいます。

## 鶏むね肉の香草焼きの作り方

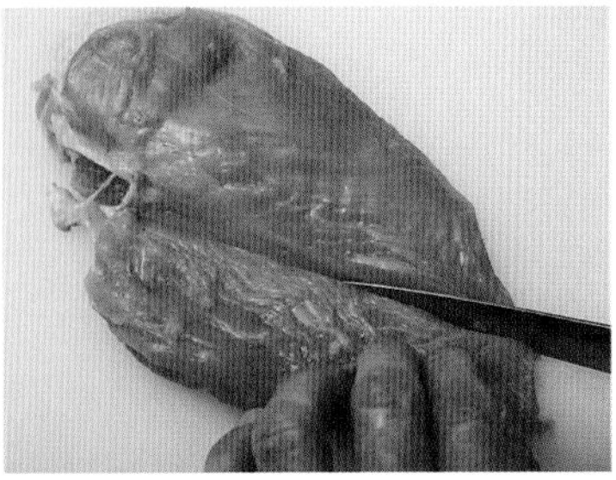

**1 鶏むね肉を 2 つの身に分ける。**

鶏むね肉の皮を下に、細くすぼんだほうを右にして置く。太い筋のところから２つの身の境目に包丁を入れて切り離す。

＊1つの素材に２つの要素が入っているのが、僕はイヤ。まず、大きい身と手羽側の小さい身（抱き身）に分けます。

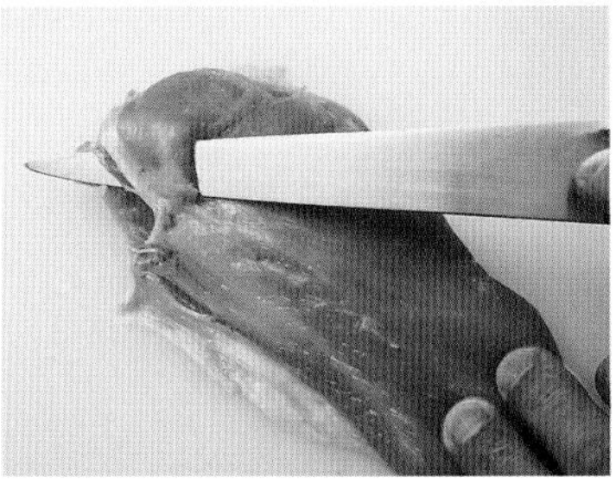

**2 大きい身の太い筋を外す。**

大きい身には左上から下に向けて太い筋が入っている。包丁を刃を外に向けて持ち、まず左上の筋を肉から外す。

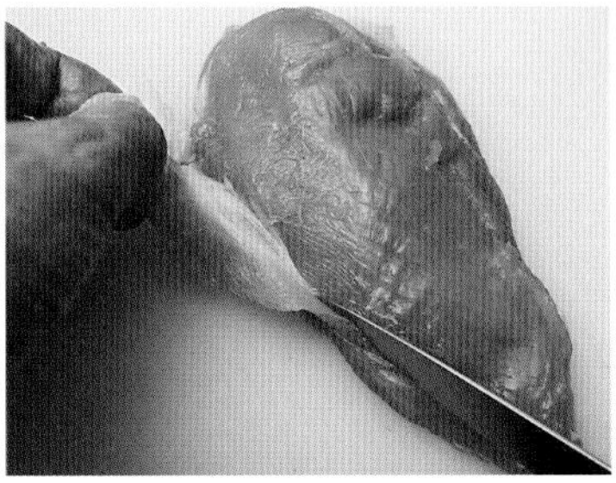

**3 太い筋と余分な皮を取り除く。**

左手で２の筋の切れ端を引っ張りながら、包丁で筋を切り離す。余分な皮も切り落とす。

＊この筋、しっかりしていてナマイキですから、絶対に取ってください。取らないと口の中や歯に引っかかります。

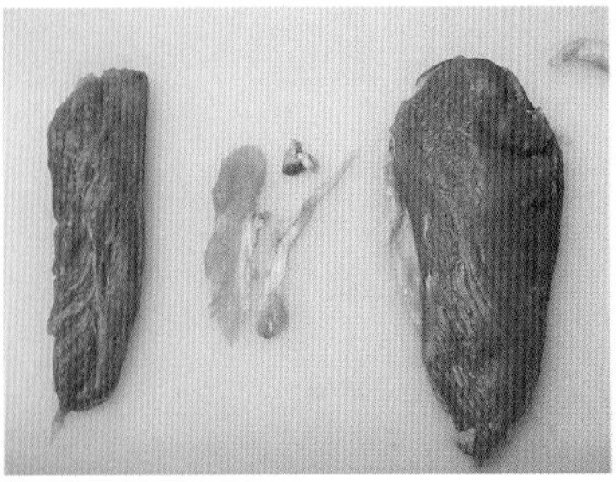

**4 肉の身側に塩をふる。**

切り分けた状態。右が大きい身、左が抱き身、真ん中が筋。大きい身の身側に塩2g をふる。抱き身は両面に塩 1g 弱をふる。

＊ここでも、皮には塩をしないでください。これ原則！

**5 にんにくに穴を開ける。**

皮つきにんにくを金串やフォークで数箇所刺し、穴を開ける。

**6 油ににんにくの香りを移す。**

フライパンに油大さじ２と５を入れて弱めの中火にかける。フライパンを斜めにし、油の中に浸るようにする。

＊にんにくは“プロヴァンスのヴァニラ”。香りを引き出すには、やさしく、やさしく、蒸らすような気持ちで火を入れて。

**7 皮が色づくまで加熱する。**

次第ににんにくのまわりからシュワシュワ、クチュクチュと音がして泡が出てくる。泡が細かくなって、皮が色づいたら OK。

＊にんにくから出るサウンドを聞いてください。これは水分が油にはねた音。にんにくから水分が出始めた証拠です。

**8 火を止めてハーブを入れる。**

火を止めたらまずローリエを入れ、続いてローズマリーとタイムも入れる。油がはねるので気をつけて。

**9 油にハーブの香りを移す。**

熱い油をからませ、香りを移す。タイムから出る音が聞こえなくなったら取り出す。

＊余熱でやさしく、上品な香りだけを移します。強火でガーッと炒めたりしない。油に残った細かい香草も、残らず全部取り除きます。

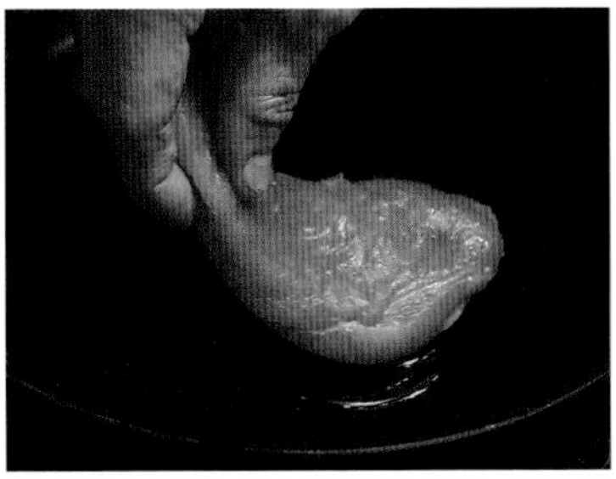

**10** 大きい身を焼き始める。

大きい身の皮を下にして 9 に並べ入れ、中火にかける。

熱々に熱したフライパンに入れてはダメ。皮が一気に、ぐわーっと縮んでしまいます。

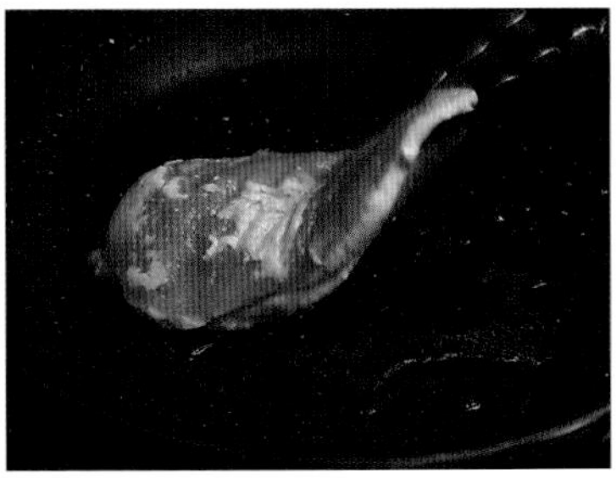

**11** 肉の下に油をすべらせる。

フライパンをゆすったり、肉を持ち上げて肉の下に油をすべらせながら焼く。

＊肉の下を見てください！ 肉の形に沿って油がなくなっているでしょう。油のない状態で焼き続けると焦げます。常に肉の下に油があるようにします。

**12** にんにくを戻す。

11 の肉の縁がうっすら白くなったら、9 のにんにくを戻し入れて一緒に焼く。

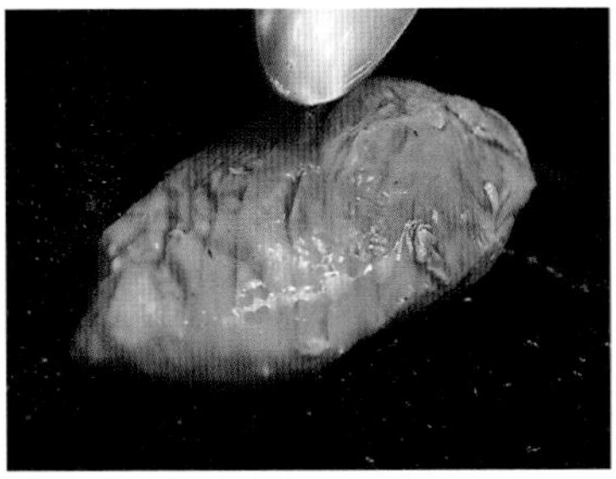

**13** 熱い油をかけながら焼く。

フライパンを斜めにし、熱い油をスプーンですくってかけながら身に火を入れていく（アロゼ）。

＊アロゼの目的は、間接的にやさしく火を入れるのと同時に、油に出た鶏肉の旨みを戻しておいしくすること。

**14** むね肉が膨らんでくる。

次第に肉がふわーっと膨らみ、コロンとしてくる。軽く押さえて弾力を確かめる。

＊フライパンの熱を皮がガードして間接的に火が入るので、細胞膜が壊れにくく、水分が中にとどまります。その水分が加熱で膨張して、肉が膨らむんです。

**15** 小さい身を焼き始める。

14 に弾力が出てほぼ火が入ったら端に寄せ、小さい身（抱き身）を入れ、フライパンをゆすりながら焼く。

**16** 大きい身が焼けたら取り出す。

大きい身の皮目を確かめ、おいしそうにこんがり焼けたら取り出す。

＊肉の中心にはもう火が入っているので、皆さんの感じる、“おいしそうな焼き色”になれば焼き上がりです。

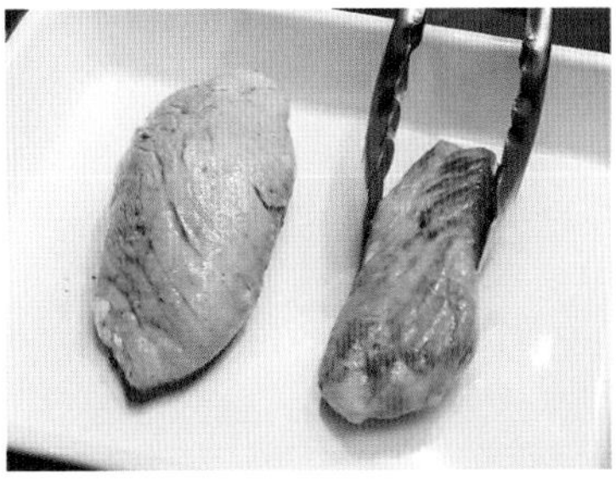

**17** 小さい身を両面焼き、取り出す。

小さい身を両面とも焼いたら取り出す。返して焼いた面を上にし、16 とともにできれば温かい場所に数分おいて休ませる。ハーブ、にんにくとともに器に盛る。

**Bonne idée**

時間のあるときにまとめて焼いて、薄く切り分けて冷蔵庫や冷凍庫で保存すると便利です。ヴィネグレット（p.45、184 参照）をからませたら鶏のサラダになるし、フレンチではないけど練りごまをかけたっていい。また、焼きたてをひと口大に切ってミックスサラダ（p.44 参照）に組み合わせたら、立派な一皿に。

豚を焼くなら、肩ロース。
筋切りはしなくていい

# ポークソテー

Sauté de porc

僕は、豚をダイレクトに焼くなら肩ロースが好き。強火のまま短時間で焼いた後、余熱でやさしく火を入れると、中がきれいなピンク色で柔らかくジューシー、噛むとさらにおいしさが広がります。というのも、肩ロースは豚肉の中でもアミノ酸を多く含む部位なので、旨みが強くて豚のおいしさが感じられるのです。

右ページの作り方3の写真を見てください。1枚の肉の中にいろんな身質がありますね。本音はすべてバラバラにして別々に焼きたい。でも「こういう部位だから」と割り切ってそのまま使います。いたるところに筋がありますが、筋切りはしません。肉の細胞膜を壊し、中からおいしいジュ（水分）を必要以上に出すことになるからです。フライパンに残ったおいしいジュも、肉からのめぐみ。ソースにして、残らずいただきましょう。

**【材料】**（2人分）

豚肩ロース肉
（約1cm厚さ、1枚170g）…… 2枚
塩…… 3g強
油…… 大さじ1～1と1/2
黒こしょう…… 適量
オリーブ油…… 少量

直径24cmのフライパン

豚肩ロース肉は少し厚みがあるほうがおいしいから、少なくとも1cmは必要です。精肉売り場で頼むと好みの厚さに切ってくれますよ。

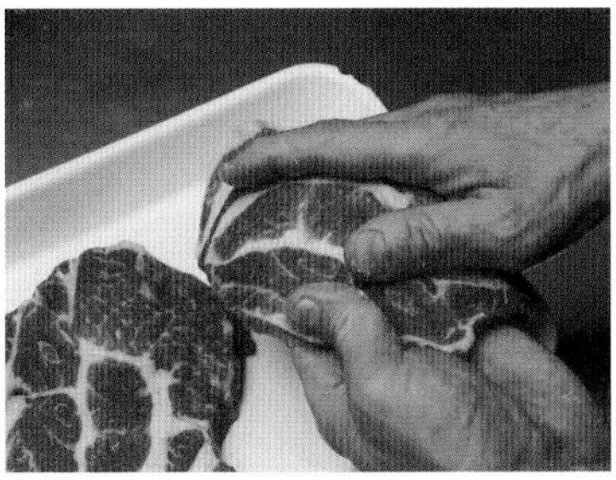

1 豚肩ロースの両面に塩をふる。

豚肩ロースの両面に、1枚につき1.5gの塩をふってやさしくすり込む。

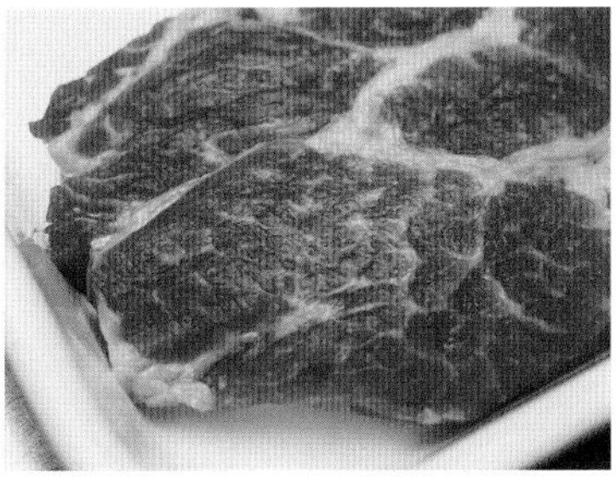

2 5分ほどおいて馴染ませる。

少しおくと、浸透圧で肉の表面にうっすらジュ（水分）が出て、しっとりする。筋は切らなくてもいい。

*これはたんぱく質を含んだ水分。焼いたときに熱々の油に触れて、一瞬にしてたんぱく質が凝固し、壁ができます。

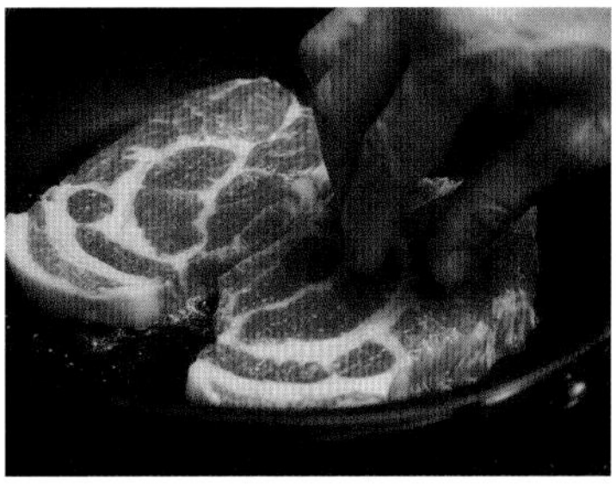

3 フライパンを熱し、肉を入れる。

フライパンに油を入れ、強火にかけてフライパンを回しながら油温を上げる。ふわーっと煙が出たら（約200℃）、豚肉を入れる。

*このときは、“チュン”と音がするぐらい熱々にしてください。

4 肉をあまり動かさず焼く。

こまめに肉に油をかけたり（アロゼ）、トングで持ち上げて下に油をすべらせたりして、火を入れる。あまり動かさない。

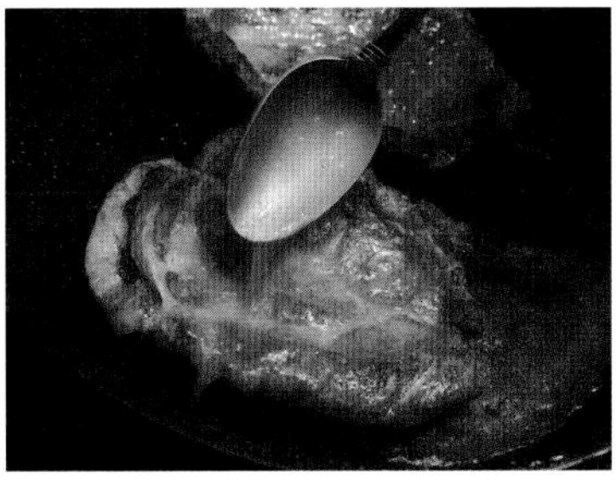

5 裏面も焼く。

焼いている面にきれいな焼き色がついたら裏返し、数回アロゼして火を入れる。

*焼き加減は、最初に下にしたほう（盛りつけで表になる面）の焼き色で決めます。肩ロースは均一に焼けない部位ですから、焼きムラがあってもいいんです。

6 肉を取り出して休ませる。

裏面も焼けたら取り出し、温かいところで3分ほど休ませて肉汁を落ち着かせる。

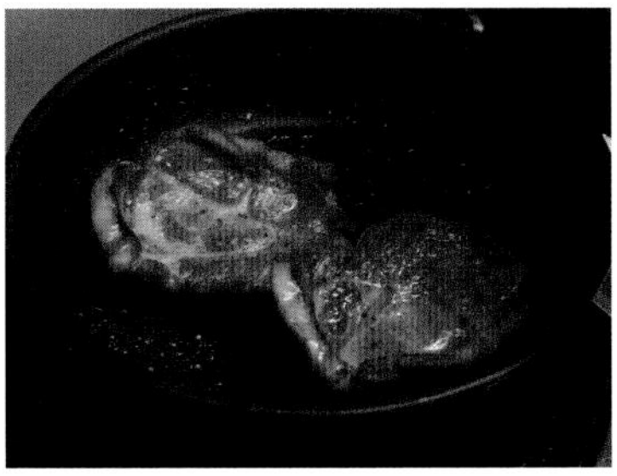

7 黒こしょうをふって仕上げる。

フライパンの油をきり、中火にかけ、6を戻し入れる。黒こしょうをひと回し挽き、フライパンにもひと回しして香りを立たせる。肉を取り出して温かい場所に数分おく。

*焼く前にこしょうはふらない！ 香りをつけたいなら、仕上げにふってください。

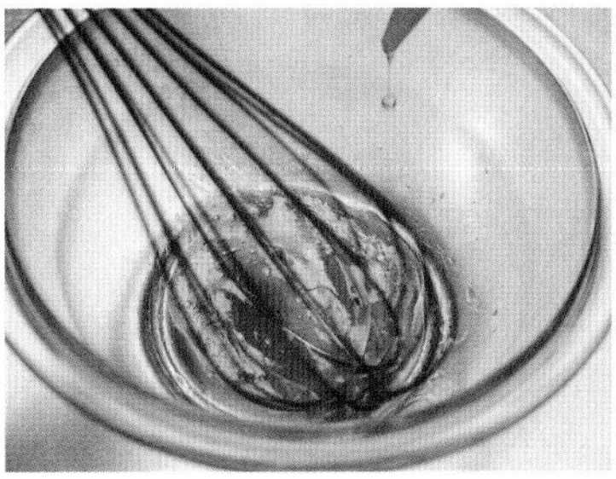

8 肉汁でソースを作る。

7のフライパンに少量残った肉汁をボウルにとり、オリーブ油を混ぜる。7の肉を切り分けて器に盛り、ソースをかける。

*豚肉の旨みを生かすため、オリーブ油はほんの少量。香りづけ程度に。

**Bonne idée**

もし焼いた肉を切り分けたとき、生焼けだったらどうしますか？ ぶつ切りにして、ソテーし直せばいい、それだけです。いつも臨機応変に！ 料理に“絶対”はありません。

直火と熱々に焼いた網が、
おいしく焼いてくれる

# ビーフステーキ

Steak minute

薄切りの牛肉を焼くのは、本当にスピーディーで簡単。かたまり肉と違って強火で1分以内、瞬時にステーキにする“ステーク・ミニッツ”が原則です。片面が焼けたら、裏返して焼き終わり。そこに焼き加減うんぬんはありません。弱火でゆっくり焼いては、火が入りすぎます。熱々に熱したフライパンでも焼けますが、基本は網の上で直火でグリルにする——つまり直火で800℃ぐらいで焼きます。フライパンで焼くとだいたい200℃。網で焼くと、それとはまったく違う香りを帯び、そしておいしそうな焼き色がつきます。高温で焼くことで、瞬間的にたんぱく質の“焦げ”ができるからです。ステーキは“網に焼かせる”ぐらいな気持ちで作れる料理。そのかわり、網が真っ赤になるまでよーく焼いてから肉をのせることが大切です。

**【材料】**(2人分)

牛ロース肉（1枚270g）…… 2枚
塩…… 4g
オリーブ油…… 少量
[ポム・アリュメット]
じゃがいも…… 適量
揚げ油…… 適量

直径 24cmのフライパン

ポム・アリュメットとは、じゃがいもをマッチ棒状に切って、カリカリに揚げたもの（p.117参照）。フランス人が大好きなステーキのつけ合わせ。ローストビーフにもおすすめ。フォークでは食べにくいので、手でどうぞ。

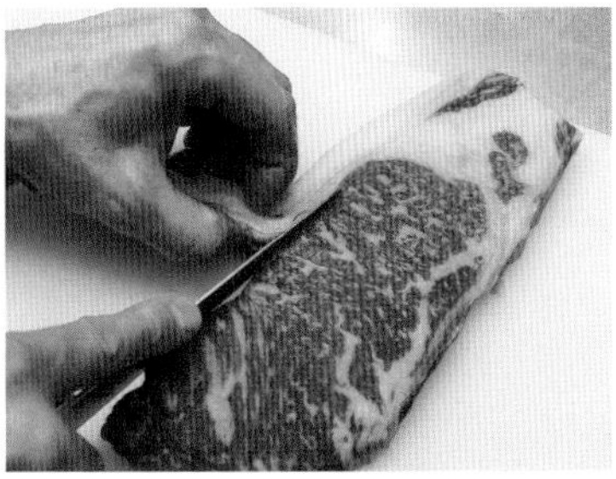

**1 肉の脂や筋を切り落とす。**

牛ロース肉の形に沿って、まわりの脂や筋を切り落とす。

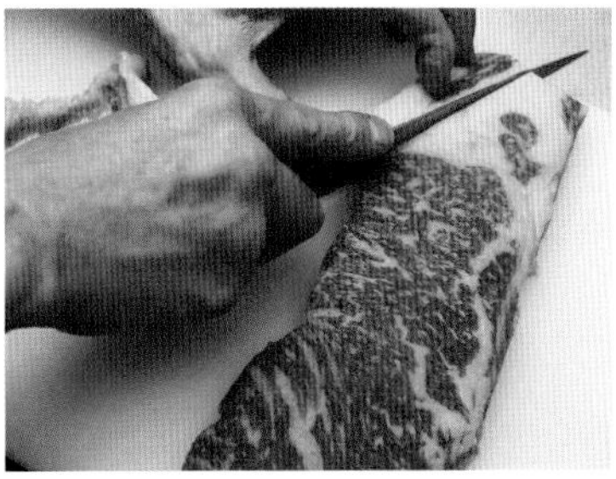

**2 形を整える。**

すぼんだほうの脂は少し残して、形を整える。正味180gになる。この仕上がりの形をニューヨークカットという。

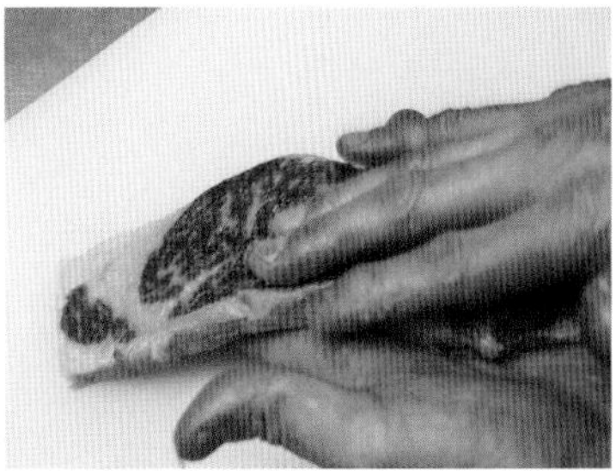

**3 塩をふって馴染ませる。**

2の両面に1枚あたり2gの塩をふり、やさしく馴染ませて少しおく。

＊「塩、こしょうして焼く」という言い回し、忘れましょう！　とくに焼く前にこしょうをふるのは厳禁。焼く間に確実に焦げます。仕上げにかけてください。

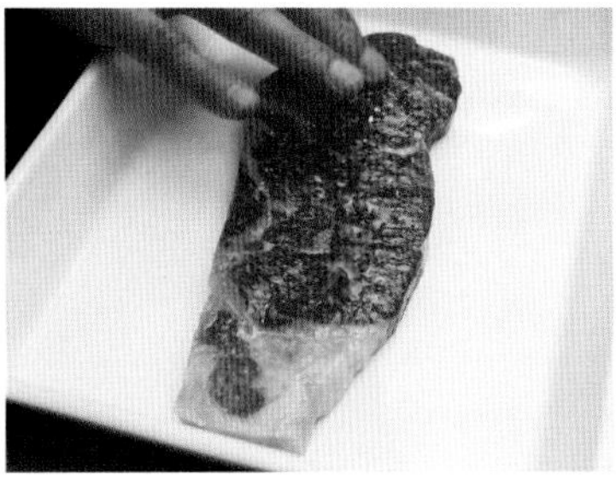

**4 牛肉にオリーブ油を塗る。**

3の両面にオリーブ油を少量かけ、薄く塗り広げる。

＊網にくっつくのを防ぐための油です。最小限しか使いたくないので、表面に薄く塗れる量で充分。

**5 焼き網を焼いて肉をのせる。**

焼き網を強火にかけて真っ赤になるまで焼き、4をのせる。

＊あれば、鉄のグリル板を使うのがおすすめ。より高温になって瞬時に焼くことができ、美しい焼き目もつきます。

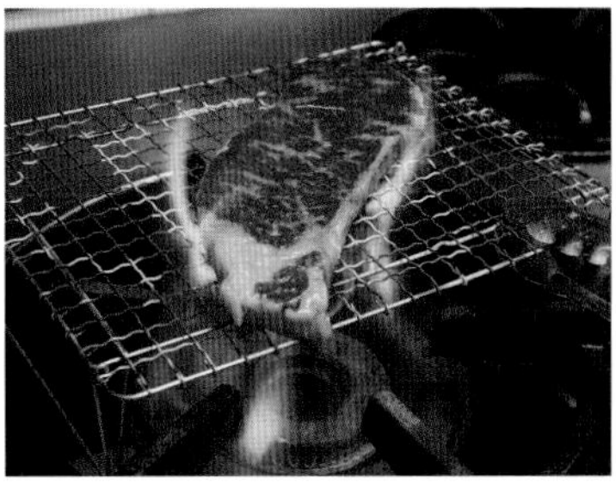

**6 短時間で焼く。**

20秒ほどしたら90度回転させてまた20秒ほど焼く。焼き目が格子状になるようにする。

＊焼き加減を考えるより、とにかく強火で手早く！

**7 裏返して6と同様に焼く。**

裏面も短時間で、焼き目が格子状になるように焼く。

＊格子状の×の間の肉がレアな状態に焼けたらベスト！

**8 仕上げに脂身をあぶる。**

肉が焼けたらトングで持ち上げ、2で残した脂身を少しあぶる。皿に盛り、ポム・アリュメットを添える。

**Bonne idée**

溝がついたフライパンタイプのグリル板、ありますね。僕はおすすめしません。焼いている間に脂が溝に落ちてたまり、その脂でいぶされると肉が臭くなります。

カリカリの皮としっとりジューシーな身。
そのグラデーションができたら、焼きは完璧！

# 真鯛のポワレ

Pavé de dorade poêlé

**【材料】**（2人分）
真鯛（切り身）…… 2切れ
塩…… 2g
オリーブ油…… 適量
レモン…… 適量

直径 24㎝のフライパン

## 焼きっぱなし、シンプルな定番魚料理のおいしさとは

フレンチビストロの魚料理といえば、白身魚のポワレ。ポワレとは、いまは一般に、適量の油でフライパン焼きにすることを言います。ご家庭なら切り身をお使いになると手軽です。ソースもつけ合わせも必要ありません。今回も添えたのはレモンだけ。その分、主役の魚を上手に焼くことに集中してください。芯まで完全に火が通って、全体にパサッとしたら失敗です。

僕のベストな焼き上がりのイメージは、皮がカリカリで、身は驚くほどしっとり。そして中心の５ミリだけが半生で、ナイフを入れると鯛のジュがしたたり落ちる状態。こんなふうに味にグラデーションができたら大成功！　鯛はとくに皮が堅いので、パリッと焼ききってください。

## 魚にはアロゼしない。これが肉の焼き方との最大の違い！

ではこんなふうに焼き上げるにはどうしたらいいでしょう？鶏肉のときと同じです。皮を下にして、中火で焼いていくだけです。ただし１つだけ、大きな違いがあります。魚はアロゼしないでください。鶏肉は旨みを含んだ水分が油に出てきます。でも、魚は臭みを含んだ水分が出てきます。せっかく身から出ていってくれたのに、油をかけて戻してはいけません。むしろ、焼き油が臭いと思ったら、ペーパータオルでどんどん拭き取って、新しい油を入れてください。

そしてもう１つ。“皮をパリパリに焼く”というと、フライ返しなどで押しつけるかたがいますが、それもやめてください。身が柔らかいので、崩れたり水分が出てパサつきの原因になります。

## 真鯛のポワレの作り方

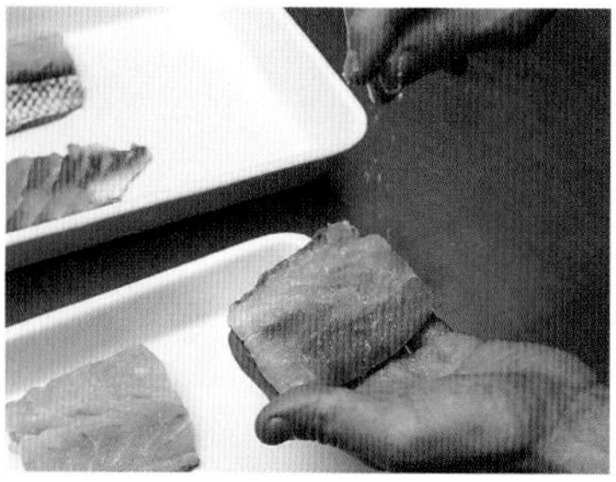

### 1 真鯛の身側に塩をふる。

真鯛1切れにつき塩1gを身側にのみふって、10分ほどおく。

＊肉を焼くときと同じで、皮には塩をふりません。身が柔らかいので、すり込まないように。傷ついて身崩れします。

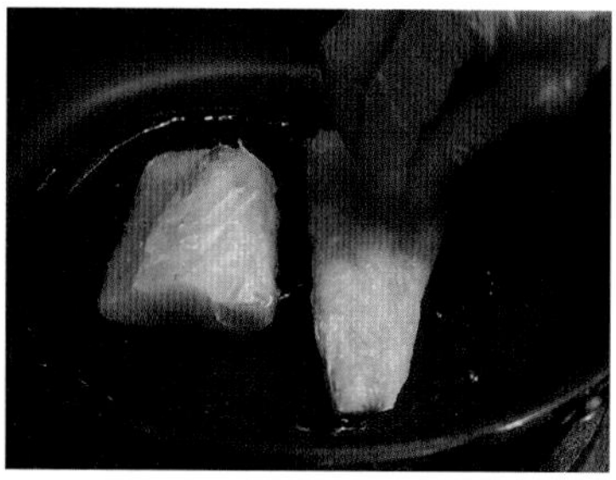

### 2 焼き始める。

フライパンに大さじ1のオリーブ油を入れ、中火にかけてすぐに1を皮を下にして並べ入れる。

＊フライパンは熱しておく必要はありません。魚を入れて“チュン”と音がするような高温にするのはやめましょう。

### 3 油を下にすべらせながら焼く。

2をトングで持ち上げたりフライパンをゆすり、下に常に油をすべらせながら焼く。

＊魚がとびきり新鮮なときや身質によっては、反り返ることもあります。そのときはフライパンのエッジを利用して、形を整える意識で焼いていきます。

### 4 魚臭くなったら油を拭き取る。

魚臭くなったり油の色が濁ったら、ペーパータオルで油をきれいに拭き取る。油に魚の臭みが移っている。

＊たらのように、水分がたくさん出る魚はとくに注意。

### 5 新しい油を入れ、焼き続ける。

オリーブ油を入れ、同様に焼き続ける。ときどき魚を持ち上げ、皮の焼き加減を確認。アロゼはしない。

＊アロゼをしないことが、肉と魚の焼き方の最大の違い。魚の場合、油には臭みも出ているから絶対に戻さないように。

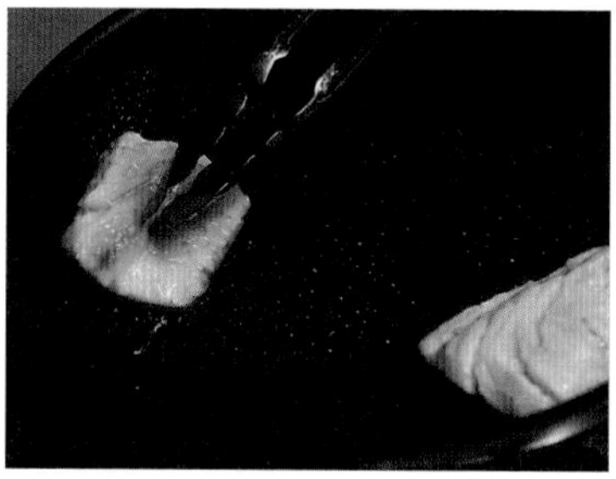

### 6 火の通っていない部分を焼く。

身の厚い真ん中にまだ火が通っていなければ、フライパンのカーブにフィットするように当てて、集中して焼く。

### 7 皮をカリカリになるまで焼く。

フライパンの油を拭き取り、新しい油を足す。パチパチという音が小さくなったら、皮がカリカリに焼けた目安。

＊皮が焼けて水分が少なくなるにつれ、音も小さくなります。この段階で身の約2/3が白くなった状態。

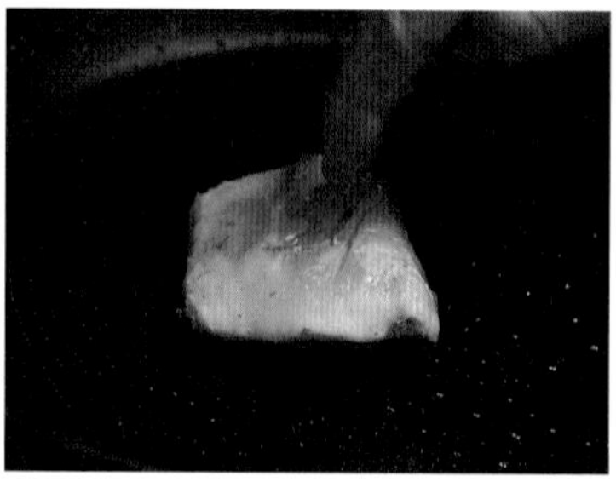

### 8 裏返し、余熱で身側を焼く。

火を止めて裏返し、身側に3秒ほど火を入れる。ジージーッと音がしたら裏返し、指でやさしく押して弾力を確かめる。

＊身を裏返すのは、必ず火を止めてから。焼くのではなく、余熱で余分な水分を蒸発させるイメージです。

### 9 再び余熱で焼き、火入れを調整。

弾力が足りなければ再び裏返し、余熱でもう少し火を通して焼き上げる。器に盛り、レモンを添える。

## Bonne idée

肉を焼くときにお伝えしましたが、魚においても身の厚みや繊維の質や入る方向が違う部分を一緒に加熱しても、上手には焼き上がりません。魚の半身が手に入ったら、大きく5つに分けて、それぞれをおいしく調理し、食べてください。鯛を例にご説明します。

また、切り身と言っても、お弁当に入れる鮭のような形、ありますね。半身を縦に薄く切り分けた状態です。その形だと、皮を下にして焼けませんし、1切れの中に違う身質が複雑に混在しているのでポワレには向きません。そんなときは皮と身を別々に調理して盛り合わせるといいでしょう。身が薄いので、加熱は片面15秒ぐらいずつで大丈夫です。レモンを搾るときは、皮にある爽やかな香りの油が料理に降り注ぐよう、皮を下に向けます。

1 鯛の中央の中骨跡に沿って半分に切り分ける。

2 上を3等分、下を半分に切る。

3 5つに分けた状態。右2切れと左上の2切れがポワレに向く。

**【ポワレに向かない切り身の場合】**

1 上記3の左下のようにポワレに向かない切り身は、まず皮をひき、せん切りにする。身は刺し身大に切り分ける。

2 湯を沸かして濃いめの塩を入れ、皮を入れる。さっとゆがいて臭みを取り、氷水にとってよく水気を拭き取る。

3 身全体に塩をふる。フライパンにオリーブ油をひき、中火にかけて身を並べる。

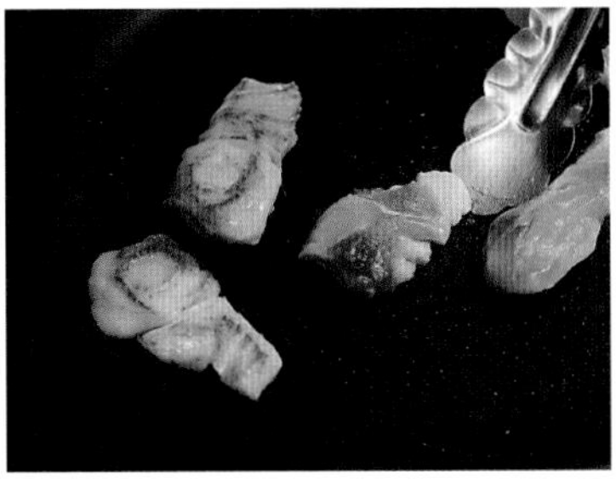

4 魚の下に油をすべらせるようにしてフライパンを回す。15秒ほどで裏返す。

5 レモンを搾ってからませる。皿に身を盛り、2をのせる。

透けるように薄く小麦粉をまとわせる、
これが一番のコツ

# 鮭のムニエル
Saumon à la meunière

ムニエルとは、素材に小麦粉をまとわせてフライパンで焼く調理法です。素材が素っ裸のポワレ（p.26 参照）と違い、小麦粉の洋服を着せるので、味と香りが閉じ込められるのが大きな違いです。ではムニエルで一番大事なこと、何だと思いますか？　カリッと焼くこと？　違います。小麦粉をどれだけ薄くまとわせられるか、です。たっぷりつけてしっかり取り除きます。

この洋服は、きめ細かくて透けるように薄い生地素材のイメージ。なぜなら、ポワレでもお伝えしたように、魚からは臭みの水分が出てきます。透けるような薄い生地なら水分を通しますが、ぶ厚い生地だとどんどん吸水して、皮がカリッと焼けません。焦げやすいので、フライパンが冷たい状態から焼き始めるのも大切です。

**【材料】**（2 人分）

鮭（切り身、100g）…… 2 切れ
塩…… 2g
小麦粉（強力粉）…… 適量
油…… 適量
直径 24㎝のフライパン

小麦粉を使うこの料理の名は、フランス語で粉屋を意味する「ムニエ」からきています。レモンや手作りのマヨネーズ（p.190 参照）を添えても。

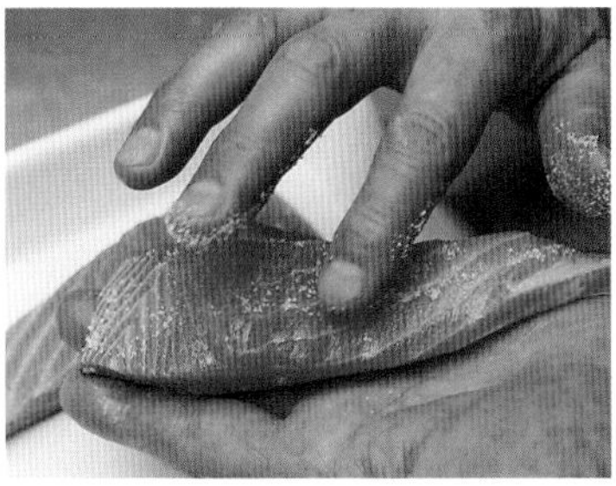

1 鮭の身に塩をふる。

鮭1切れにつき塩1gを、厚みのあるほうは多めに、薄い腹身は少なめにふる。やさしく馴染ませ、10分ほどおく。

＊鮭は身が柔らかいので、絶対にすり込まないように。堅くて鋭い塩の結晶で身崩れを起こします。身崩れは、ダメダメ！

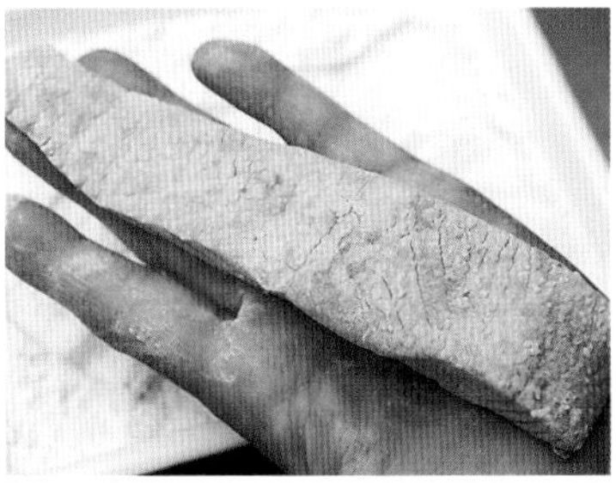

2 鮭に小麦粉を薄くまぶす。

バットに小麦粉を入れ、1をのせて全体にまぶす。手ではたいて余分な粉を残らず落とし、ごく薄くまとわせる。皮にも忘れずに。

＊とても細かい粒子の小麦粉をごく薄ーく、1枚膜をかぶせたイメージです。

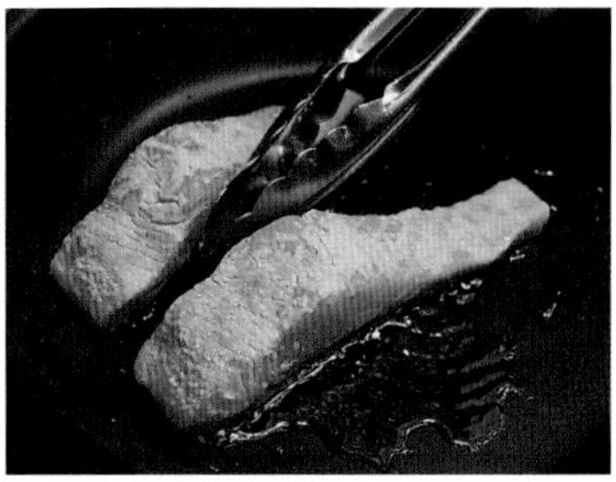

3 焼き始める。

フライパンに油をひき、弱めの中火にかけてすぐに2を皮を下にして並べ入れる。フライパンをゆすりながら焼く。

＊小麦粉は焦げやすいので注意。魚が焼ける前に粉が焦げないよう、火加減は少し弱め。

4 魚臭くなったら油を拭き取る。

魚臭くなったり油の色が濁ったら、ペーパータオルできれいに拭き取り、新しい油を少量足して焼き続ける。

＊僕、魚の臭みがとにかく嫌い！　とくにノルウェーサーモンは脂に臭みがあるので頻繁に、よく拭き取ってください。

5 皮がカリッとするまで焼く。

皮側の粉に色がつき、ハリが出てくる。ピチピチピチという音が消えないように。

＊焼くときに大切なのが、この音。魚から水分が出て油に当たっているのです。ここまで焼けたら、いざ本気を出して、小麦粉と魚の2層を焼いていきます！

6 皮の縁と側面を焼く。

5を横に倒し、皮の縁と側面を同様に焼く。反対側の側面も焼く。

＊再びジュワーッと水分が出る音がします。ムニエルは薄い小麦粉の膜が守ってくれるから、身も焼きます。ただし火の入れすぎはダメ。

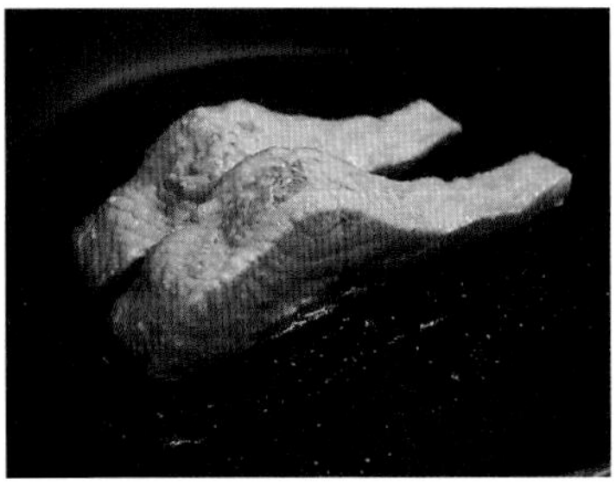

7 皮を焼き切る。

トングで皮を下にし、パリッとするまで焼く。指で側面や上面を押さえ、火の入り具合を確かめる。

＊上部の一番盛り上がった部分を見て、水分が出てぬれた状態になったら、そろそろ焼き終わり。

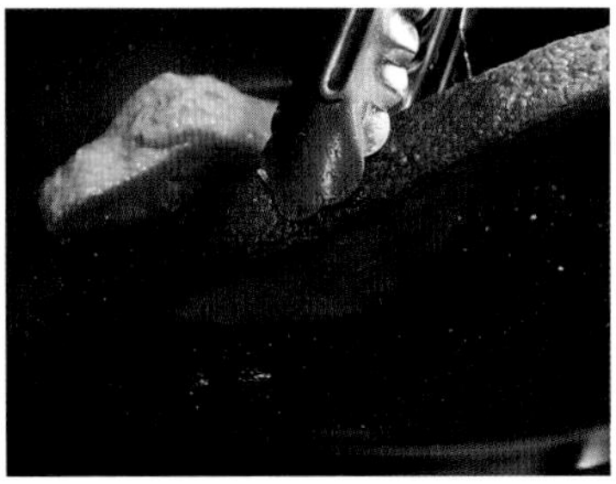

8 一番盛り上がった部分を焼く。

トングで持ち上げ、上部の一番盛り上がった部分を下にして焼く。ペーパータオルで油をきれいに拭き取り、火を止めて余熱で身にやさしく火を入れる。

＊ナイフで切ると、ジュワーッと水分が出てくる、これが理想の焼き上がり。

**Bonne idée**

僕が若い頃、先輩に言われたのが「指2本の上にのせて、まっすぐ横一文字にならなくちゃダメ」。ですから、粉が焼き固まって、鉄骨が入ったようにまっすぐになる、というのが僕のムニエル観。焼いていくうちに、下の写真のようにしなっていた鮭がまっすぐになります。

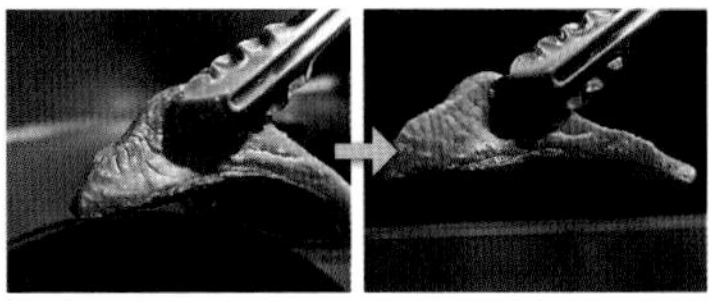

噛んだときに口の中に広がる旨みこそが、醍醐味。
ゆっくり丁寧に焼いて、しっかりねかせるだけ

# ローストビーフ

Rosbif

## ローストビーフには
## 断然、赤身の多い肉！

牛肉を焼くとき、あまり難しく考えなくても大丈夫。だって、タルタルステーキにするように、牛肉は生でもおいしく食べられる食材。だから火の入り具合を気にせず、大らかに焼くのがいい。

おいしく焼き上げるのに大切なことは、違う身質の部位を一緒に焼かないこと。かたまり肉を焼くときはとくに、まわりに筋などが入っていると、一部が堅くなったり繊維が引きつって、おいしくありません。きちんと取り除きましょう。せっかくよい肉を用意するなら、一番おいしく食べたいですから。そしてフライパンに接している部分に集中して、フライパンと素材の間に油がある状態を保ち、素材から出るサウンドを聞きながら焼いてください。

僕は牛肉をダイレクトに焼くときは、断然、赤身の多い肉を選びます。焼いた牛肉の醍醐味は、噛んだときの旨み。それを味わうのにぴったりだからです。サシの入った脂の多い肉は焼くと小さくなりますし、僕の考える“焼き”らしいおいしさが発揮されません。

## オーブンは使わない。
## フライパンで焼き上げる

ローストビーフは、表面をフライパンで焼き固めてオーブンで仕上げる、と思っているかたも多いでしょう。でも僕はここでもフライパンだけで仕上げます。強い火力で一気に焼き固める必要はまったくなし。カチカチの食感になっておいしくありません。中火でじっくり、きちんと焼いて、中心5ミリは半生がいいんです。この本では、どなたにでも作っていただきやすいようにフライパンを使いましたが、“焼き”の原点に立ち返って、ビーフステーキ（p.24 参照）と同じように、焼き網にのせ、弱火の直火でじっくり全面を焼くと、いっそう香りがよくてとてもおいしいです。

**【材料】**（作りやすい分量）

牛ロースかたまり肉（余分な脂肪や筋などを取り除いたもの p.35 参照）…… 460g
塩…… 4g
油…… 適量

直径 24㎝のフライパン

## ローストビーフの作り方

前日〜数時間前

**1 牛肉に塩をふって馴染ませる。**

牛ロースかたまり肉の上下に塩をふり、手で軽く馴染ませる。全面にはふらない。

＊焼き上がりを切り分けたとき、1切れずつ均一に塩味が行きわたるよう、考えて塩をふります。

**2 冷蔵庫でねかせる。**

乾いたペーパータオルをふわっとかぶせ、冷蔵庫で数時間から半日ねかせて塩味を中まで浸透させる。

＊牛肉は肉汁がほとんど出ないので、ペーパータオルで構いません。ラップで覆うと蒸れるのでダメ。

翌日

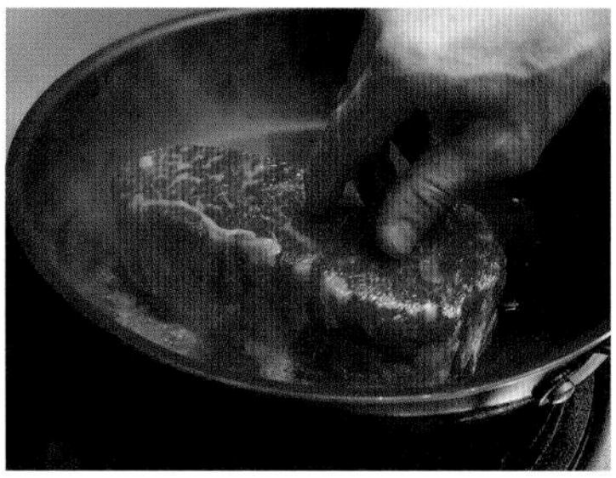

**3 肉を室温にもどし、焼き始める。**

2を冷蔵庫から取り出し、30分ほどおいて室温にもどす。フライパンに油をひき、中火にかけて2をのせる。

＊高温で表面をさっと焼き固めるのではなく、“きちんと焼きたい”ので、フライパンを温めておく必要はなし。

**4 油を下にすべらせながら焼く。**

トングで肉を持ち上げたりフライパンをゆすったりして、常に肉の下に油がある状態を保ちながら全面を焼いていく。

＊牛肉は身質がきめ細かく、水分も出にくいので、焼いている音は静か。繊細なので傷めつけないよう扱ってください。

**5 途中、油の状態を確認する。**

焼いていくと、フライパンの油が濁り始める。濁ったかどうか確認する。

**6 濁った油を拭き取る。**

ペーパータオルで濁った油と塩をきれいに拭き取る。

＊牛肉からは旨みの水分はほとんど出ません。この汚れは脂と塩。放っておくと塩のえぐみが際立ち、ザラザラした食感も残るので、きれいに拭き取ります。

**7 新しい油を入れて焼く。**

新しい油をフライパンに入れ、同じように下に油をすべらせながら焼く。

＊油はフレッシュなのが一番。とくに塩が落ちた油はきれいに拭き取って、新しい油を使ってください。

**8 くり返して全面を焼き上げる。**

4〜7の作業をくり返し、全面を焼く。途中トングで肉を立て、側面もきちんと焼く。

＊両サイドばかり焼くと、その部分を食べる人がかわいそうですよね。全面を同じようにきちんと焼いてください。

**9 焼き加減を確認。**

目指す焼き上がりはレア。肉を指で軽く押して確かめる。1箇所だけ火山のように血が出るのが、レアの目安。

＊いたるところから血が出たらミディアム。このあと休ませるので少し焼きすぎです。このテスト、1回しかできません。

**10** 焼き上がったら取り出す。

9で確認して、焼き上がっていたら取り出す。

＊こしょうの香りがほしければ、この焼き上がりのところで挽きます。香りを生かすため、そして焼いて焦がさないためです。

**11** 温かいところで休ませる。

オーブンの近くなど温かいところで8～9分間休ませる。切り分けて器に盛る。

＊かたまり肉なので、皆さんが思うよりもゆっくり休ませてください。中まで余熱で火が入って、肉汁も落ち着きます。

**Bonne idée**

焼き終えた後のフライパンを見てみてください！ 油と脂しか残っていません。出ているのは肉汁（ジュ）ではありません。このぐらい、牛肉はジュが出ない肉なので、焼き固めなくてもいいんですよ。本当に。

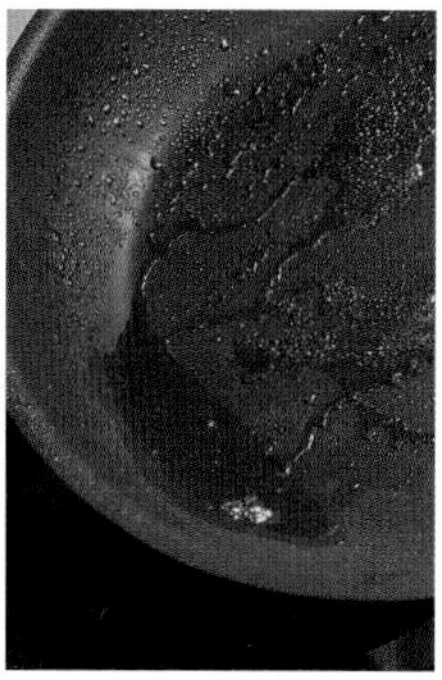

## ロース肉のかたまりがあったら

まるごとローストビーフにしよう、なんて思わないでください。かたまりをいくつかの部位に分けて、料理や目的に応じて一番おいしく、そして無駄なく使ってください。ロースは脂が2層になって入っています。ローストビーフには脂や筋を取ったかたまりで、ステーキには1㎝ほどの厚みで使います。また筋の多い部分は薄切りにして焼き肉に、残った脂はヘット（牛脂）に、と使い切りましょう。

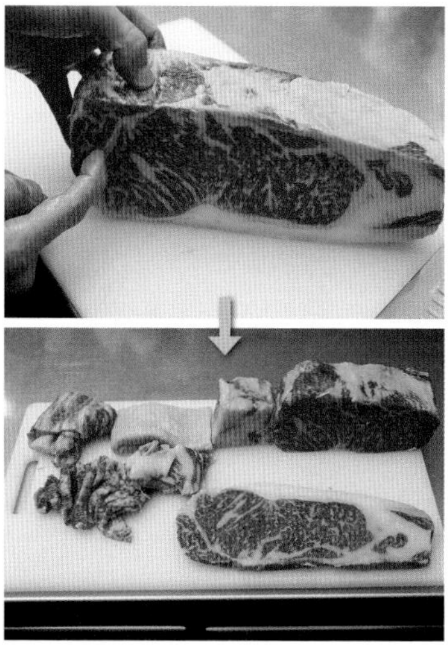

これで解体！ ここまでを精肉店やスーパーに頼んで分けてもらってもよい。

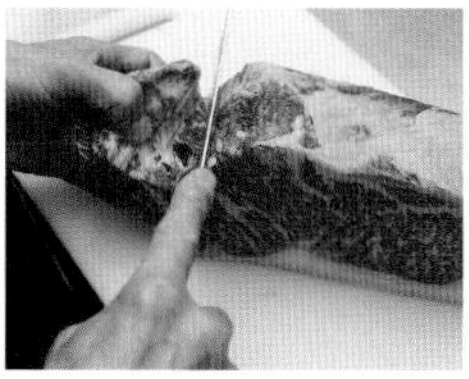

**1** 1層目の厚い脂をはがす。脂と肉の間にぐっと指を入れて少しはがし、包丁で軽く筋や脂を切る。

**2** 左手でぐいっと引っ張る。

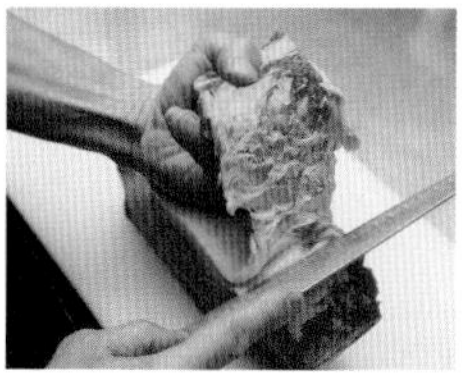

**3** 左手を上にして肉を返し、さらに包丁を入れながらはがす。

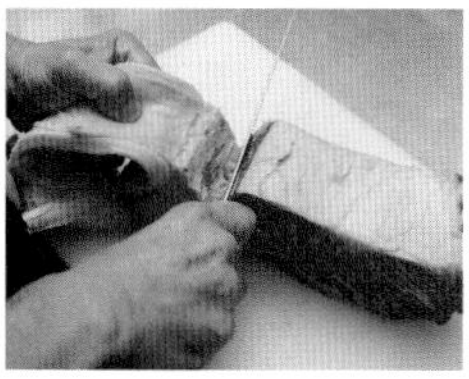

**4** 端まで行ったら切り落とす。

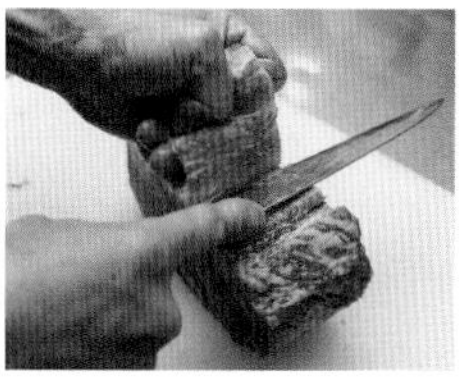

**5** 2層目の薄い脂を上にして置き、脂と肉の間に指を入れて少しはがし、包丁で肉と脂の境目をこそげるようにしながらはがす。

**6** 残りの脂は刃を右に向けて持ち直し、切り落とす。

**7** 4でカットした脂から、筋が細かく入っている2つのかたまりを切り出す。脂の多いほうは脂を切り落としながら形を整える。

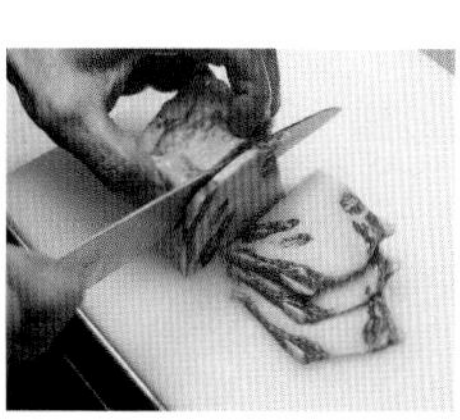

**8** 繊維に直角に薄切りにして、網で焼き肉にするとおいしい。

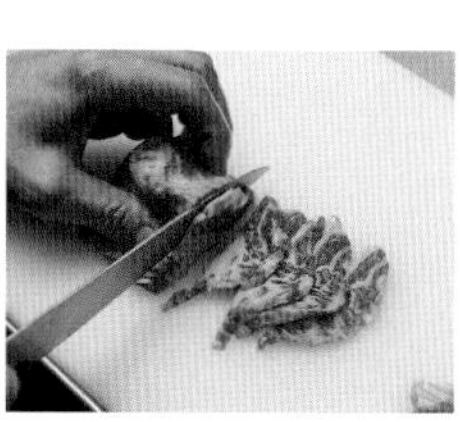

**9** 筋の多いほうも、適当に脂を切り落とす。こちらも繊維に直角に薄切りにして、炒めたり網で焼き肉にするのがおすすめ。

EYER

フライパンひとつで焼き上げる。
ジューシーで絶対おいしいおもてなし料理

# ローストチキン

Poulet rôti

## 鶏のお腹の空洞が火入れの鍵

僕がアルザスの3つ星レストランで働いていた頃のこと。毎週末のように訪れていたワイン醸造家のお家でよく作ってくれたのが、ローストチキンでした。ご主人がさばいてくれて、それぞれが好きな部位を食べる、そんな思い出の料理です。

鶏1羽は、火の入り方の違ういろんな部位の集合体。ローストチキンはいつも僕が言っている「違う身質のものは一緒に焼かない」という考え方と、真逆の料理です。部位それぞれのおいしさをあきらめた料理ですが、ローストチキンでしか味わえない、柔らかくてジューシーなおいしさがあります。それを可能にするのが、内臓を抜いた後のお腹の空洞。外側はフライパンで直接焼くので熱くて触ることすらできませんが、内側はお腹の中からじんわりと50～70℃に温まった空気の対流で、ゆっくり、やさしく焼けていきます。焼き固めないからふわっと焼き上がり、骨から髄液がじんわり出てくるのでさばくとおいしいジュ（水分）がうわーっと出てきます。

## もも肉の焼き具合で焼き上がりをチェック

ではどこで焼き上がりを見ればいいでしょう。照準をもも肉に合わせてください。火が入るのに時間がかかるので、もも肉がちょうどよく焼けたら大丈夫。むね肉は火が入りすぎますが、ミディアムウェルダンもおいしいものですよ。

オーブンでももちろん焼けるローストチキンですが、僕はうまく焼けたらフライパン焼きのほうが絶対においしいと思います。正直、焼き上がりの見極めは難しい。どれだけ作って、失敗したかでしか上手になれません。中が見えない分、とくに経験が大事な料理です。

**【材料】**（鶏1羽分）
丸鶏（内臓を抜いたもの）…… 1羽（1100g）
塩…… 10g
油…… 適量

直径 24㎝のフライパン

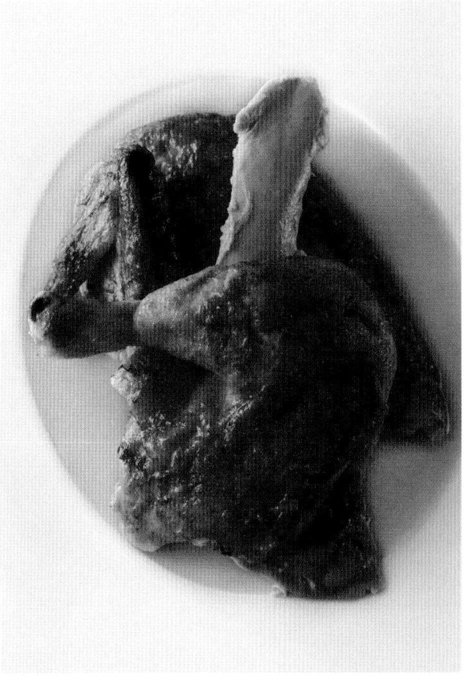

## ローストチキンの作り方

前日〜数時間前

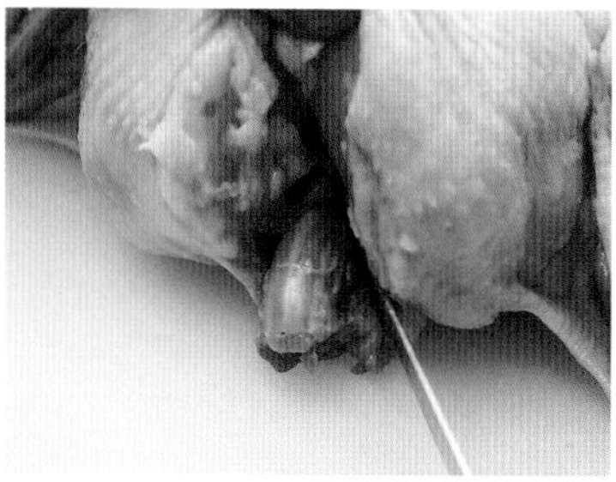

1 首づるを切り落とす。

首の皮をめくり、首づるの左右からそれぞれ斜めに包丁を入れ、切り落とす。

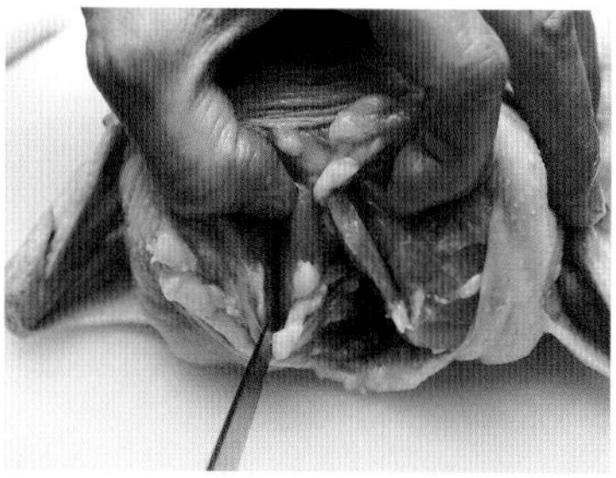

2 鎖骨に沿って包丁を入れる。

鎖骨は首づるの上部にハの字型についている。その骨に沿って包丁の先で切り込む。

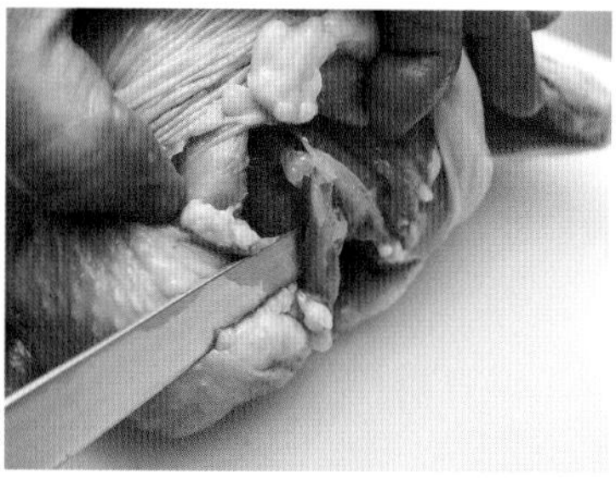

3 鎖骨を軟骨から切り離す。

胸骨の中心部にある軟骨に包丁を入れて鎖骨を切り離した後、鎖骨の裏側に包丁を入れる。

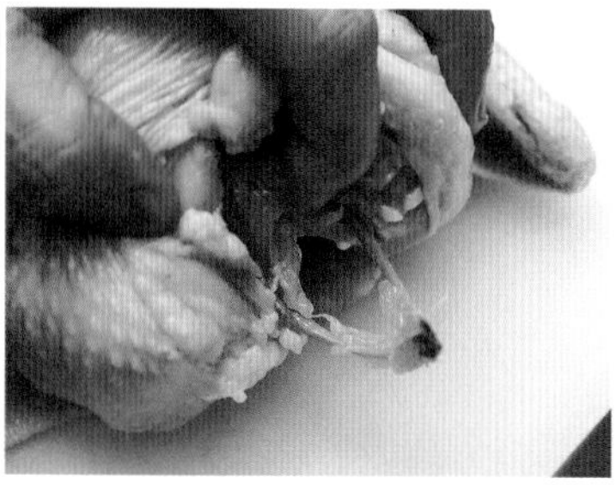

4 鎖骨を取り除く。

手前に引っ張ると、簡単に外れる。

＊焼いた後は鎖骨が取りにくく、さばきにくいので、この段階で取っておきます。

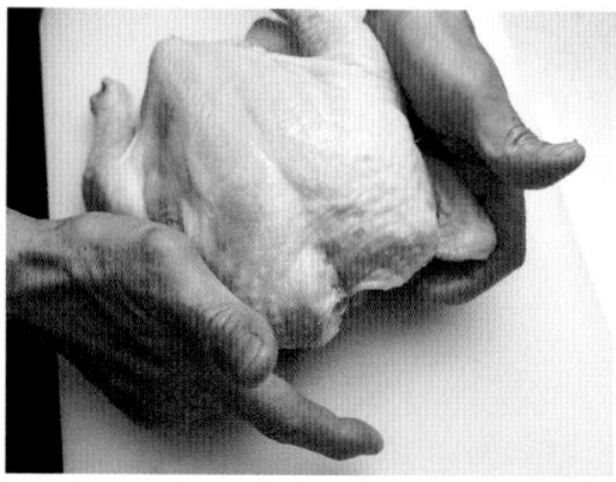

5 たこ糸で縛って形を整える。

手羽を一度のばして開いてからたたみ、背側（下側）にきれいに収める。腹の中に内臓の残りなど異物があれば取り除き、たこ糸で鶏の形を整える（p.40 参照）。

＊お好みで、お腹の中にローズマリーなどのフレッシュハーブを入れてもいいでしょう。

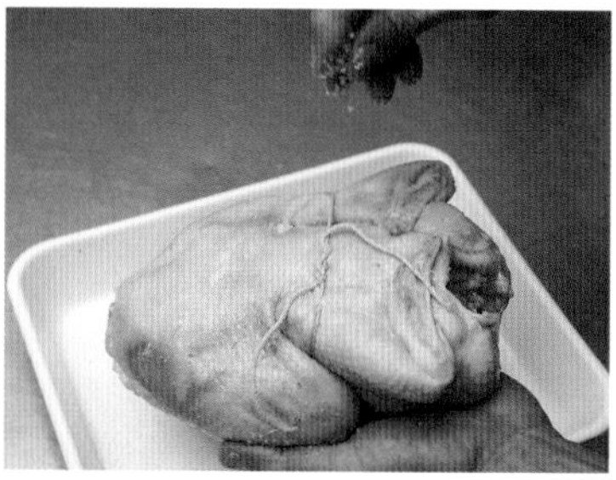

6 塩をふって冷蔵庫でねかせる。

塩をふって手で全体に馴染ませ、冷蔵庫で数時間〜半日おき、味を染み込ませる。

翌日

7 鶏に熱湯をかける。

6 を冷蔵庫から出し、熱湯をかけて皮を張らせる。お尻の穴に湯を入れないように。

＊皮が縮んでふわっと張って、焼き上がりがツヤッツヤになります。

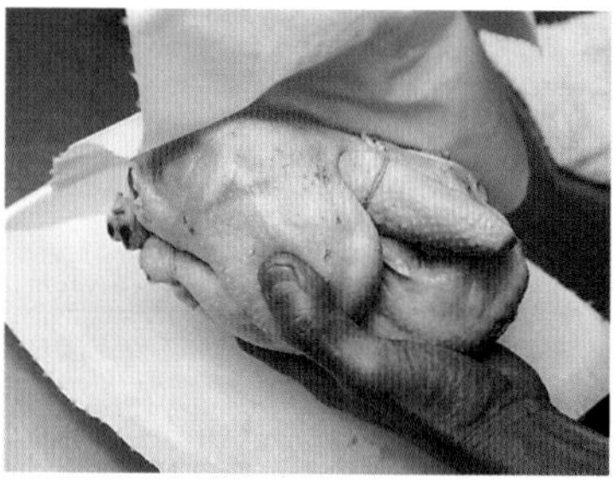

8 水分を拭き取って 10 分おく。

ペーパータオルで水分を残らずきれいに拭き取り、10 分ほど常温におく。

＊この作業をしないと、焼くときに油がはねて危険です。

9 焼き始める。

フライパンに油大さじ 1 を入れて中火にかけ、すぐに 8 を背側を下にしてのせる。

＊盛りつけたときに上になるほうを上にし、作り方 11 でアロゼして形を整えます。

**10** 鶏の下に油をすべらせる。

鶏をトングで持ち上げたりフライパンをゆすったりして、常に下に油をすべらせながら焼いていく。

**11** 熱い油をかけながら焼く。

フライパンを少し斜めにし、スプーンできれいな油をすくって上からかける（アロゼ）。くり返し行う。

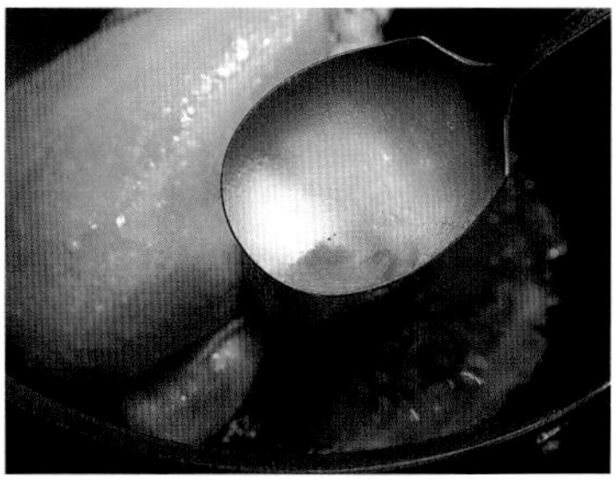

**12** 油が濁ったら拭き取る。

焼いていくと油が濁ってくる。塩だまりができて汚くなったら、ペーパータオルできれいに拭き取り、新しい油を入れる。

＊塩だまりのある油でアロゼすると、塩が鶏にのって焦げます。アロゼでかけるのは、油だけです。

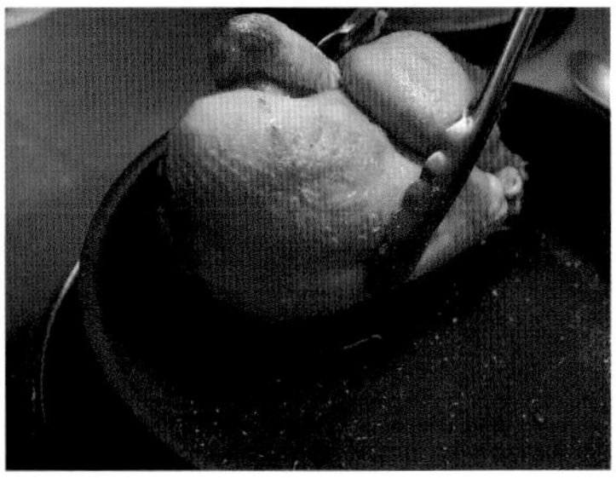

**13** ももを軽く色づくまで焼く。

全体にある程度焼き色がついたら、トングで片方のももが下になるように立てる。表面が軽く色づくまで焼く。裏返してもう片方も焼く。

**14** 首側も焼いて取り出す。

トングで首が下になるように立てて同様に焼き、いったん取り出す。フライパンの油を捨てて、鍋中をペーパータオルできれいに拭く。

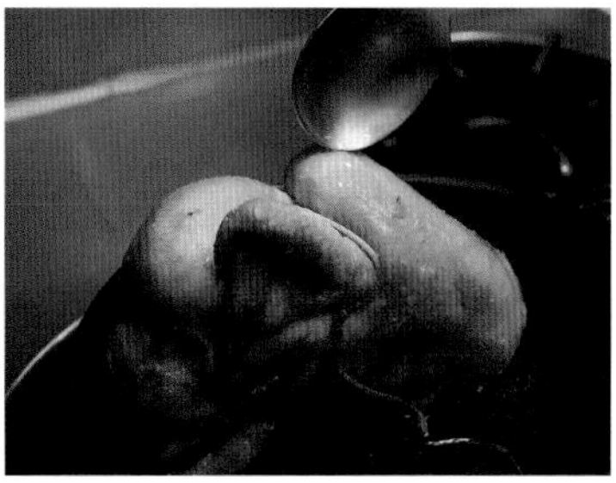

**15** 新しい油で、再びももを焼く。

14 の熱々のフライパンに大さじ 1 の油を入れ、片方のももが下になるようにしてのせ、アロゼしながら焼く。

＊ここから本格的な焼き作業に入ります。まずはももから。「焼こう」と思うと焦げるので、じっくり火を通します。

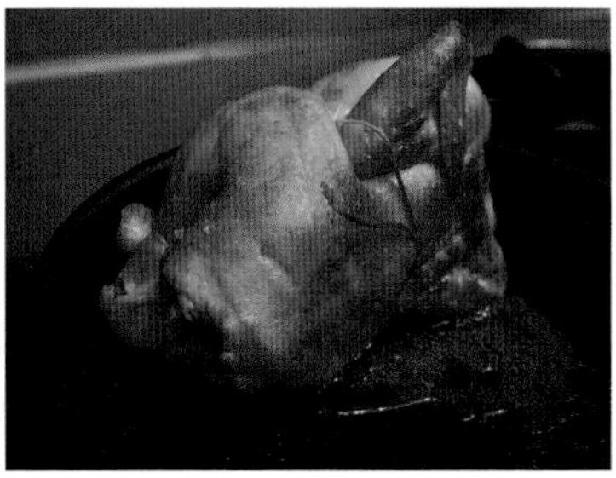

**16** 上下を返し、もう片側も焼く。

トングで上下をひっくり返し、もう片側のももを下にする。上になったもも肉が冷たくなる前のタイミングでひっくり返し、同様にアロゼしながら焼く。

**17** 何度か上下を返し、火を通す。

15 と 16 の作業を何度かくり返し、もも肉に火を通す。途中、油が濁ったら捨ててフライパンを拭き、新しい油を入れる。

＊上が冷たくなる前にひっくり返すと「焼いては休ませる」状態を自然とくり返すことになり、やさしく火が入ります。

**18** 焼き色をつけて仕上げる。

全体においしそうな焼き色をつける。

＊グラデーションがあっても、もちろんいいですよ！

▶ p.40 に続く

## ローストチキンの作り方

**19** 焼き上がったら取り出す。

トングをお尻の穴に入れて、取り出す。

＊鶏の皮はデリケート。トングで突っついて皮を破らないように取り出します。

**20** 取り出して休ませる。

ももを押してしっかりと弾力が出ていれば火が通っている証拠。温かいところで10～15分ほど休ませる。さばいて、鶏の骨からとっただしでソースを作り（p.41参照）、盛りつける。

**Bonne idée**

作り方17で「もう焼けたかな」と思ったら、トングをお尻の穴に入れて斜めにしてみてください。出てきた汁が血のかたまりと透明な汁が混じった状態ならベスト！

血だけならまだ焼き足りず、すべて透明な汁なら火が入りすぎ。このテストができるチャンスは1回だけです！

# 鶏の形の整え方

**たこ糸でしばる方法 ―― 基本形**

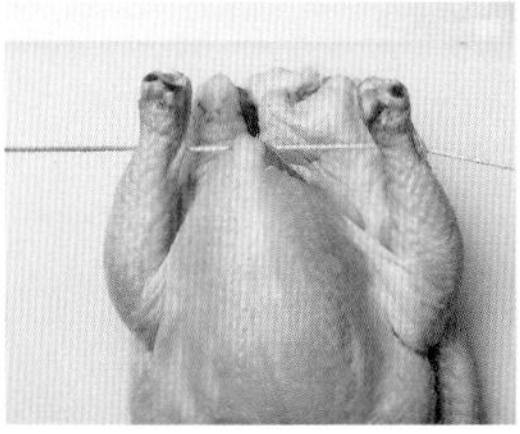

1

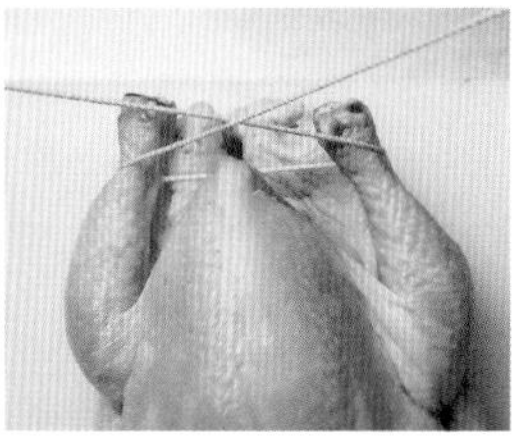

2

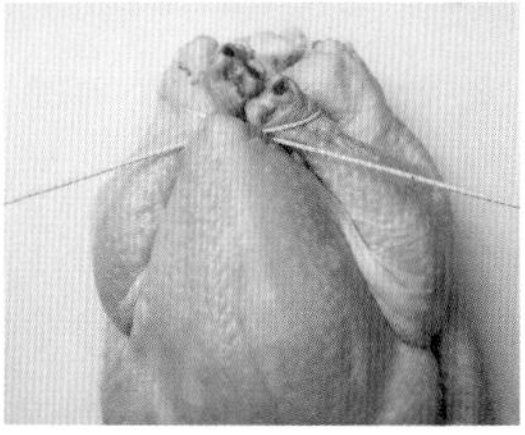

3

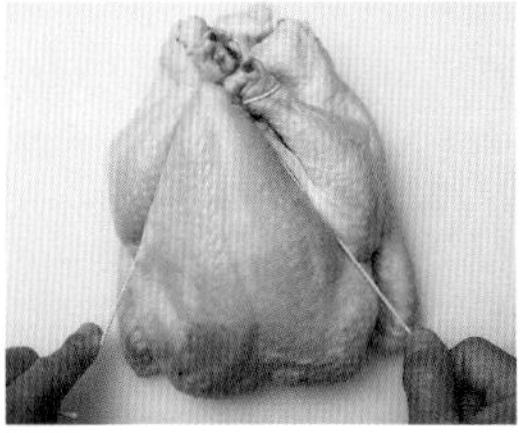

4

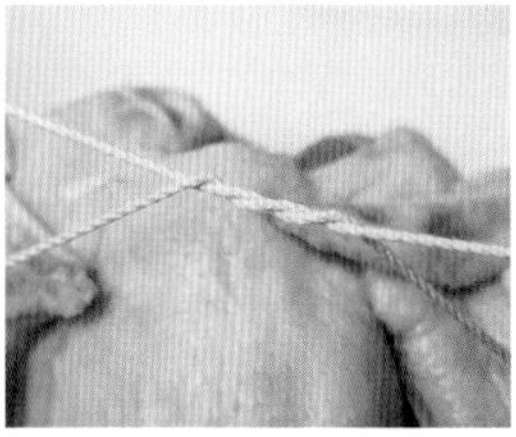

5

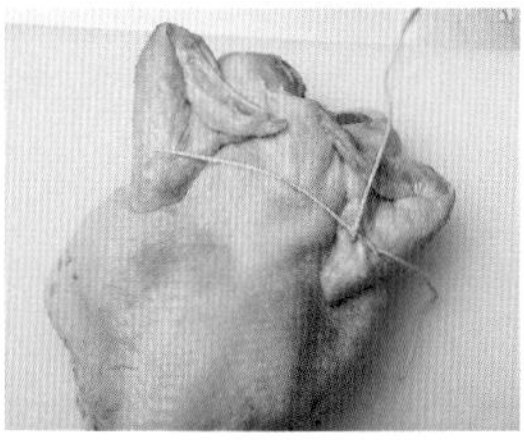

6

鶏の胸を上にして置く。両脚の下にたこ糸を通し（1）、上でクロスさせる(2)。糸を引っ張って固定し(3)、そのままももに沿って境目のくぼみにキュッと入れる（4）。裏返し、手羽元を抱え込むようにする。糸を2～3回くぐらせ（5）、引っ張って結び目を片方の手羽元に持っていき、こま結びにする（6）。こうすると糸が肉から離れにくい。

**竹串を通す方法 ―― 簡単だが、皮に穴が開くのがデメリット**

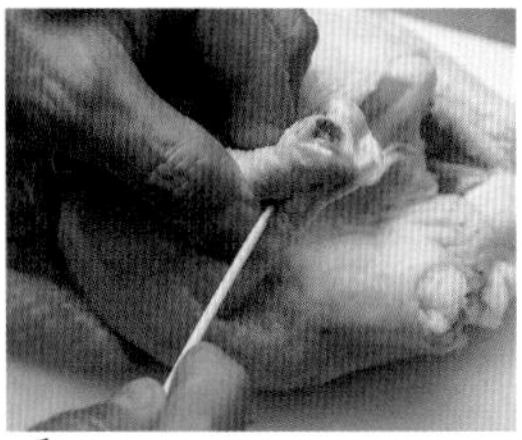

1

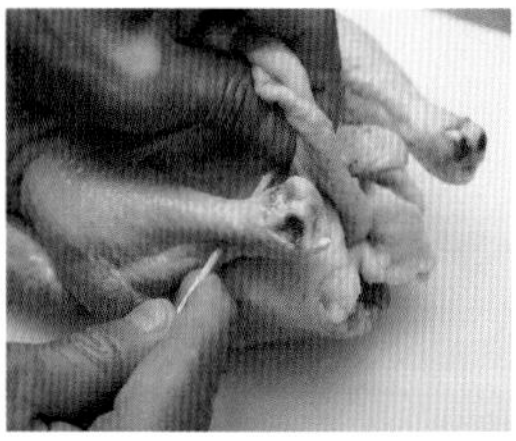

2

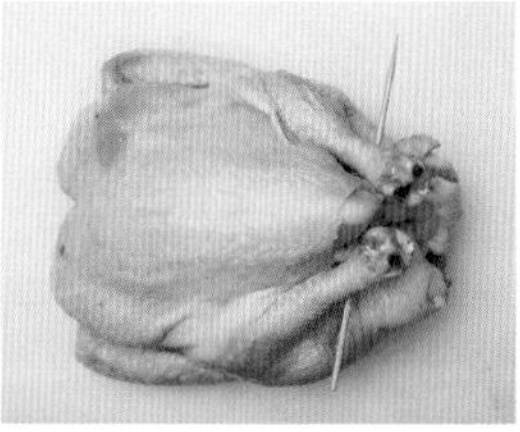

3

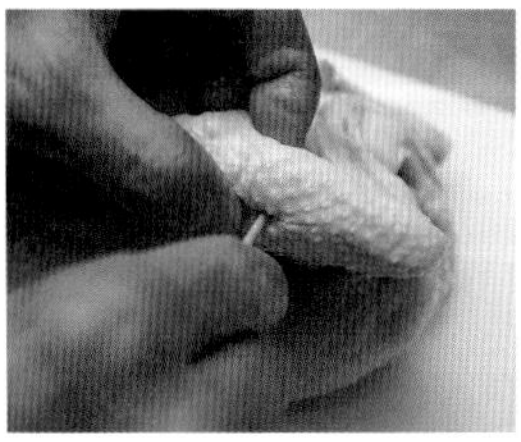

4

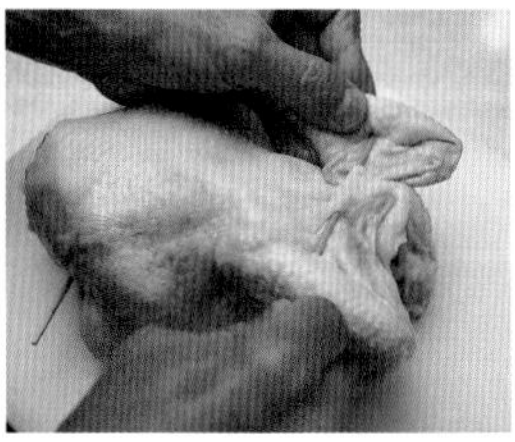

5

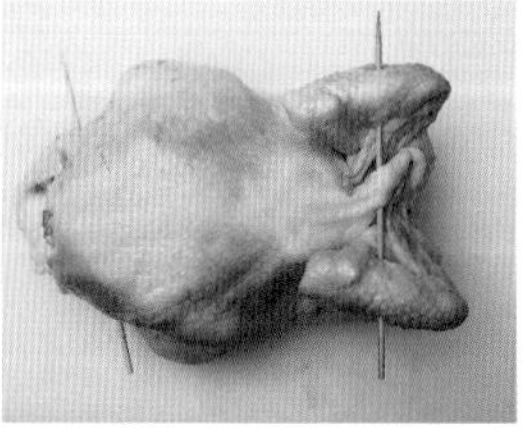

6

脚のアキレス腱の延長線上にある関節に竹串を刺す（1）。お尻の皮を閉じて、竹串を刺し（2）、もう一方の脚の関節に刺して通す（3）。手羽のほうは、鶏の上下を返してから手羽中に刺し（4）、背側の皮に刺して（5）、もう一方の手羽中に刺す(6)。余分な竹串は切り落とす。

# ローストチキンが焼けたら

おいしく焼けたローストチキンの上手なさばき方をご紹介します。またフライパンで焼くと骨がしっとりしているので、水で煮出したときに骨の髄が膨らんで、よいだしがとれます。

### ローストチキンのさばき方

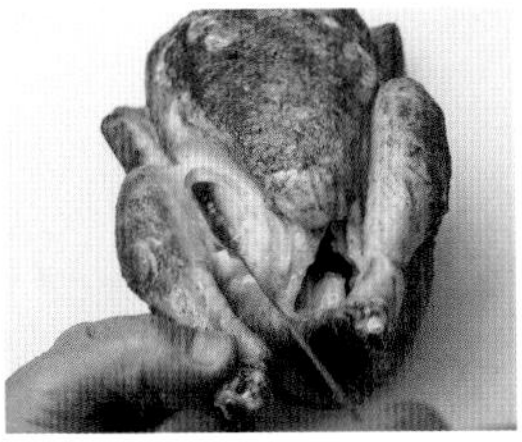

1 もものつけ根の皮を切る。

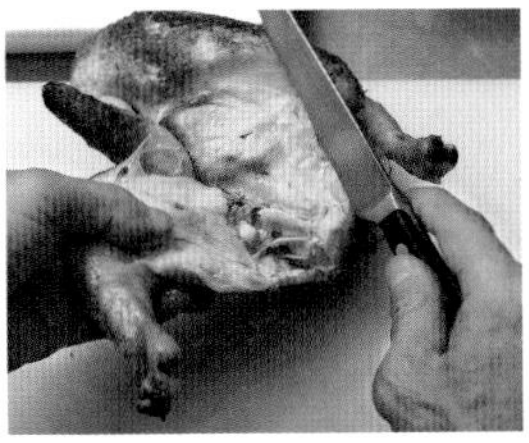

2 左手でもも肉を持って、骨盤を開きながら少しずつ包丁で切り開く。

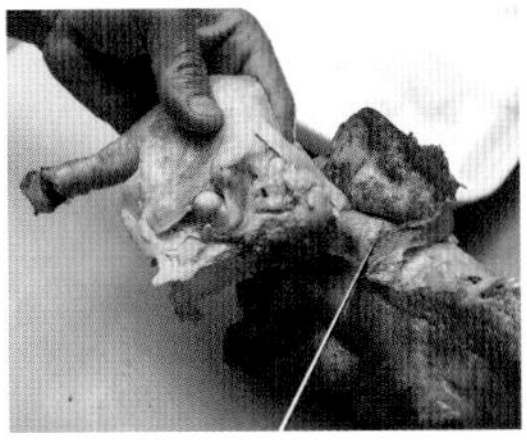

3 関節で切り離してもも肉を取り出す。反対側も同様にする。

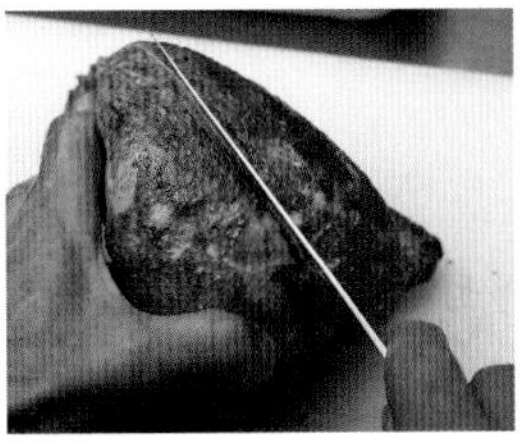

4 手羽を手前にして置き、胸骨に沿って両側に包丁を入れる。

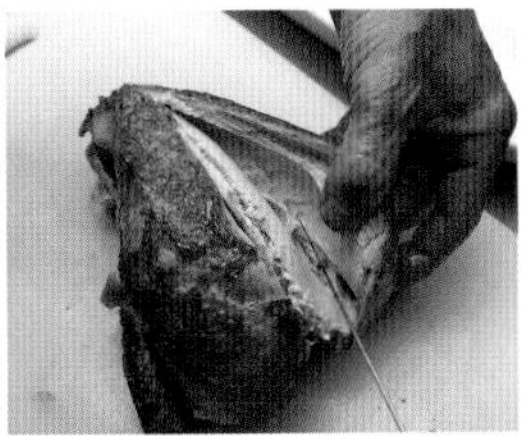

5 左手で身をはがしながら包丁でむね肉を開く。

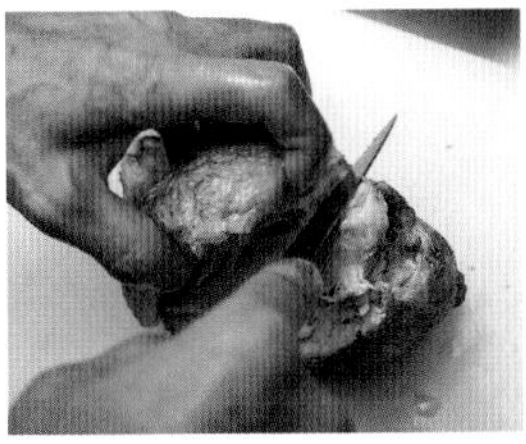

6 左手で肉を持ったまま上にする。

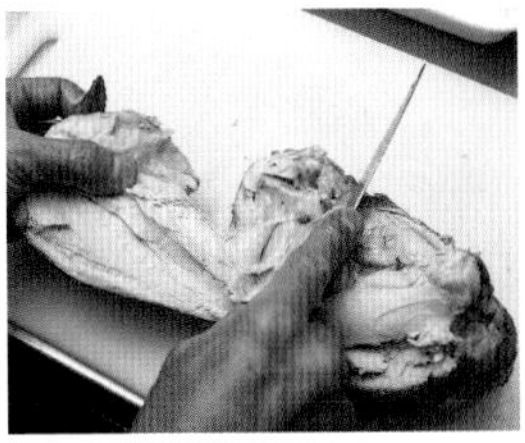

7 もう一方のむね肉が下になった状態で、筋を切って開き、外す。

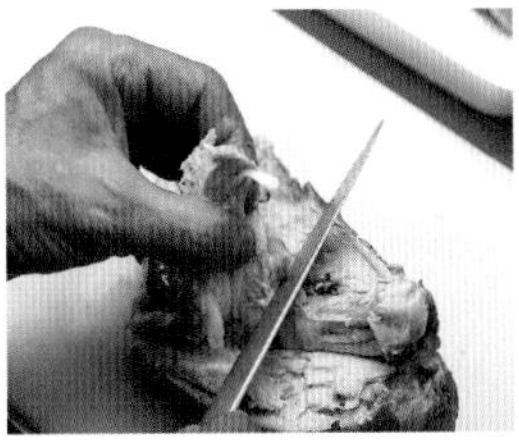

8 ささみを切って外す。もう片方も5〜7と同様にする。

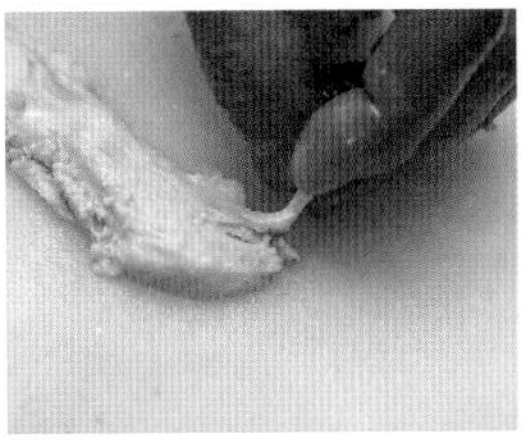

9 ささみの筋は頑丈なので、切り込んで引っ張って取り除く。

### だしをとり、ソースを作る

10 骨は旨みが詰まった部分。だしをとってソースに活用する。硬い骨は包丁で切る。

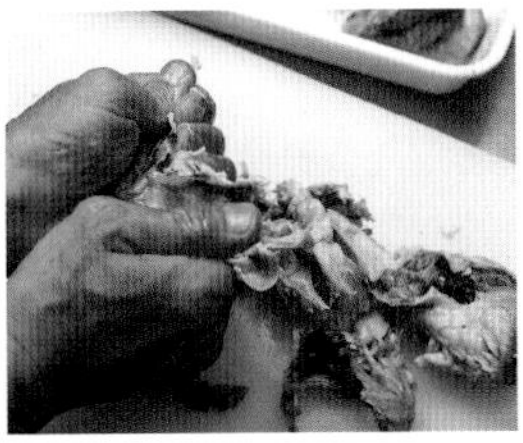

11 柔らかい骨は手で適当な大きさに砕く。

12 11をフライパンに入れて水（または鶏がらスープ）500mℓとバター10gを加える。

13 強火にかけて沸き立つ状態で煮出し、液面にアクが固まったら取り除く。塩2gを加えてしばらく煮出し、しっかりと旨みが出たら鍋に漉す。

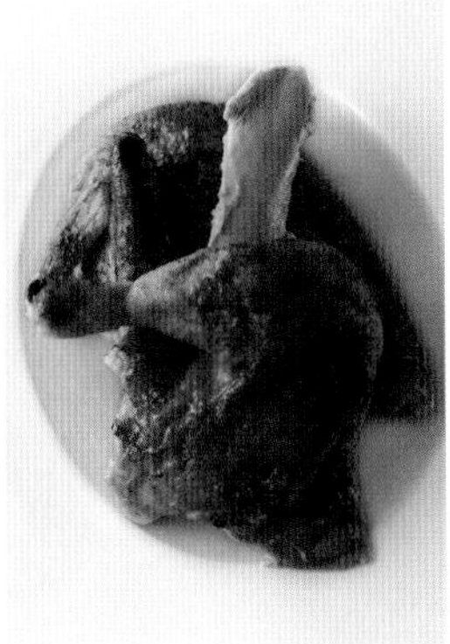

14 13を鍋で温め、バター10gを加えて泡立て器でよくつないでソースにする。

# 基本の調味料

## 塩

「伯方の塩」をもう 40 年近く使っています。塩粒が粗めで使い勝手がよく、ほどよく旨みがあります。僕は鍋で煎って乾燥させ、目の粗いシノワやざるで漉し、粒子を好みの大きさにして用意しておきます。指 3 本でつまむと 1g になる、素材への浸透具合もわかる。使い勝手がいいんです。

## バター

料理で使うのは食塩無使用のバター。これはフランスにおいても同じです。食塩使用タイプは相当な塩分が含まれているので、味をコントロールする前に料理に塩味がついてしまう。これはいけません。愛用しているのは「カルピス（株）特撰バター」。くせがなく、料理の邪魔をしないというのが魅力です。

## オリーブ油

長年愛用しているのは「キヨエ」。無濾過のエクストラヴァージンオリーブオイルで、味も香りも純粋でニュートラルだから使いやすい。厨房では使い勝手がいいようディスペンサーに入れています。調理用には、こうした自分にとって万能で惜しげなく使えるオリーブ油が見つかれば理想的。ピュアとエクストラヴァージンを使い分けることはしません。一方で、料理の仕上げで使うようなオリーブ油は、より個性的なものを楽しみます。

## ワイン

白・赤ともにオーストラリア産。白はシャルドネ。酸味がすごくいいですね。赤はカベルネ・ソーヴィニヨンが僕の料理に合う。タンニンが強いので煮詰めた後に赤ワインらしい若干の渋みが残るところ、色みが深いところが気に入っています。

## 鶏がらスープ

化学調味料無添加の鶏がらスープがおすすめです。使い勝手がよくて、余計な味がしないから素材の繊細な香りを生かせます。この本では家庭で料理を楽しんでいただくために、フォンを使うレシピは省いて、必要に応じて鶏がらスープを使用しました。ブイヨンでは味が複雑で強すぎるので、この鶏がら系がいいですね。

## 生クリーム

乳脂肪分 38% のものを使っています。生クリームは植物性脂肪が入っていないことが重要。植物性のものは料理の風味を落とすのでおすすめしません。

Le Mange-Tout

# Chapitre 2

# 野菜と卵 日常のおいしさを極める

目新しい野菜も増えていますが、僕はそれでレパートリーを広げるより、日常づかいの野菜をおいしくする方法を極めたほうがずっと役立つと思います。例えば、トマトならいかに水分を飛ばして味を濃縮させるか。じゃがいもはでんぷん質ですから、調理法によりどう使い分けるか。にんじんもグラッセするなら、僕は皮をピーラーでむいたらザクザク乱切りにする。面取りしてシャトーに整形したりはしません。にんじんのおいしさは皮に接するところにあるからです。一番の美味をわざわざ捨てるのは愚の骨頂。卵も日常の食材ですが、わずかな塩加減と調理温度や時間に左右される。シンプルなものほど難しい。けれど、シンプルを極めると最高の仕上がりになります。これこそが豊かさだと僕は思います。

ドレッシングはdress（ドレス）＋ing（進行形）。
ドレスを着せるように、やさしくからませます。

# ミックスサラダ

Salade composée

## まず、野菜を生命感あふれる状態にすること

本当においしいサラダの作り方、わかりますか？　僕は、葉もののサラダで一番大事なことは、歯切れのよい食感だと思っています。ですから、野菜を水に浸けて、畑に生えていたときのようにみずみずしく、生命感あふれるシャキッとした状態に戻してから使います。野菜は水を吸って生き返ると、葉の１枚１枚、先端までピンと立って主張をし始めるんですね。だから"シャキッとした状態"というのは、野菜を浸けていた水から引き上げてみればわかります。手に当たる部分が少なくなって、野菜と手の間に空気が感じられたら浸け終わり。手にまとわりつくようなら、もう少し浸けておきます。

水を吸わせた野菜をペーパータオルに包んで冷蔵庫に入れて仕込んでおくこともできます。食べる直前にドレッシングを和えるだけ。すぐにサラダを出すことができます。

## ドレッシングの意味とは？

ドレッシングって、"dress＋ing"だって、知っていました？　つまり、ドレスが現在進行形になっている。だから野菜にドレッシングをからませるとき、まるで柔らかいドレスをふわっとまとわせるように、やさしく、やさしく行います。そしてドレッシングはボウルの縁づたいに加えます。決して、野菜の上に直接かけるなんて、乱暴なことはしないでください。

ここで使うドレッシングはマスタード入り（ヴィネグレット・ムータルド）。油をほんの少量ずつ加え、外側から内側へ混ぜ込むように泡立て器を動かします。マスタード入りは濃度が高いので、より慎重に、よりしっかりと混ぜてください。きちんと作らないと、味がバラバラになります。

**【材料】**（作りやすい分量）
お好みの葉野菜……適量

［ヴィネグレット・ムータルド］
（作りやすい分量、適量使用）
オリーブ油……120mℓ
赤ワインヴィネガー……30mℓ
塩……3g
マスタード……20g
白こしょう……お好みで

マスタードは粒でもディジョンマスタードでも、和の練り芥子でも、お好みのもので構いません。

## ミックスサラダの作り方

**1 ヴィネグレットを作り始める。**

ガラスのボウルにマスタードと塩を入れ、泡立て器で練るように混ぜて塩を馴染ませる。

**2 ヴィネガー少量で溶く。**

少量の赤ワインヴィネガーを加え、よく溶きのばす。

＊酢を最初から一気に加えると、混ぜムラが起きます。

**3 残りのヴィネガーを混ぜる。**

2がなめらかになったところで、残りの赤ワインヴィネガーを一気に加え、混ぜ合わせる。

**4 オリーブ油を混ぜ合わせる。**

ボウルのまわりからオリーブ油を少量ずつ入れ、泡立て器を外側から中央へ動かして混ぜる。

＊濃度が高いので、より慎重に、よりしっかりと混ぜてください。

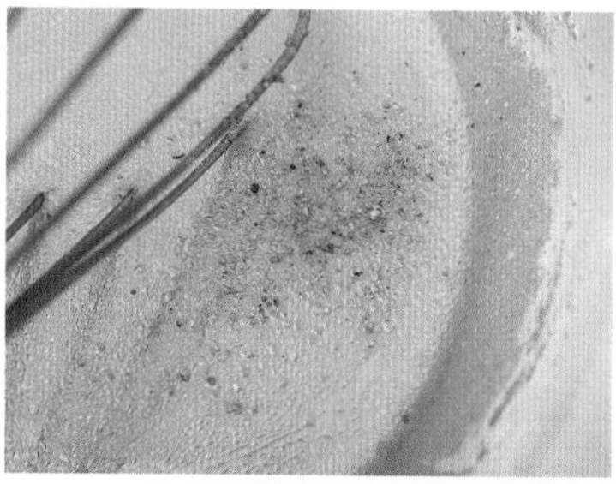

**5 なめらかな状態まで混ぜる。**

乳化したようになめらかで濃度がつけば完成。好みでこしょうを加えてもよい。

＊しばらくおくと油がきれいに分離します。これがよい状態。使う前によく混ぜると、なめらかな状態に戻りますよ。

**6 葉野菜を水に浸ける。**

ボウルに氷水を張り、葉野菜を浸ける。

＊とにかく、水の浸けすぎには注意。水を吸いきって、それ以上吸わせると葉先が茶色く焼けたりベチャッとなる。これを僕は“溺死”と呼んでいます。

**7 吸水させてシャキッとさせる。**

2〜3分おき、葉先がシャキッとしたら浸け終わり。手で持ち上げて野菜がまとわりつくようなら、もう少し浸ける。

**8 サラダスピナーで水気をきる。**

サラダスピナーに入れ、蓋をしてやさしく5回しする。

＊皆さん、サラダスピナーを回しすぎ！表面の不要な水分だけ取れればいい。中の水分はキープしたいんです。

**9 蓋を開けて状態を確認。**

蓋を開けると、遠心力で葉がまわりに移動している。

**10 葉をほぐし、再び水気をきる。**

葉をほぐして全体に広げ、蓋をしてやさしく5回しして、余分な水分を取る。

＊葉がまわりに偏った状態で回しても、脱水部分と水分の残った部分のムラができるだけ。葉を広げ直し、再び回します。

**11 ヴィネグレットをボウルに流す。**

ボウルに10を入れる。5をよく混ぜ、ボウルのまわりに伝わせるようにして流す。

＊野菜に直接ヴィネグレットをかけるなんて、乱暴なことはしないで！

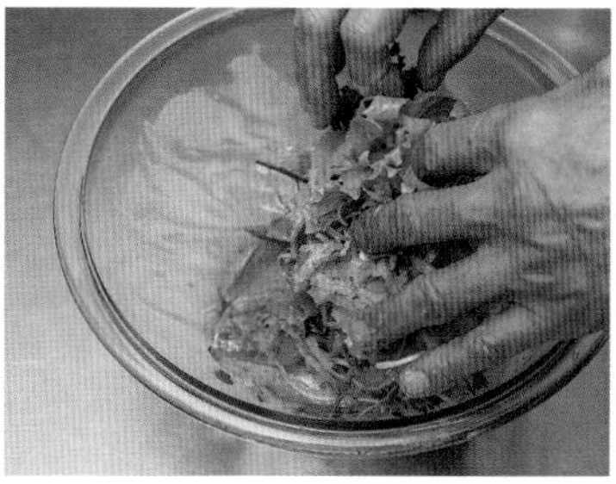

**12 野菜とヴィネグレットを和える。**

ボウルの底に両手を入れ、天地を返すようにしながら丁寧にまとわせる。

＊ドレスを着せるように、やさしく、やさしくですよ。

**13 葉先まで味を行きわたらせる。**

指先で葉野菜をやさしくほぐしながら、ヴィネグレットを行きわたらせる。器に盛る。

### Bonne idée

ヴィネグレットは、サラダのドレッシングに使うもの、と思われがちですが、実はメインディッシュの便利なソースにもなります。たとえば、「ビーフステーキ」（p.24参照）のようにシンプルに焼いた牛肉にかけると、ほどよい酸味と香りで牛肉がよりおいしく食べられます。

Déclinaison

## レタスのサラダ

Salade de laitue

レタス嫌いの僕が唯一食べるのがこのサラダ。氷水でパリッとさせて、とにかく食感のよさだけで食べる。ナイフを入れてシャキッ、口に入れてシャキッ。歯切れのよさがおいしさです。マスタードを入れないヴィネグレット・トラディショネル（p.48参照）でもOKです。

**【材料】**（1～2人分）

レタス……1玉

ヴィネグレット・ムータルド……適量

1 ── レタスは芯を薄くそぎ落とす。

芯が乾いていると吸水しません。そして見てください！ ミルクのような白い液が出てくるでしょう。フランス語でミルクは「レ lait」。レタス laitue の語源です。

2 ── レタスを玉ごと氷水に浸け、シャキッとなるまで冷やす。

3 ── 芯を上にして引き上げ、よく水気をきり、ペーパータオルで覆って水を吸わせる。

レタスは、葉をばらしたりちぎったりしてから冷やすべきではない野菜。持ち味の食感がなくなって、どうしようもなくなる。

4 ── 縦四つ割りにして器に盛り、ヴィネグレットをかける。フォークとナイフでザクザクと切りながら食べる。

ヴィネグレット作りが大事、
フレンチ定番の作りおきサラダ

# にんじんのラペ

Carottes râpées

「キャロット・ラペ」の名前でも知られるこの料理は、マリネサラダの代表選手。日本でも人気ですが、皆さん、ヴィネグレット（ドレッシング）でマリネすると思ってませんか？　違います。にんじんから出た甘くておいしいジュースでマリネするのが、本来のラペ。ヴィネグレットはにんじんからジュースを出す手助けをする役割です。このジュース、絶対に捨てないでくださいよ。

また、ヴィネグレット作りで大切なことがあります。材料が油と水分だけですから、完全に乳化はしません。でも乳化させるつもりで粘り強く混ぜてください。ここでよく混ぜて油の粒子を細かくしておかないと、後でいくらしっかり混ぜてもダメ。酢の中に大きな油の粒子が分散して、なめらかな口当たりになりません。これは、どのヴィネグレットでも同じです。

**【材料】**（作りやすい分量）

にんじん…… 2本

［ヴィネグレット・トラディショネル］

（作りやすい分量、半量使用）

オリーブ油…… 120mℓ

白ワインヴィネガー…… 30mℓ

塩…… 3g

**1 ヴィネグレットを作り始める。**

ガラスのボウルに白ワインヴィネガーと塩を加え、泡立て器で塩のツブツブ感がなくなるまで混ぜ溶かす。

＊油を最初から混ぜると塩が馴染まず、味が一体化しません。

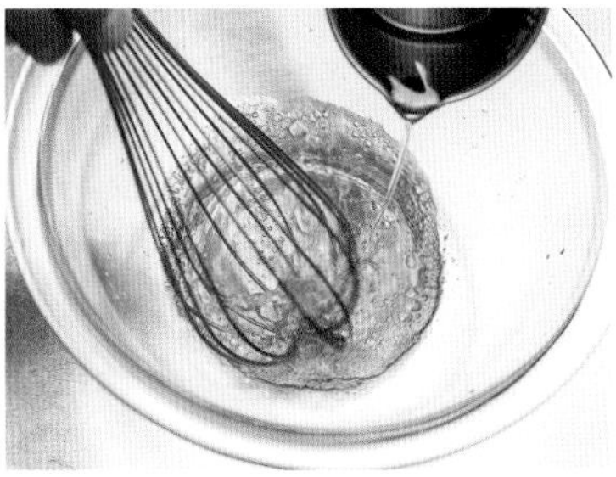

**2 オリーブ油を混ぜ合わせる。**

オリーブ油をボウルのまわりから少しずつ入れ、泡立て器を外側から中心へ動かしながら混ぜる。

＊油は一度に入れてはダメ。少量ずつ、です。混ぜると遠心力で油がまわりに広がるので、外から中へと混ぜ込みます。

**3 白っぽくもったりしてくる。**

混ぜ続けると、だんだんと白っぽくなって濃度がついてくる。

＊ここががんばりどころ。あきらめず、粘り強く混ぜて、油の粒子を細かくしてください。

**4 ドレッシングのでき上がり。**

泡立て器に引っかかり、混ぜる手が重くなってくるまで粘り強く混ぜる。なめらかな状態になったらでき上がり。

＊少しおいてきれいに分離したら、きちんと作れた証拠！　使う前によく混ぜればこの状態に戻ります。

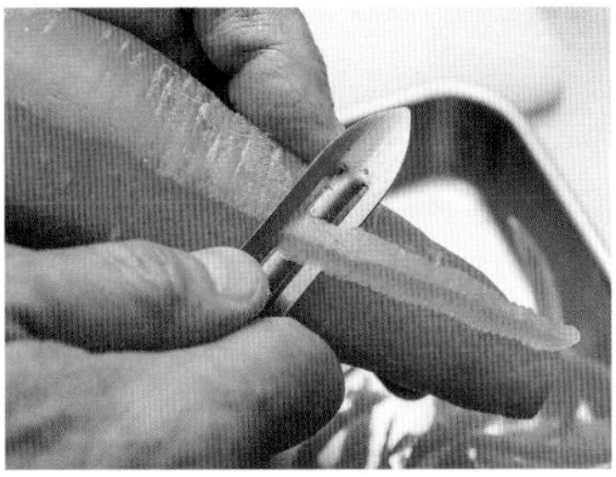

**5 にんじんの皮をむく。**

にんじんは、へたと尻を切り落とし、皮をむく（p.52 の 1 参照）。

＊皮はきちんと残らずむく。皮の堅い食感は、残っていると歯に引っかかってどうしようもないし、色も黒ずみます。

**6 せん切りにする。**

スライサーなどでせん切りにし（p.239 参照）、ガラスのボウルに入れる。

＊せん切り用スライサーを使うと凹凸ができて表面積が広がり、にんじんのおいしいジュースがよく出るとともに、味を吸い込んでくれます。

**7 ヴィネグレットをからませる。**

6 にヴィネグレットをかけ、手で混ぜて全体にからませる。

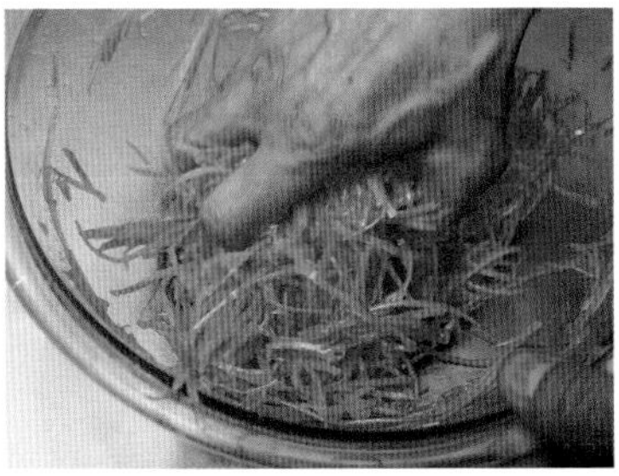

**8 もみ込んで味を馴染ませる。**

手でもみ込んで、にんじんのジュースを出す。漬けてしばらくおき、味をよく馴染ませる。食べるときに塩や酢を加減する。

＊にんじんのラペは保存食ですから、冷蔵庫で 1 週間は持ちます。ジュースににんじんが浮いた状態で漬けるイメージ。

**Bonne idée**

乳化とは、普通では分離する水と油が混じり合った状態のこと。濃度がついて、食材にからみつきやすくなったりなめらかな口当たりになります。通常は乳化剤（界面活性剤）を介して乳化しやすくします。例えば、卵黄に含まれるレシチン。マヨネーズはこのレシチンの力で油の中に水分（酢）が混ざりやすくなっているんですよ。

にんじん嫌いだった僕が考えた
バターでよくよく炒めた甘みと旨みのスープ

# にんじんのポタージュ

Potage Crécy

### にんじんの皮は煮えない！ 残らずむき取る

「おいしいにんじんのポタージュを作るには、まずにんじんの皮のむき方からマスターしてください」。僕はいつもこう言っています。正しいむき方は、まず一回、皮をむいたら横からよーく見ます。断面の両エッジが盛り上がっているでしょ。これを山の頂点と見立て、二回目はその頂点をむき取るようにして皮をむきます。これを一周くり返すと、皮が残ることはまずありません。皮はいくら煮ても煮えず食感が悪くなり、色も黒ずみます。

舌触りをよくするには、ミキサーにしっかりかけること。にんじんやとうもろこし、かぼちゃなどミキサーにかけても粘りの出ない食材は、できるだけ長く。僕はだいたい5～6分ほど回します。粒子が細かくなって、驚くほどなめらかな舌触りになりますよ。

### よーく観察して炒めること、これが大切

にんじんのポタージュでは、煮るよりも炒める作業が重要です。バターで炒めて炒めて炒めて、甘みを存分に引き出します。これを僕は“炒め殺す”と呼んでいます。

炒め殺すときに、鍋の中をじーっと観察してほしいんです。バターの状態が刻々と変わります。溶けて白濁していたのが透明になり、次第になくなってまた出てくる。とくに最後が勝負。バターの旨み、乳しょうをしっかりとからませ、焦がさないこと。鍋の隅々まで炒めて、焦げを作らないようにします。とても甘い甘いおいしいにんじんになるので、ブイヨンを使わなくても水だけで充分です。

実はこれ、にんじんをひと口大に切って炒め殺すところまで行えば（p.52～53の作り方4～10）、つけ合わせの定番“にんじんのグラッセ”。砂糖を使わなくても、充分に甘くておいしいですよ。

**【材料】**（3～4人分）
にんじん……3本（500g）
バター……70g
牛乳……80mℓ
塩……4g
水……500mℓ

直径21cmの鍋

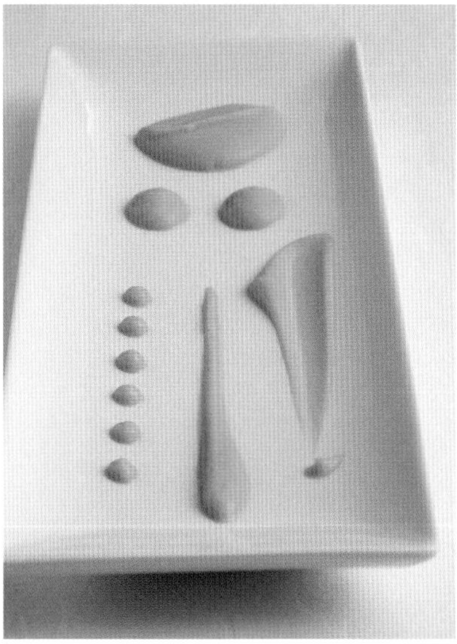

にんじんのピュレ。ポタージュの作り方の工程13で水を200～250mℓに減らしてミキサーにかければ濃度あるピュレの完成。肉のつけ合わせ、野菜のテリーヌ、少し水でのばしてクミンやカレー粉を加えれば焼き魚や帆立のソースに。デザートのプリンまで。アレンジの可能性は無限です。

## にんじんのポタージュの作り方

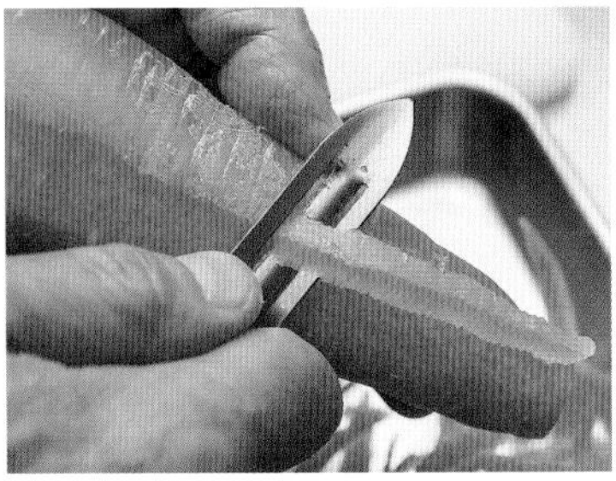

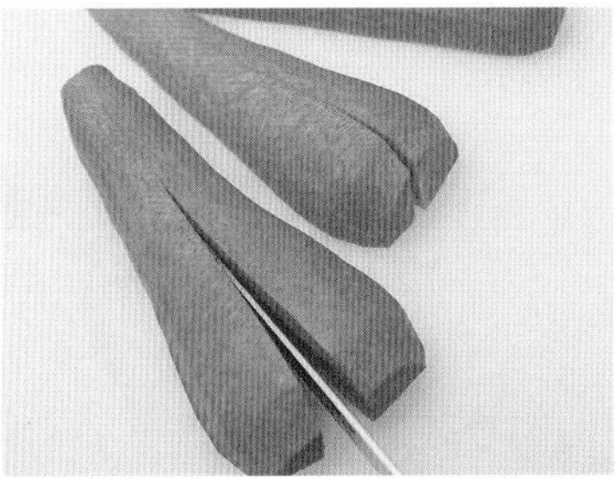

**1 にんじんの皮をむく。**

にんじんはへたを切り落とし、皮をむく。まず1回むき、2回目以降は切り口の境目(エッジ)をむき取っていく。

＊皮を残さずむく、これが大事。皮が残ると食感が悪く、色も黒ずみます。

**2 補助的に切り目を入れる。**

にんじんを縦半分に切り、へた側から長さの約半分まで真ん中に切り込む。

＊野菜はほぼ同じ大きさに切り揃えて炒めやすくしたい。にんじんのように1本の中で太さが変わる野菜は、補助的に切り目を入れます。これが大事。

**3 薄切りにする。**

端から3㎜厚さの薄切りにし、切り揃える。

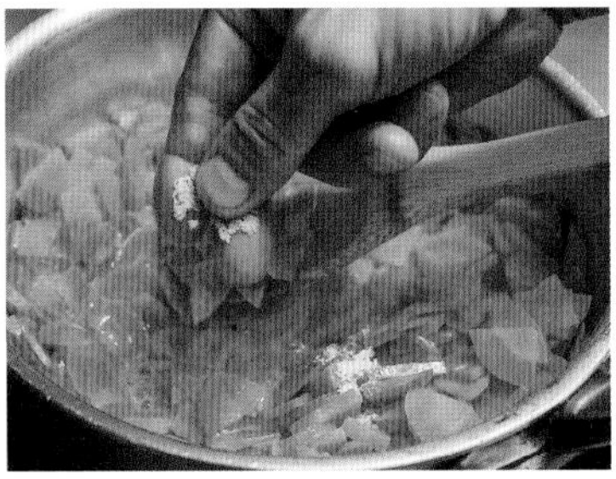

**4 バターで炒め始める。**

鍋にバターを入れて中火にかけ、溶けきらないうちに3を入れる。

＊バターは溶けたとたんに焦げやすくなって、焦げるともはやバターの旨みでなくなります。不要な味も加わります。

**5 バターをからませながら炒める。**

常に混ぜて焼き色をつけないようにし、バターをからませながら炒め続ける。途中で塩を0.5g加える。

＊バターの水分を飛ばして、旨みの素・乳しょうをからませていきます。たんぱく質のため焦げやすいので注意。

**6 鍋底の油が透明になってくる。**

鍋底の状態をよく見ながら炒め続ける。バターがぶくぶくと暴れて、徐々に水分が飛んで油が透明になってくる。

＊5の乳しょうがにんじんにからまり、水分が飛んで純粋に油だけが残った証。

**7 手早く木べらを動かして炒める。**

焦げやすくなるので、混ぜ方を変える。木べらを手早く隅々まで動かして、きちんとよく混ぜる。

＊鍋底のバターの状態に集中！ にんじんのカロテンが油に移ってオレンジ色に。この変わりゆく工程も楽しみます。

**8 にんじんがツヤツヤになる。**

塩0.5gを加え、よく混ぜていく。にんじんとバターが一体化して木べらが重くなってくる。鍋底に油がほとんど残らず、にんじんがツヤツヤになるまで炒め続ける。

＊これ以降が、がんばりどき。絶対に焦がしてはダメ。きちんと混ぜる！

**9 にんじんが白っぽくなる。**

次第ににんじんが白っぽい色になり、吸いきれなくなったバターが一気に出てくる。

＊にんじんにはすでに火が通ったので、ここからようやく甘み出し。もうひとがんばり！

10 炒め終わり。

火を弱めて炒め続け、鍋底にやや焦げ色がつき始めたら炒め終わり。

＊この焦げはにんじんの糖分によるもの。甘みが出た証拠。

11 牛乳を加えて混ぜる。

牛乳を加え、混ぜてよくからませる。最初は白濁している。

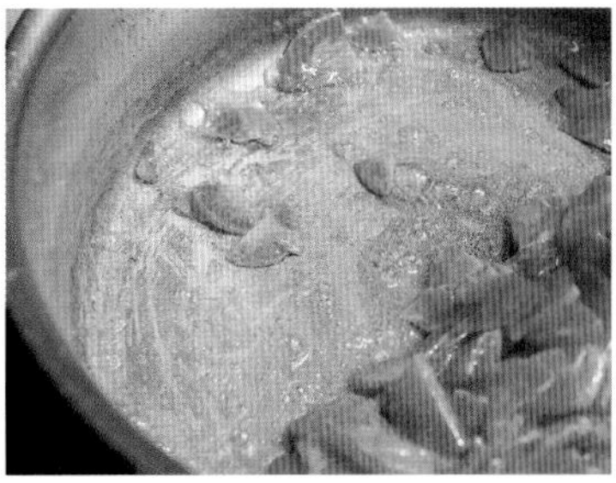

12 混ぜ続けて透明に。

からませ続けると、徐々ににんじんに透明感が戻る。

＊牛乳のたんぱく質と乳しょうが油脂分と乳化して、なめらかな味と舌触りに。ここからは、とくに焦げやすくなります！

13 水を加えて沸かす。

水を一気に加えて強火にし、沸騰させる。味をみて塩 2g を加え、再沸騰させる。

＊素材に火はもう充分に入っています。煮る必要はありません。アクのように見える白濁したものは、バターの旨み“乳しょう”。絶対に取らないこと！

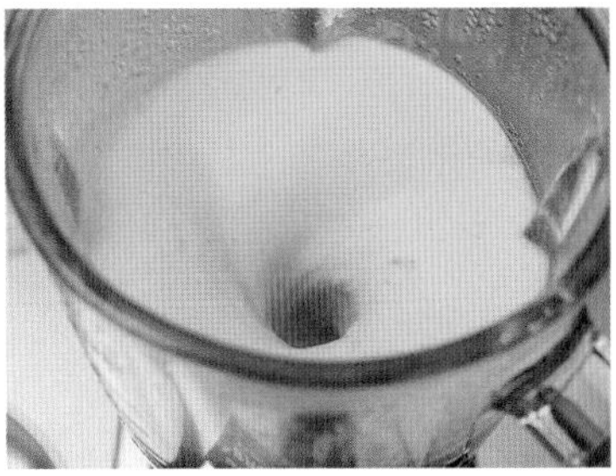

14 ミキサーにかける。

13 をミキサーに移し、撹拌する。5 ～ 6 分間回して、できるだけなめらかにする。

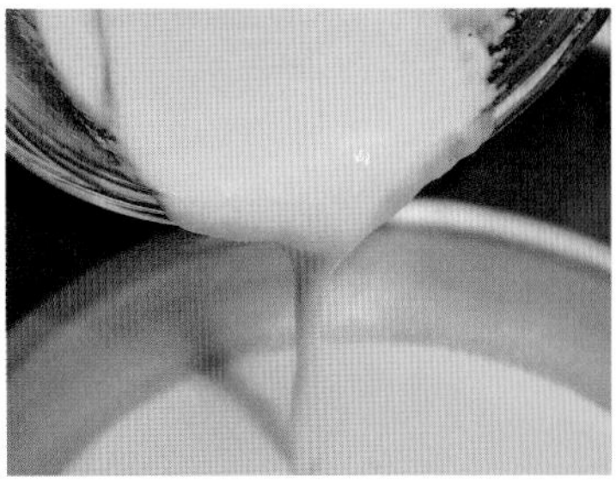

15 温め直し、味を調える。

14 を 13 の鍋に戻し、温め直す。味をみて、塩 1g で味を調え、器に盛る。

### Bonne idée

14 でミキサーに移した後の鍋底を見てみてください。うっすら皮膜ができていたら OK。よく炒められている証拠です。鍋底がつるんときれいだと、炒め方がまだ足りなかったということ。にんじんの甘みが充分に引き出されていません。

応用編

## にんじんのグラッセ

Carottes glacées

にんじんは皮の近くが甘みもあっておいしい。だから、どこを食べても味に偏りがないように乱切りにします。堅さは好みでくたくたになるまで火を入れてもいいけれど、僕は歯応えを残したい。

**【材料】**（2 ～ 3 人分）

にんじん……1 本（160g）
水……150 ～ 250mℓ
バター……15g
塩……1g

1 —— にんじんは皮をむいて小さめの乱切りにする。

2 —— 鍋にバター、1 を入れ、強火にかける。バターが行きわたったら水 100mℓ、塩を加える。上下を返しながら混ぜる。水が減ってもにんじんがまだ堅ければ、そのつど水 50mℓを足す。バターが透明になり、鍋底がうっすらと色づいてきたら（写真 a）絶えず混ぜる。にんじんの表面が揚がる寸前のようにプツプツしてきたらでき上がり（写真 b）。

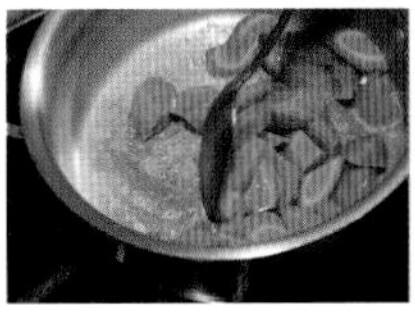

a

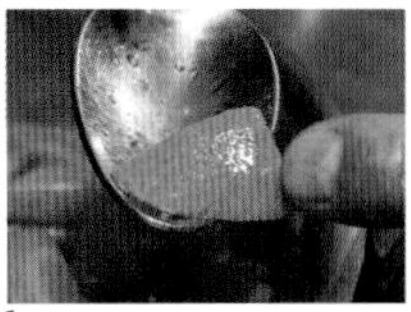

b

葉っぱにバターをからませたら、炒め終わり。
茎は使いません

# ほうれん草のソテー

Epinards sautés au beurre noisette

ほうれん草が本当においしく食べられるソテーの方法をお教えします。ほうれん草は１株の中に堅い茎、緑の葉、小さくて薄緑色の葉、大きく分けてこの３つの要素がありますね。ここでも「身質の違うものを一緒に火入れしない」のが僕のセオリー。薄くてすぐに火の入る葉と、堅くて繊維の強い茎とを一緒にソテーすること自体、ムリがあります。ソテーに使うのは、緑の葉だけ。香りをつけた熱いバターを、さっとからませたら炒め終わり！

ソテーするときのバターは、ブール・ノワゼット（焦がしバター）。ほうれん草は香りも味も深みがあるので、バターもナッツのような深い香りを帯びたキレのよい状態にします。バターを溶かしただけでは風味がまろやかすぎて合いません。そしてこしょうは絶対に使わないように！　ほうれん草の味が台無しになります。

**【材料】**（2人分）

ほうれん草……20本
バター……30g
にんにく……大１かけ
塩……ひとつまみ

直径24㎝のフライパン

ほうれん草は、立てて冷蔵庫にしまいます。野菜って生きているから、生えていたときの状態に戻ろうとします。寝かせて保存すると、元の姿に戻ろうとしてストレスがかかり、味が悪くなります。アスパラガスも同じです。

### 1 ほうれん草に水を吸わせる。

ほうれん草を洗い、根を浸水させる。葉脈に水が行きわたり、葉先がピンとなってハリが出たら浸け終わり。

＊泥つきのほうれん草なら、1本ずつ分けてから泥を洗い落とします。

### 2 ほうれん草を3つに分ける。

まず薄緑色の葉をちぎり、次に濃い緑の葉をつけ根からちぎり、茎から離す。ソテーには濃い緑の葉のみを使う。

＊小さくて薄緑色の葉は柔らかくて力がないので加熱には向きません。サラダでどうぞ。茎はゆでておひたしに。

### 3 ブール・ノワゼットを作る。

フライパンにバターを入れ、中火にかけて常に回しながら色づけていく（p.236参照）。ここではにんにくも加える。

＊「ブール・ノワゼット」とは“ヘーゼルナッツのバター”の意。ヘーゼルナッツのような色、香りになります。

### 4 途中、塩を加える。

最初は大きい泡が出てシュワシュワと音がする。半量の塩を加え、味つけする。

＊この音、よく聞いてください。バターが溶けて油と水分が分離して、水分が飛ぶときに出る音です。音の大きさを聞くと、水分の飛び加減を確認できます。

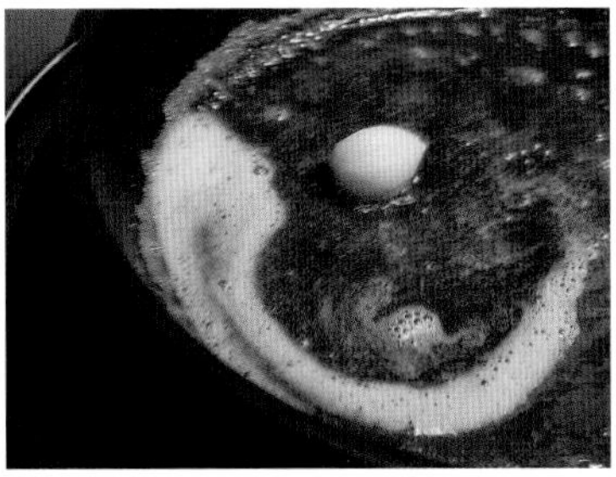

### 5 ブール・ノワゼットの完成。

バターの変化をよく見ながらフライパンを回し続ける。泡が少なくなり、音が静かになって茶色く色づいたらでき上がり。

＊この作業、急がないでください。バターの水分をゆっくり飛ばし、たんぱく質に徐々に火を入れ茶色く色づけたいから。

### 6 ほうれん草を入れる。

ブール・ノワゼットができたらすぐに2の濃い緑の葉を入れ、からませる。

### 7 塩をふってよくからませる。

バターが全体にからまったら葉を広げ、残りの塩をふり、全体に混ぜて、混ぜて、混ぜる。

＊“ほうれん草のソテー”と言いながら、ソテーしません。バターをからませたら終わり、ぐらいの意識です。

### 8 余分な水分をきる。

ボウルにざるを重ね、ここに7を移して水きりし、皿に盛る。

＊下に落ちた水分。えぐみが強烈で、食べられたもんじゃありません。原因は、ほうれん草に含まれるシュウ酸。これ不要。取り除きます。

**Bonne idée**

作り方1で水に浸けすぎないように。葉脈が水を吸いきれなくなると葉先が黒く溶けたようになります。僕はこれを“溺死”と呼んでいて、この状態になったら黒い部分をちぎって捨ててください。
このソテーは焼いた鶏肉や豚肉など、メインディッシュのつけ合わせにもおすすめです。

なめらかな“泡”が口の中で溶けて
野菜がふわっと香り立つ

# パプリカのムース

Mousse de poivrons rouges

# トマトのムース

Mousse de tomates

## なめらかな気泡を壊さずに混ぜること

ムースは“泡”の名の通り、口の中に入れたらふわっとなめらかに溶けて素材の風味が広がる、それが目指す仕上がり。その食感に仕上げるのに、僕が大切にしていることが2つあります。

1つ目は生クリームの泡立て具合。最初はたっぷり気泡を抱かせて、ある程度立ったら泡立て器をゆっくり動かして気泡を安定させる。こうすると立てすぎることなく、口当たりのなめらかな状態になります。細かいことですが、泡立てるときはガラスのボウルを使います。金属のボウルはごく細かい破片が散って、金けが出ることがあります。2つ目はその生クリームの気泡を消さずに、パプリカやトマトと混ぜること。しっかりときちんと混ぜ合わせたい、でも泡をつぶしたくない。ボウルの底から上へ、底から上へ天地返しするようにします。

## ヴィネガーがトマトのかくし味

普通に売られているトマトは酸味が少ないので、生クリームと合わせるには味のボディが弱い。そこで、かくし味のヴィネガーを使います。火を入れるときにヴィネガーを加えると、ボンヤリした味がキュッと締まって、味の輪郭がくっきりします。またヴィネガーは醸造しているので、火が入って余分な酸味が飛ぶと旨みになる。僕は煮込みでちょっと旨みを補強したいときにもヴィネガーを使います。ただし量を入れすぎないように。レモンは香りが強いので向きません。

**【材料】**(作りやすい分量)

**パプリカのムース**

[パプリカのピューレ]
(作りやすい分量、100g使用)
赤パプリカ(230gのもの)……2個
板ゼラチン……8g
塩……2g

生クリーム(乳脂肪分38%)……100g
塩……1g

**トマトのムース**

[トマトのピューレ]
(作りやすい分量、140g使用)
トマト……300g
赤ワインヴィネガー……5mℓ
板ゼラチン……6.5g
塩……2g

生クリーム(乳脂肪分38%)……100g
塩……1g

## パプリカのムースの作り方

**1 パプリカのピューレを作る。**

まずガス台に網をのせ、パプリカをのせて強火にかけ、直火で表面全体が真っ黒になるまで焼く。

＊パプリカに“味”を求めるときは、僕はまず焼く。このほくほくしたおいしさは、焼かないと出ません。

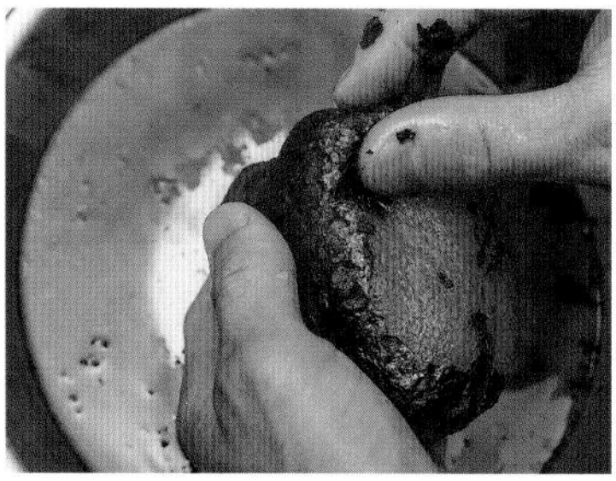

**2 パプリカの皮、種、筋を取る。**

1を水にとって、皮を残らずむく。へたを取って種や筋を取る。この状態で1個135g、計270gになる。

＊板ゼラチンはこの重量の3%量を用意してください。ここでは約8gです。

**3 ミキサーにかけて、ざるで漉す。**

ミキサーにかけ、できるだけなめらかな状態にする。できれば5～6分間回し、目の細かいざるで漉し、繊維を取り除く。

＊ムースは舌触りが命。僕はミキサーを回せるだけ回して繊維を砕いて、粒子を細かくします。これが作り方のキモ。

**4 板ゼラチンを水でもどす。**

ボウルに氷水を用意し、板ゼラチンを1枚ずつ入れる。途中、氷水を2～3回替える。

＊板ゼラチンは数枚まとめて入れないように。くっついて、もどり方にムラが出ます。ゼラチンは水を取り替えて原料由来の豚臭さを抜きます。

**5 ムースの生地を作り始める。**

3を鍋に入れて中火にかけ、沸いたら塩2gで味つけする。4を布巾で拭いて入れる。

＊余分な水分を入れたくないので、もどした板ゼラチンは必ず拭きます。

**6 ゼラチンを混ぜ溶かす。**

木べらでゼラチンを混ぜ溶かし、再沸騰したらすぐ火を止める。

＊ゼラチンをずっと加熱すると、固まる力が弱まります。

**7 目の細かいざるで漉す。**

6を目の細かいざるに入れて漉し、溶け残ったゼラチンなどを取り除く。

**8 冷蔵庫で冷やし固める。**

7を氷水に当てて混ぜながら粗熱をとる。冷蔵庫で冷やし固める。

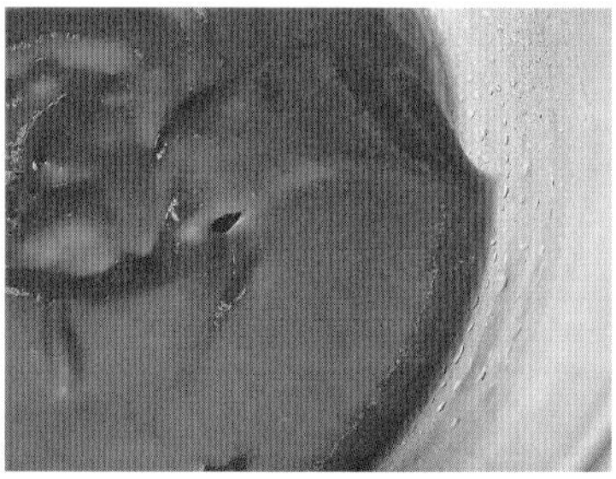

**9 固まったら生クリームを立てる。**

8が固まったところで、ガラスのボウルに生クリームと塩1gを入れ、氷水に当てて空気を含ませるように泡立てる。

**10** 八分立てにする。

ある程度泡立ったらゆっくりと泡立て器を動かし、泡をつぶすイメージで八分立てにする。

＊仕上げはゆっくり状態を見ながら行うと立てすぎを防げ、気泡が落ち着き、なめらかな舌触りになる。

**11** パプリカのピューレを加える。

9の固まったピューレを100gとり、電子レンジに10～20秒ほどかけてゆるくし、混ぜて均一にして10に加える。

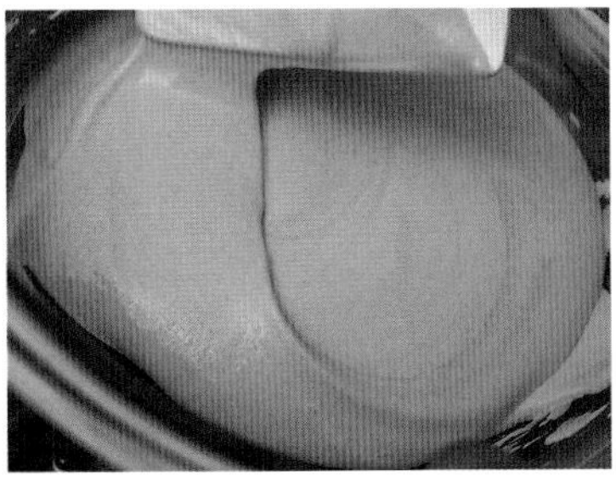

**12** 生クリームと混ぜ合わせる。

ボウルの底から上へ、底から上へ返すようにして均一に混ぜる。

＊気泡をつぶしてはダメ。天地を返すようにすれば大丈夫です。

**13** 冷やし固める。

冷蔵庫で冷やし固める。スプーンですくい、皿に盛る。

**Bonne idée**

パプリカはもともと中南米原産の野菜。ハンガリーに渡って、現在の甘いパプリカに作り変えられたものです。そのルーツを考えて、ムース生地にパプリカの粉末で風味を加えても楽しめます。また、辛みのあるカイエンヌペッパーや、甘やかな香りのバスク特産エスプレット唐辛子もいいですしね。香りを楽しむなら盛りつけた後にふってもいいでしょう。

## トマトのムースの作り方

作り方はパプリカのムースと基本的に同じ。作り方の違う箇所をご紹介します。

**1** トマトを煮詰める。

トマトを皮つきのままざく切りにし、フライパンに入れて中火で煮詰めていき、途中で赤ワインヴィネガーを加える。

**2** 煮詰め終わり。

ジャムのようになるまで煮詰める。この状態で220g。

＊板ゼラチンは、この状態の重量の3%量を使います。ここでは約6.5gです。

**3~13**

3～10はパプリカのムースと同様にする。11でトマトのピューレを140gとり、電子レンジに10～20秒ほどかけてゆるくし、混ぜて均一にして10に加え、混ぜて冷やし固める。

バターソテーは、バターで炒めるから失敗する！
バターは仕上げに香りと旨みをまとわせるだけ

# じゃがいもとシャンピニョン、玉ねぎのバターソテー

Sauté de pommes de terre, champignons et oignons au beurre

### バターソテーは“バターの風味を生かす”料理

「バター炒めがおいしくできません」。これ、よく言われます。

知ってますか？　バターソテーはバターで炒めないこと。素材をオリーブ油や好みの植物油で炒めてきちんと火を入れて、仕上げにバターで香りと旨みをつけるのがバターソテーです。なぜなら、バターの風味や旨みで素材をおいしく食べたいからです。バターは加熱し続けると旨み（乳しょう）が焦げてきます。素材に火が通る前に、バターが焦げて風味が損なわれるのは、本末転倒ですね。それで、仕上げにバターをまとわせる、というわけです。

ここでは定番野菜のじゃがいも、マッシュルーム、玉ねぎを使います。レストランで出す料理ではありませんが、理屈抜きにおいしい！　ご家庭なら充分に立派な野菜の一皿になります。さらに、それぞれがメインディッシュのつけ合わせにもなります。

### 3種を別々に炒めて最後に合わせる

これまでに何度もご紹介してきた「違う質の素材を一緒に炒めるのはムリ」というメソッドをここでも使い、別々に炒めて、最後に3種を合わせます。

大切なのは火加減。どの素材も強火です。とくにきのこは火が弱いとすぐに水分が出てきますし、おいしい焼き色もつきません。じゃがいもは焼きが足りないと形が崩れ、味もおいしくありませんし、かといって弱火で時間をかけすぎると煮もののようになってしっとり感がなくなります。そうそう簡単には焦げませんから、思い切って強火で炒めるのが、おいしく作る秘訣です。バターソテーの定番、アスパラガスも同じやり方でどうぞ。

**【材料】**（3～4人分）

じゃがいも……4個（470g）
マッシュルーム……14個（240g）
玉ねぎ……中2個
油……約50mℓ
オリーブ油……40mℓ
バター……27g
塩……適量
白こしょう……少量

直径24㎝のフライパン

マッシュルームを買うとき、できるだけ真っ白で、ラップの上からつまんだときに堅く、大きいものを選んでください。さらにソテーには石づきが太くて短いものが向いています。

## じゃがいもとシャンピニョン、玉ねぎのバターソテーの作り方

**1** 玉ねぎを内側と外側に分ける。

玉ねぎの皮をむいて半割りにし、それぞれ縦3等分にする。手で内側と外側の2つに分ける。

**2** 同じ大きさに切り揃える。

大きい外側を縦3等分に切って、ほぼ同じ大きさのくし形に切り揃える。

＊同じように炒め上げるには、なるべく同じ大きさに揃えたい。内側と外側を分けて切ると、簡単できれいにできます。

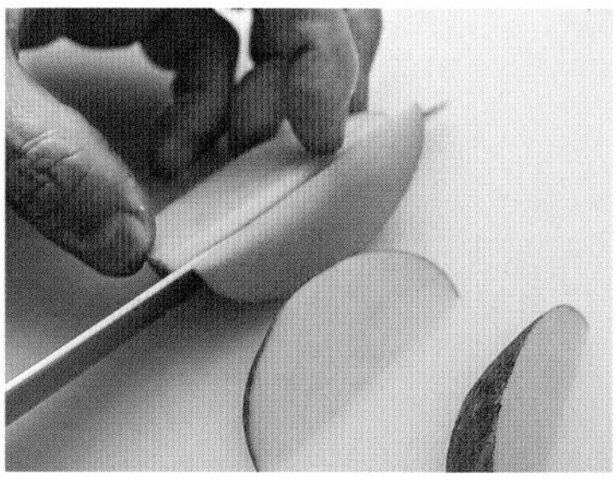

**3** じゃがいもをくし形に切る。

じゃがいもはよく洗って土を落とし、皮つきのまま縦半分に切り、くし形切りにする。

＊じゃがいもはどの調理法でも皮つきが基本。直接火が当たるのをガードして、水分を出しにくくし、火もやさしく入ります。

**4** マッシュルームを縦半分に切る。

マッシュルームの石づきに土がついていたら切り落とし、石づきごと縦半分に切り分ける。

＊石づきについている土は洗っても落ちないので、思い切って切り落とします。

**5** じゃがいもを焼き始める。

フライパンに油約50mℓを入れ、強火にかけて回しながら温度を上げる。サラサラして約160℃になったら3を入れる。

＊油温が低いとダメ。でんぷんが出てくっつきやすくなり、“煮る”感じになって油っぽくなります。

**6** 下に油をすべらせながら焼く。

フライパンを前後に動かして油をすべらせ、揚げ焼きにする。途中、じゃがいもがくっつきかけたらはがす。

＊じゃがいもの水分が抜けるときにシュワシュワと泡が出るので、音をよく聞きながら焼きましょう。

**7** 表面に堅い壁ができてくる。

焼き続けると、表面の水分が抜けて堅くなり、次第に泡が軽やかなサウンドになってくる。

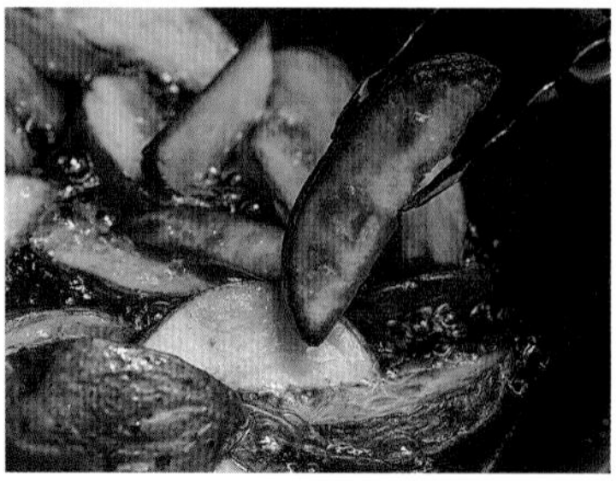

**8** 表面を押さえて確認。

泡のサウンドが弱くなり、シャーッという音になったら、表面を押さえて確かめる。粘りがなく軽くなっていたら火が入った証。

＊強火で炒めるから外は軽やか、中がしっとりした状態に。火が弱いと時間がかかって中がカラカラに乾きます。

**9** 焼き色がついたら取り出す。

色づきだけを見ながら、おいしそうな焼き色になったら焼き上がり。ざるにとって油をきる。

＊色づきを均一にしようと思わないでください。ムリです。ムラがあるのも大切なおいしさですから、大丈夫です。

10 マッシュルームを炒める。

9の熱いフライパンにオリーブ油大さじ1を入れて強火にかけ、4を入れて炒める。油を吸ったらオリーブ油小さじ1を足す。

＊きのこは強火で炒めること、最初から多くの油を使わないこと。これを守らないと水分が出てベチャッとします。

11 オリーブ油を足し、塩もふる。

マッシュルームが油を吸ってなくなったらオリーブ油小さじ1を足し、塩2gもふって炒める。

＊じゃがいもは塩がからみにくいので加熱の途中でふりませんが、きのこと玉ねぎは塩で味をつけておきます。

12 ツヤが出たら炒め上がり。

炒める音がチュンチュンとなって、マッシュルームの表面が艶やかになったら炒め上がり。

＊マッシュルームの水分が適度に抜けて味が濃くなり、香りが生きるのが、この状態。

13 じゃがいもの上に取り出す。

9のじゃがいもの上に12を重ねる。

＊きのこから出る旨みの水分をじゃがいもが吸って、おいしい要素すべてを無駄なく使えます。

14 玉ねぎを炒め、塩をふる。

13の熱いフライパンにオリーブ油大さじ1を入れ、強火にかけて1と2を入れ、塩2gをふる。

15 甘みが出たら2種の具を戻す。

強火のまま炒め、軽く色づいたら味みする。甘みが出て辛みが少なくなり、まだジューシーなうちに13を全部戻し入れ、軽く炒め合わせる。

＊玉ねぎの炒め具合に、正解はありません。皆さまのお好みで変えてください。

16 バターをからませる。

15の上にバターをのせ、軽く溶かしてからフライパンをふって全体にからませる。

＊バターがこの料理の香りづけ。最後にバターでしっとりさせる、極端に言うなら煮込むイメージでまとわせてください。これこそが、バターソテーです。

17 味を調える。

こしょう挽きをひと回しして全体に香りをつけ、最後に塩適量で味を調える。

＊炒めものではこしょうは最後にふる。これ原則です。

**Bonne idée**

土の野菜や根菜の組み合わせですから、土のものに合うトリュフソースをかけるだけでレストランの味に。底のない円形の型、セルクルに入れてチーズをふってオーブントースターで焼いてもいいでしょう。

本当に上手に焼きたいなら、
フライパンの持ち方から始めましょう！

# プレーンオムレツ

Omelette nature

**【材料】**（1人分）

卵……3個
塩……0.5g
生クリーム（乳脂肪分38%）……大さじ1
バター……10g

直径21㎝のフライパン

## まずは、フライパンの面が平らになるように持つ

「オムレツは卵料理の基本」などと言われますが、奥が深くて、とてもとても難しい。僕の目指すオムレツのでき上がりは、まず左右が均等の美しい形に焼き上がっていること。そして切ると、ごく薄い薄焼き卵が半熟のスクランブルエッグを包み込んでいること。卵液は液状、しかも火が入ると一気に固まり始め、火が入りすぎるといきなり堅くなる。じつに難しい素材です。理想の状態に焼けるようになるまで、僕は修業時代に腱鞘炎になるほど練習しました。

そこでわかったのが、まずはフライパンの持ち方が大事だということ（p.67参照）。オムレツはフライパンの形、とくに奥のエッジを利用して焼くので、鉄板の面を平らにしていないと形が偏ります。その状態で体に対して腕を平行にして柄のつけ根を叩いて、卵を手前に返しながら巻いていきます。

## 水分を加えて卵の凝固温度を変えると簡単！

卵というのは複雑な素材で、1つの中に卵黄、液状卵白、濃厚卵白があります。火を入れると、80℃ぐらいで固まりきってしまう。それを柔らかくふわっと焼き上げるために、卵に水分を加えます。凝固温度が上がって焼きやすくなりますし、加熱によって水分が膨張して全体がふわっとします。味の面からいうと生クリーム、なければ牛乳や水で構いません。何も入れないと、すぐにカチカチに堅くなります。

また卵は塩が効きやすいので、薄めの味つけにしてください。ここでは卵3個に対して0.5g、ひとつまみの半分です。そして、オムレツにこしょうを使うなんて、言語道断！　香りが卵の味を消してしまいますから。

## プレーンオムレツの作り方

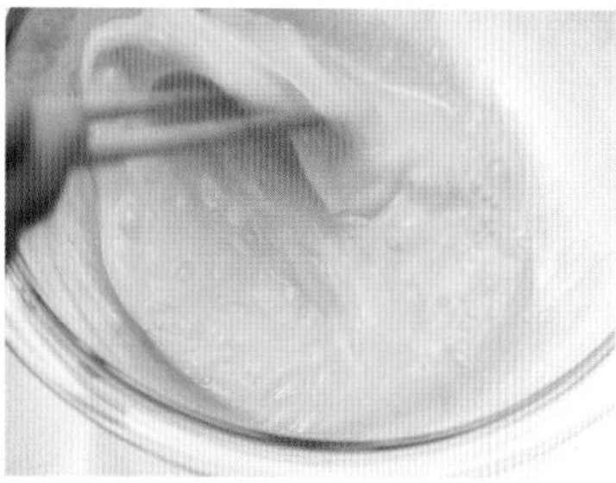

**1 卵を溶き混ぜる。**

ボウルに卵を割り入れ、菜箸でしっかりと混ぜる。

＊卵白のコシをきりたくないので、菜箸を使います。泡立て器は厳禁。コシがきれると凝固力が落ちていきます。

**2 調味料を混ぜる。**

1に生クリームと塩を加え、さらによく混ぜて卵液を作る。

＊生クリームがなければ牛乳、なければ水をそれぞれ同量加えてください。

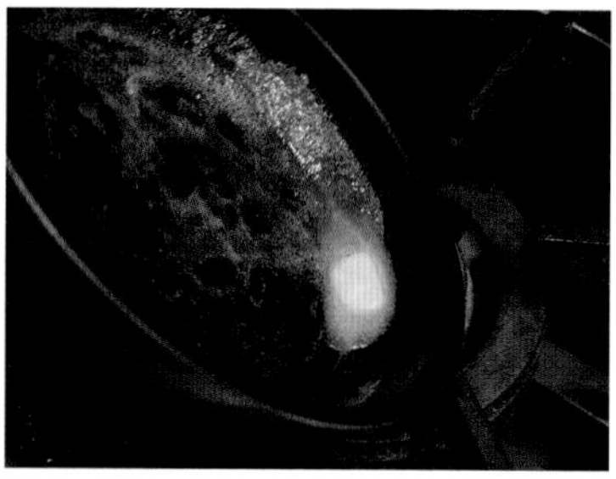

**3 焼き始める。**

フライパンにバターを入れ、中火にかける。フライパンは小さめ（直径約21cm）がおすすめ。

＊熱したフライパンにバターを入れないでください。焦げやすくなります。

**4 卵液を加える。**

3に2を一気に加える。バターが溶けきらず、まだかたまりが残った状態がよい。

**5 外側から内側に混ぜる。**

菜箸でフライパンの外側から内側に円を描くように混ぜる。素早く何度もくり返す。

＊卵はフライパンの外側から固まります。固まりかけたところで中央に混ぜ込み、外側に卵液を流す。このくり返しで均一に柔らかく火が通ります。

**6 半熟になったら底面を焼く。**

全体が半熟状になったら、1〜2秒火にかけたまま動かさずに焼く。

＊ここでスクランブルエッグを包み込む“薄焼き卵”を作ります。慌てなくて大丈夫。危ない！と思ったら火からおろして落ち着いて作業しましょう。

**7 卵を向こうに折り返す。**

フライパンを斜めにし、手前から奥へ卵を折る。向こう側の卵を菜箸ではがしておく。

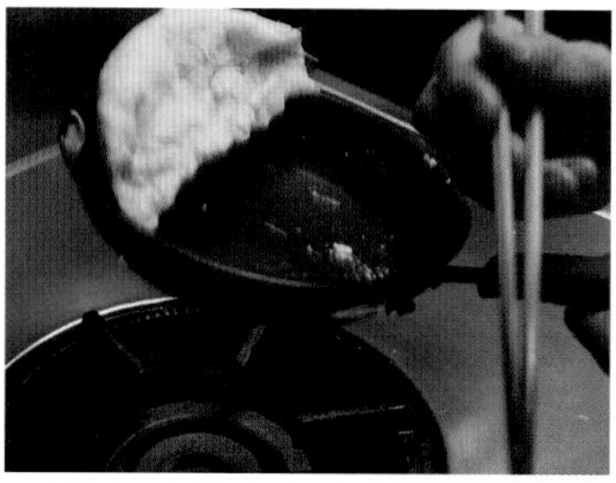

**8 柄を叩いて卵を手前に巻く。**

正しくフライパンを持って鉄板の面をまっすぐ平らにし、柄のつけ根を叩いて卵を手前に返す。

＊柄を叩く腕は必ず自分の体に対して平行。こうしないと卵が向こう側や外に落ちます。

**9 一回転したら、巻き終わり。**

数回柄を叩いて卵が一回転し、合わせ目が上に戻ったらでき上がり。

＊僕は若い頃、壁に向かってフライパンをふって、中身が飛んで壁に当たらないようひたすら練習していました。

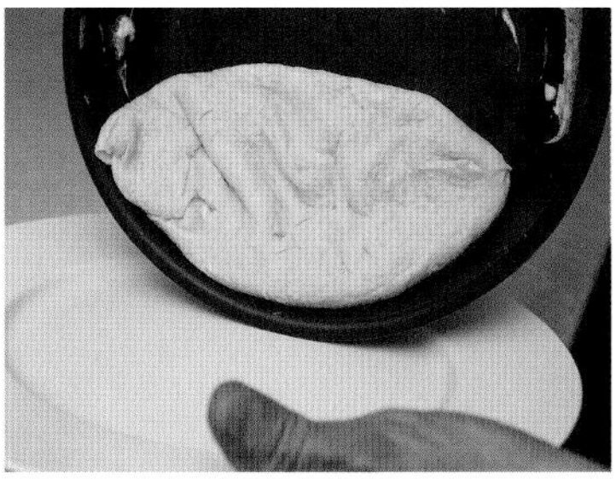

**10 柄を持ち替えて皿に盛る**

柄を逆手に持ち、合わせ目が下になるようフライパンを返して皿に盛る。

### Bonne idée

卵を混ぜるとき、コシをきってはいけない、と言いました。簡単に言うなら、泡立て器を使わないでください。菜箸を使ってください。泡立て器を使うと、コシがきれて卵液がサラッサラになって、空気も入ります。作り方５で菜箸に引っかからず、バターも抱き込みにくくなります。そのため、空気が膨らんでスフレみたいになるうえ、外側の薄焼き卵が揚がったようになってきめが粗くなります（写真 a）。中のスクランブルエッグもシャバシャバで、なめらかな舌触りにはなりません（写真 b）。

a

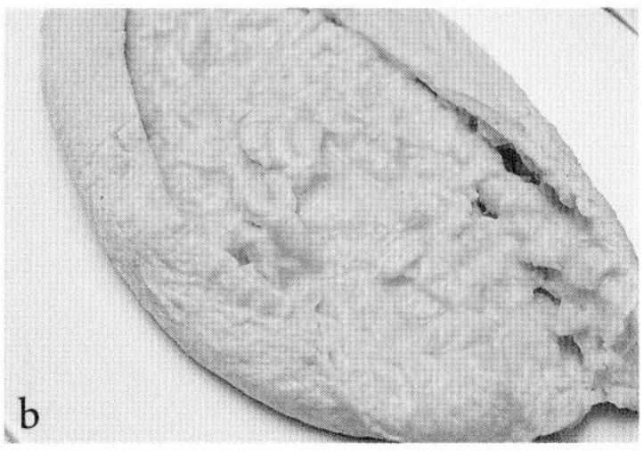

b

## フライパンの正しい持ち方

フライパン使いで大切なのは、鉄板がガス台に対し、まっすぐ平行になっていること。よーく観察してください。普通に握ると左に傾き、力がゆるむと右に傾きます。傾くと素材を手前に戻すようにあおれなかったり、オムレツのように形を整える料理が美しい形に仕上がりません。大切なのは、柄を握らないこと！ ぎゅっと握るから傾きます。親指と人差し指の２本でしっかりつまんで、残り３本は支えるだけ。人差し指から小指までは指先が一直線、柄のセンターに来るようにします。これが基本です。

1 —— 親指と人差し指で輪を作り、フライパンの柄に差し入れる。両指の接点がちょうど柄の中心に来る。

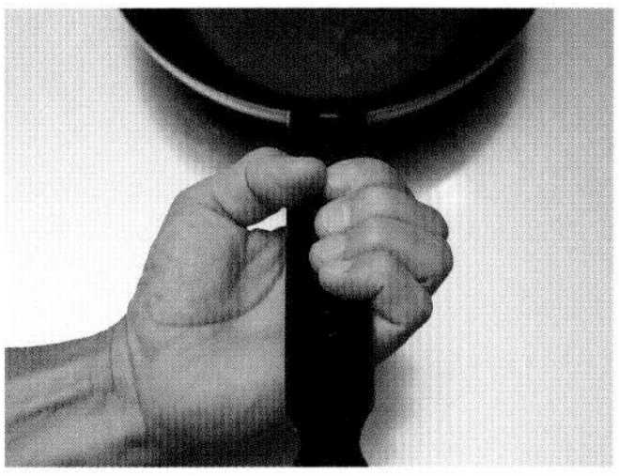

2 —— 他の指３本を人差し指に揃え、しっかり固定する。５本の指先がちょうど柄の中心線に並ぶ。

湯せんでやさしく火を入れると、
味も舌触りもやさしい

# スクランブルエッグ

Œufs brouillés

とろけるようになめらか、口の中で卵の旨みや甘さが広がるのがスクランブルエッグのおいしさです。この食感は、フライパンで直接火を入れて出すのは難しい。卵は火を入れすぎたとたん、水分が出て堅くなります。つまり凝固温度を過ぎるやいなや、たんぱく質と水分が分離して、一気においしさが損なわれます。だから湯せんにして、卵の中にバターをまとわせたソースを作るようなイメージで、やわらかく火を入れていきます。

僕の湯せんのやり方は、湯ではなく“蒸気”を使います。熱をダイレクトに伝えたくないからです。直接火が入ると素材にやさしくないし、調整が難しくて火入れムラもできやすい。間接的に、全体に、じんわり、やさしく、芯まで同じように火を入れていきます。

**【材料】**（2人分）
卵……2個
バター……10g
塩……少量
生クリーム（乳脂肪分 38%）……6 ～ 7mℓ
フランスパン（お好みで）
……1.5cm幅 2 ～ 3 切れ

### 1 湯せんの準備をする。

口径がボウルと同じサイズの鍋を用意し、少なめの湯を沸かす。

＊湯が多すぎて、ボウルを重ねたときに底につくと、この湯せん法の意味がなくなります。湯が少なすぎてもから焚きの心配があるので、気をつけてください。

### 2 卵液を作る。

ボウルに卵を割り、カラザ（白いかたまり）を取り除いて箸でよく溶きほぐし、塩と生クリームを混ぜる。バターも加える。

＊なめらかな食感が命なので、カラザは取ってください。プレーンオムレツ（p.64 参照）は取らなくても大丈夫です。

### 3 湯せんで卵液に火を入れる。

1に2のボウルを重ね、へらでゆっくりと外側から内側、底の順に混ぜる。これをくり返す。

＊ボウルのまわりから固まってくるので、固まりかけたら内側に混ぜ込みます。ボウルの底を混ぜるのも忘れずに。

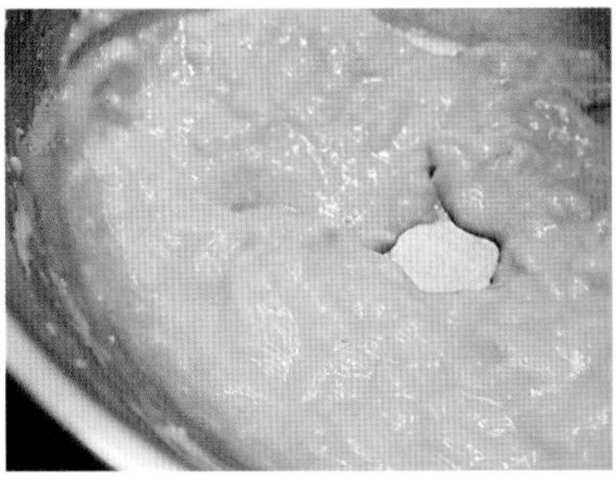

### 4 湯せんから外して混ぜる。

全体に固まりかけたら、ときどきボウルを湯せんから外して全体を混ぜて均一にする。

＊湯せんなので慌てることはありません。鍋から外して混ぜて均一にすると、ムラなくなめらかな舌触りになります。

### 5 3と4をくり返し、でき上がり。

3と4をくり返す。全体に火が入ってボウルの底をかいたときに、ゆっくりと戻るようならOK。お好みでフランスパンにかけて食べても。

#### Bonne idée

卵を割るときにひと工夫して、殻を生かしたプレゼンテーションにしても。殻の上のほうを包丁の刃元でコツコツとやさしく叩きながら一周して、蓋のように外します。卵を取り出した後、殻をきれいに洗って乾かしておけば、スクランブルエッグの器になります。

# ゆで卵
## Œufs durs

僕が使う卵はＬ玉です。大きさによってゆで時間も少し異なります。例えば固ゆでならＬ玉で10分、Ｍ玉だと9分ほど。ただし、ゆですぎると黄身のまわりがグレーになるので注意。2～3分のゆですぎでも変色します。10分で湯から上げても冷やさないとやはり変色します。半熟卵に関しては30秒でも違うので、沸騰したらすぐタイマー。いずれにしても回数を重ねて感覚をつかんでください。

1 ―― 少し大きめで深めの鍋に卵とかぶるくらいの水を入れ、強火にかける。熱めの湯になってきたら、ときどき菜箸でかき混ぜてやさしく転がす。

2 ―― 沸騰したらタイマーのスイッチを入れ、火を弱める。

3 ―― 好みの堅さのゆで上がり時間になったら、水にとり、卵をしっかり冷やす。

4 ―― やさしく叩いてヒビを入れ、薄い膜ごと殻をむく。

**Point**

*卵は室温に戻しておく。温度差があると割れやすい。
*塩、酢は入れなくてよい。仮に殻が割れて流れ出してもすぐに固まる。
*黄身を中心にするために菜箸で転がすのは沸騰前まで。卵の凝固点は60～65℃、沸騰した時点で黄身はすでに固まっている状態。
*ゆで上がりはしっかり冷やす。殻をきれいにむくため。

沸騰して弱火にしてからの時間

3分半：半熟卵（とろりと柔らかい）　4分：半熟卵（黄身のまわりが固まって堅め）　10分：固ゆで卵

ゆで卵▶ Déclinaison

## 卵サンド

卵サンドは母の思い出の料理。マスタードではなく練り芥子というのが家庭らしいですね。バターは水分がパンの中に入らないようするための壁。たっぷり塗るのが僕の好みです。

**【材料】**（2人分）

固ゆで卵（殻をむく）……3個
サンドイッチ用パン……6枚
バター……適量
練り芥子……適量
マヨネーズ（p.190参照）……50g
パセリ（みじん切り）……2g
塩……少量（0.5g）

1 —— パンにバター、練り芥子を塗る。好みで黒こしょう（分量外）をふる。
2 —— ボウルにゆで卵を入れ、泡立て器でつぶす（写真a）。マヨネーズ、パセリ、塩を加えて混ぜる。
3 —— 1に2を塗る（写真b）。まわりを残して均一に、6枚すべてに塗る。2枚1組で合わせ、軽く押し、好みの大きさに切る。

a

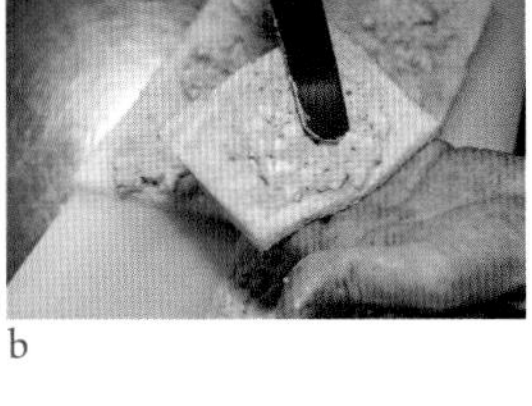
b

## 半熟卵のほうれん草サラダ

フレンチの日常食ですが、ほうれん草にこだわる必要はなく、小松菜やサニーレタスなど比較的強い味の葉野菜でもおいしいです。バゲットの量はお好みで。たくさん入れると主食になります。

**【材料】**（2人分）

半熟卵（殻をむく）……2個
ほうれん草（葉の部分）……65g
バゲット……適量
にんにく……1/2かけ
ベーコン（細切り）……70g
オリーブ油……大さじ1
赤ワインヴィネガー……大さじ2
黒こしょう……少量
塩（味をみて）……少量

1 —— バゲットは薄切りにしてよく焼き、にんにくの切り口を両面にこすりつける。
2 —— ボウルにほうれん草を入れ、1を砕いて入れ、半熟卵をざっくり崩して加える。
3 —— フライパンにベーコンを入れ、弱火で焼く。色づいたら黒こしょう、オリーブ油（脂が多い場合は入れなくてよい）を加え、強火にする。ふつふつとしてきたら赤ワインヴィネガーを加え、ひと煮立ちさせる。熱々のうちに2にかけ、混ぜる。味をみて塩で調える。

# ポーチドエッグ

## Œufs pochés

卵は、中央の黄身、そのまわりの白身の内側が濃厚卵白、外側が液状卵白で構成されています。この濃厚卵白が冷えていないと、湯に落としたときに散ってしまい、うまく形が作れません。卵は作る直前まで冷蔵庫に。僕の好みは、1分以内で引き上げるトロトロのポーチドエッグ。堅いのが好きな人なら3分くらいかけても構いません。ですが、ポーチドエッグの魅力は、切って黄身が流れ出る柔らかさ。堅くするならゆで卵をおすすめします。

1 —— 鍋に水を入れ、強火にかける。塩を加え、少し濃いめの塩味にする。小さな泡が出る火加減を保つ。

2 —— 小さなボウルに卵を割り入れ、1にやさしく落とす。

3 —— 底についた卵をゴムべらでそっとはがす。落ち着いたら湯の中で上下を返す。

4 —— 穴あきレードル（おたま）ですくい、すぐ水にとる。ゆで時間は1分弱。

5 —— そっと手にとり、細いナイフでまわりを切り落とし、形を整える。

**Point**

*卵は冷蔵庫で冷やしておく。
*湯はグラグラ煮立てず、小さな泡が出る沸騰状態を保つ。しかし弱すぎてもダメ。
*鍋は卵を落としたときくっつきにくい深めのものがよい。
*穴あきレードルを用意する。
*好みの柔らかさを目指す。
*一度に作るのは2個まで！ 時間差がつきすぎる。

ポーチドエッグ ▶ Déclinaison

# モロヘイヤの冷製スープ、ポーチドエッグのせ

僕のイメージでは、モロヘイヤの繊維とともに卵のたんぱく質を食べる“サラダ”。バターは少なめで旨みを生かします。炒める代わりにゆで油として使います。中華料理にある手法です。

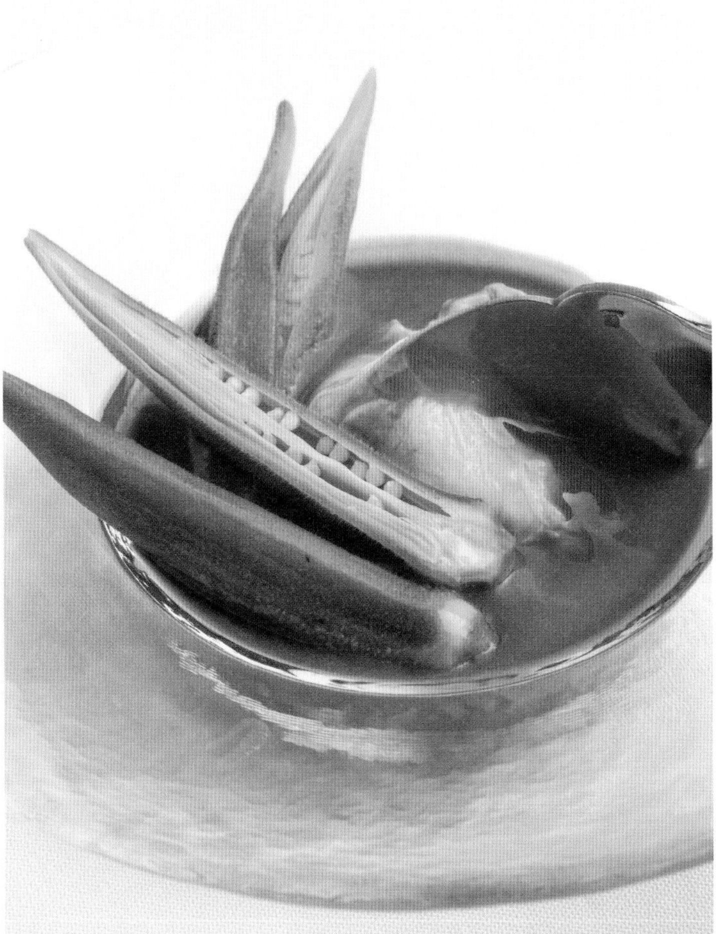

**【材料】**(2人分)

ポーチドエッグ……2個
モロヘイヤ……80g
鶏がらスープ……400mℓ
バター……20g
オクラ……4本

1 —— 鍋に鶏がらスープを入れ、強火にかける。沸騰したらバター、モロヘイヤを加え、さっと煮る。

a

b

2 —— 1をミキサーに入れ、撹拌する。ざるに上げて漉し(写真a)、ボウルに移す。ボウルの底を氷に当て、冷やす(写真b)。

3 —— オクラは板ずりし(p.239参照)、さっとゆでて氷水にとる。

4 —— 器に2を注ぎ、ポーチドエッグを添え、縦半分に切ったオクラを飾る。

# 香りの調味料

## 白ワインヴィネガー

酢酸菌の働きでワインを発酵させて作った酢がワインヴィネガー。ワインと同じように、白と赤があります。日本のお酢に比べると爽やかでフルーティ、酸味が強いのが特徴です。米酢、穀物酢で代用していただいて構いません。

## ディジョンマスタード

フランス・ディジョン地方伝統のレシピに則って作られるのがディジョンマスタード。白ワインと白ワインヴィネガーでのばしているので、すっきりした辛みとフルーティな酸味が特徴。やさしい香りを求めるときに使います。

## サフラン

サフランは断然香り。色はターメリックなどで代用できますが、ふくよかな芳香に代わるものはありません。希少ゆえに高価なので、なければ入れなくてもいいです。使うときは思いきりよく。ただし入れすぎると苦くなるので適量を。

## バルサミコヴィネガー

果実酢の一種で、原料はぶどうの濃縮果汁。本来は木樽で熟成させて作ります。特徴は濃い色みと独特な芳香と甘み。ワインヴィネガーでは出せないコクがほしいときに使います。僕はいつも1/3量になるまで煮詰め、ディスペンサーに入れて常温でおいています。甘みが強くなるので断然おいしいです。

## エシャロット

フレンチの香味野菜として多く登場するのがエシャロット。鱗片は玉ねぎに似ていますが、特筆すべきは香り。玉ねぎとは格段の差があり、なかなか代用がきかない野菜です。フレッシュではフランス産、ベルギー産なども輸入されており、近年は冷凍エシャロットのみじん切り（フランス産）など便利な食材も入手可能に。

## こしょう

こしょうは香りを尊ぶもの。香辛料です。僕はこしょうが大好きだからこそ正しく使いたい。だから「塩、こしょう」という言葉は使わない。とくに焼きものの場合、高温で熱すると焦げ臭くなる。煮込みも最初から入れてしまうと苦さが残る。こしょうを使うときは必要性とタイミングを考えます。この本で主に使っているのは黒こしょう。基本は粗挽きですが、料理に合わせて挽き加減を調整します。こしょうは粒を買って、そのつど、挽いて使ってもらいたいですね。空気に触れると香りはどんどん消えてしまうので、香水と一緒です。温め直して召し上がるとき、仕上げにこしょうを追加してもいいですね。

## プロヴァンスハーブミックス（エルブ・ド・プロヴァンス）

ドライハーブを組み合わせた混合香辛料。乾燥したものは風味が蓄えられるので、フレッシュより断然強さがあって、ハーブの風味をつけたいときに便利です。ブランドによって配合はさまざまなので、お好みのものを選んでください。好きなハーブがあれば、オリジナルで組み合わせてもいいかもしれません。

Le Mange-Tout

# Chapitre 3

# 誰もが愛する洋食 ビストロ流

明治初頭に日本に入ってきた西洋料理を日本人独特の感性で昇華させたもの、それが洋食です。渡来の料理に尽くされた日本人の器用さや工夫のこころは凄い！　洋食がそうであったように、やがては日本人の作る本格フレンチが世界を席巻するだろうと思っていたら、本当にそうなった。本場フランスで日本人シェフの精進と感性が認められ、星を取る時代となりました。

本章では洋食。先達へのリスペクトの想いを込め、フレンチの、あるいは僕ならではのメソッドを、大好きな洋食に反映させました。懐古的なだけではない、おいしさのキレがいい洋食。どれもぜひお試しいただきたい、自信のレシピです。

# ハンバーグ

## Steak haché

嚙んだ瞬間、口いっぱいに広がる肉の香りと圧倒的な肉汁。ペーストとそぼろ状の異なる肉の存在感がおいしさのポイント。そしてソースは酸味を効かせた大人の味。これが僕の目指す極上ハンバーグです。秘訣は、ひき肉を冷たくしておくこと。肉が多くてもつながりやすくなり、結果、肉汁も出にくくなります。焼くときは肉から出てくる脂を利用して、油は使いません。ひき肉はお好みで豚を合わせてもよいですが、割合は 30% まで。

**【材料】**(2 人分)

牛ひき肉……360g
玉ねぎ……1/2 個 (100g)
バター……10g
A 牛乳……大さじ 1 と 1/3
A パン粉……20g
A 卵……1/2 個
塩……3g
黒こしょう……少量 (0.5g)
B にんじんのグラッセ (p.53 参照)……適量
B じゃがいものソテー (p.62 参照)……適量
B ゆでたブロッコリー……適量

[ソース]
赤ワインヴィネガー……小さじ 2
しょうゆ……小さじ 1
水……50mℓ
トマトケチャップ……大さじ 1
ウスターソース……小さじ 1
ディジョンマスタード……小さじ 1

直径 26cm のフライパン

1 —— 玉ねぎはみじん切りにする。フライパンに玉ねぎ、バター、水 (分量外) を入れ、弱めの中火で甘みが出るまで炒める (p.237 参照)。

2 —— 1をバットに広げ、冷ます。粗熱がとれたら冷蔵庫に入れる。

3 —— 小さめのボウルに A を入れ、混ぜる。

4 —— ボウルの底を氷に当てながら、ひき肉の 2/3 量を入れ、ゴムべらでつぶすように混ぜる。塩を加え、手早く練る。

5 —— 3 を加え、さらに練る。肉が温かくならないよう、手全体は使わず、指先で手早く練る (手が温かい人はゴムべらなどを使って練る)。

6 —— ひき肉の粒がなくなり、ペースト状になってボウルの底につくようになったら、ひき肉の残り 1/3 量、黒こしょう、2 を加え、さっくりと混ぜる。ペースト状と粒状のひき肉が混ざっている状態でたねの完成。

7 —— 6 を 2 等分にし、空気を抜く。左手で転がし、右手は添えるようにする。

8 —— 楕円形にまとめ、できるだけ薄く平らに形を整え、中心は押しつぶしてさらに薄くする。厚みの目安は 2 cm ほど。手が温かい人はまな板の上にのせ、包丁などで形を整える。

9 —— フライパンに 8 を並べ、中火で焼く。フライパンの上をすべらせるように動かし、真ん中あたりを軽く押さえたりしながら、常にハンバーグの下に油がある状態を保ちながら焼く。2 分ほど焼き、まわりが白っぽくなってきたら裏返す。

10 —— 裏側もハンバーグの下に油がある状態を保ちながら焼く。出てきた肉汁は回しかける。蓋をすると肉汁が出てきてしまうので、最後まで蓋は使わない。

11 —— 一番厚みのある場所に竹串を刺し、透明な肉汁が出てきたら焼き上がり。ハンバーグを取り出し、脂を捨てる。

12 —— ソースを作る。11 のフライパンを洗わず強火で熱し、赤ワインヴィネガーを入れて酸味を飛ばす。しょうゆを加え、香りが出てきたら水を加え、全体を洗うように回して混ぜる。沸騰したら火を弱め、ケチャップとウスターソースを加える。マスタードを溶かし入れ、ひと煮立ちさせる。
器に B のつけ合わせを並べ、ハンバーグをのせ、ソースをかける。

# オムライス

Omelette au riz pilaf à la tomate

炒めたケチャップの香ばしさが醍醐味。全体に行きわたらせて「焼きつけるように」火を入れます。具の大きさを揃えて切るのはご飯との馴染みをよくするため。ケチャップの香ばしさと相まって、さらりと軽い口当たりに仕上がります。赤ワインヴィネガーを効かせたソースは上品で爽やか。ワンランク上のオムライスが楽しめます。チキンライスはフライパンより小さい直径の深皿で成形してから入れると、形がきれいに決まります。

**【材料】**(2人分)

鶏もも肉……1枚(300g)
玉ねぎ……1個(200g)
マッシュルーム……8個(80g)
油……少量
ご飯……320g
トマトケチャップ……大さじ3
しょうゆ……大さじ1
卵……4個
塩……4g
バター……50g

[ソース]

赤ワインヴィネガー……小さじ2
トマトケチャップ……大さじ1
ウスターソース……小さじ1
しょうゆ……小さじ1
ディジョンマスタード
……小さじ1
水……80mℓ

直径22cmのフライパン

1 —— 鶏肉は塩 1.5g をふり、よくもみ込み、30 分ほどおく。

2 —— 玉ねぎとマッシュルームは 7 ～ 8mm 角に切る。

3 —— 鶏肉をソテーする。フライパンに油を入れ、鶏肉は肉側を下にして並べ、弱火で軽く焼く。裏返して皮を下にしたら中火にし、出てきた脂をスプーンで肉にかけながら焼く。出てくる脂が多くなったら適宜捨てる。皮においしそうな焼き色がついたら火を止める。

4 —— きれいにしたフライパンにバター 10g、玉ねぎ、ひたひたの水（分量外）を入れ、弱めの中火で甘みが出るまで炒める（p.237 参照）。塩 0.5g をふる。マッシュルームを加えてさらに炒め、塩 0.5g をふる。器に取り出す。

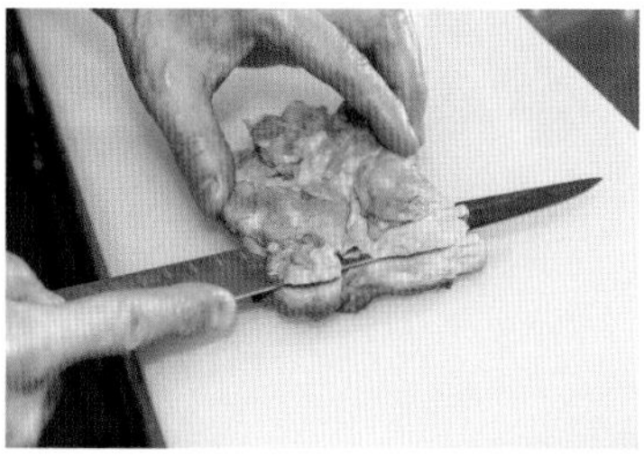

5 —— 鶏肉は厚みを半分に切ってから 7 ～ 8mm 角に切る。皮が上だとずれるので、下にして切る。

6 —— フライパンにバター 30g を入れ、4、5、ご飯を加える。強火でご飯をほぐすように炒める。全体が混ざったらケチャップを加え、さらに混ぜる。

7 —— 焼きつけるように炒め、ケチャップの香ばしさを出す。鍋肌からしょうゆを回し入れ、混ぜる。塩 1.5g をふり、混ぜたらチキンライスのでき上がり。
チキンライスの 1/2 量を深皿の中で成形しておく。

8 —— ボウルに卵 1 人分 2 個を割り入れ、混ぜる。フライパンにバター 5g を入れて強めの中火にかけ、全体に、奥の鍋肌にはとくに丁寧に行きわたらせる。

9 —— バターが泡立ってきたら、オムレツを作る要領で（p.66 参照）卵を流し入れる。半熟状になったら、7 を向こう側に形よくのせる。手前の卵をかぶせてチキンライスを包み、フライパンを立てて皿にひっくり返す。もう 1 つも同様に作る。

10 —— ソースを作る。小鍋に赤ワインヴィネガーを入れて中火にかける。沸騰して酸味が飛んだら残りの材料を加え、よく混ぜて溶かす。9 にかける。

**Déclinaison**

## チキンライス

ケチャップの香ばしさが成功の秘訣。主役の鶏肉は 1 枚のままでおいしそうな焼き色がつくまで焼いてからカット。他の具も大きさを揃えてご飯との馴染みをよくします。ケチャップを加えてからは「焼きつける」イメージ。赤い色が落ち着いてくるのをでき上がりの目安にします。

# 欧風ビーフカレー

## Curry de bœuf à l'européenne

カレー粉を効かせているのに甘みを感じるのは野菜の力。揚げ焼きにしたたっぷりの野菜がカレーをマイルドにまとめます。味の要は炒め玉ねぎ。茶色く、くたくたになるまで炒めた玉ねぎから濃厚な甘みと旨みがあふれます。これが味のベースになりますから、根気よく炒めてください。具がカレーソースをまとい、ゆるすぎずちょうどいい濃さです。

**【材料】**（4人分）
玉ねぎ……3個（600g）
バター……30g
牛もも肉……360g
トマト……2個（200g）
じゃがいも……小2個（240g）
にんじん……1本（160g）
マッシュルーム……8個（80g）
カレー粉……大さじ2
小麦粉（強力粉）……大さじ1
鶏がらスープ……1ℓ
アスパラガス……大4本（180g）
塩……24g
油……75㎖

内径21cm×深さ9cmの鍋
直径26cmのフライパン

1 —— 炒め玉ねぎを用意する。玉ねぎ1と1/2個は繊維に沿って薄切りにし、鍋に入れ、バター、玉ねぎ、水100㎖(分量外)を加え、強火にかける。水がなくなってきたら中火にし、鍋底をこそげるように混ぜながら炒める。水（分量外）を足し、混ぜながら炒めるをくり返す。50分ほど炒め、写真3番目のように茶色く、くたくたの状態になれば炒め上がり。

2 —— 牛肉は食べやすい大きさに切り、塩3gをふり、よくもみ込む。トマトは皮をむき（p.238参照）、ひと口大に切る。

3 —— じゃがいもは皮つきでひと口大に切り、にんじんはひと口大の乱切り、玉ねぎの残り1と1/2個はくし形に切り、マッシュルームは半分に切る。

4 —— 鍋にカレー粉を加え、全体に混ぜながら香りが出るまで炒める。小麦粉を加えてさらに炒める。粘りが出て鍋底につくようになったら鶏がらスープを100㎖ほど加え、よく混ぜて溶かす。これを2～3回くり返し、鶏がらスープを全量加えたところでトマトを加え、弱火で煮る。

5 —— フライパンに油小さじ1/2、2の牛肉を入れ、強火で焼く。おいしそうな焼き色がしっかりとついたら鍋に加え、20分ほど煮る。

6 —— フライパンに油70㎖を熱し、じゃがいもを加え、強火で揚げ焼きにする。全体に色づいてきたら3の残りの野菜を加える。

7 —— 玉ねぎが透き通って甘みが出たら塩20gをふって混ぜ、ざるに上げて油をきる。時間をおきすぎると野菜のおいしいジュースが出てしまうので10～20秒で鍋に加え、20分ほど煮る。

8 —— アスパラガスは下処理（p.238参照）をして乱切りにする。フライパンに油小さじ1/2、アスパラガスを入れて炒め、塩1gをふる。鍋に加え、ひと混ぜしてでき上がり。
器にご飯（分量外）、カレーを盛る。

# ピラフ
Pilaf

野菜とハムの旨みを存分に吸った米の味わい、大きさを揃えて細かく切った具との一体感。これが僕流ビストロ仕立てのピラフです。フレンチでは本来、ピラフはつけ合わせです。炊き上がりはベタッとした感じでリゾット風になりますが、これがフレンチならではの食感。一度冷まして電子レンジで温め直すとパラリとするのですが、これがまたおいしい。冷凍もできるので、多めに作ってストックしておいてもいいかもしれません。

**【材料】**（2～3人分）

玉ねぎ……小1個（150g）
マッシュルーム……8個（80g）
にんじん……1/2本（80g）
赤パプリカ……1個（130g）
ハム……100g
米……250g
鶏がらスープ……375mℓ
グリーンピース（冷凍）……50g
バター……85g

内径21cmの蓋つき浅鍋

1 —— グリーンピース以外の野菜、ハムは米の大きさに揃えたみじん切りにする。グリーンピースは解凍する。

2 —— 鍋にバター80g、玉ねぎを入れて中火にかけ、さっと炒める。バターが完全に溶けたら弱火にし、絶対に焦がさないように混ぜ続ける。

3 —— ふつふつと泡立ってきたらマッシュルームを加え、炒める。一気に水分を吸い、すぐに水分が出てくる。徐々に香りが立ってくるのが、旨みが出てきた証拠。

4 —— 香りが立ったらにんじんを加え、炒める。マッシュルーム同様、一気に水分を吸って少し水分が出てくる。ひと混ぜして手応えが少し重くなったらハムを加え、炒める。

5 —— ハムが全体に混ざったら米を加える。ごく弱火にし、米に旨みを吸わせるように炒める。

6 —— 米が透明になったら鶏がらスープを加えて強火にし、ひと混ぜする。

7 —— 沸騰してきたら蓋をして、ごく弱火にする。水を入れた鍋などで重しをし、加熱する。

8 —— 10分たったら蓋を取り、木べらで外側から大きく全体を混ぜる。表面を平らにし、再び蓋と重しをする。さらに15分加熱する。炊き上がりは底にうっすらと焦げができる状態。

9 —— フライパンにバター5g、赤パプリカを入れて強火にかける。水分を飛ばして香りを出すようにさっと炒める。8に加え、グリーンピースも加え、底から返して均一に混ぜる。

# シーフードマカロニグラタン

## Macaroni au gratin de fruits de mer

グラタンというと皆さん、濃厚なソースをイメージされるでしょう。でも僕はシーフードのふくよかな旨み、マカロニの食感、焼けたチーズの香ばしさ、それぞれのおいしさも引き立てたい。だからソースはさらりとした濃度に調えます。鶏がらスープと牛乳を合わせたヴルーテ仕立てならクリーミーなコクの中にも澄んだ味わいが楽しめます。焼くとソースは堅くなるので、なおさらゆるめに仕上げます。

**【材料】**（2人分）
＊長径27cm×短径16cm×
深さ4cmのグラタン皿

玉ねぎ……小1個（150g）
マッシュルーム……8個（80g）
いか……70g
帆立貝柱……100g
小海老……70g
A｜小麦粉（強力粉）……小さじ2
　｜塩……0.5g
オリーブ油……大さじ1
塩……1g
マカロニ……150g
ほうれん草（葉の部分）……70g
パルミジャーノ・レッジャーノ
（すりおろす）……25g
バター……25g

［ルー・ブラン］
バター……20g
小麦粉（強力粉）……20g

鶏がらスープ……200mℓ
牛乳……200mℓ

内径21cm×深さ9cmの鍋
直径26cmのフライパン

1 ── 玉ねぎは薄切り、マッシュルームは8等分に切る。いかは皮側に細かく格子状の浅い切り込みを入れ、2cm角に切る。帆立貝柱は厚みを半分に切り、1.5cm角に切る。

2 ── ボウルにシーフードを入れ、Aを加えてもむ。オリーブ油を加え、さらにもむ。塩少量（分量外）を加えた熱湯に入れ、再び沸騰したらざるに上げる。この下処理でプリプリに仕上がる。

3 ── マカロニは塩適量（分量外）を入れた熱湯で表示時間通りゆで、ざるに上げて湯をきる。

4 ── ルー・ブランを作る。鍋にバターを入れて弱火にかけ、小麦粉を加えて炒める（p.236参照）。このルー・ブランに鶏がらスープを加えて中火にし、泡立て器でよく混ぜて溶かす。牛乳を加え、木べらに替えて鍋底から絶えず混ぜる。2～3分、表面にツヤが出てなめらかになるまで混ぜる。

5 ── フライパンに玉ねぎ、バター10gを入れ、弱めの中火で甘みが出るまで炒め、鍋に加える。塩を加えて混ぜる。フライパンにマッシュルーム、バター10gを入れ、強火で香りが出るまで炒め、3とともに鍋に加えてよく混ぜる。

6 ── フライパンにバター5gを入れて中火にかけ、ブール・ノワゼットを作り（p.236参照）、ほうれん草を加えて強火で炒める。半分ほど火が通った状態でざるに上げる。

7 ── 鍋に6を加えてよく混ぜ、全体に馴染ませる。2を加えて混ぜる。

8 ── グラタン皿に7を入れ、パルミジャーノをまんべんなく縁までかける。180℃のオーブンで表面に焼き色がつくまで焼く。

# ロールキャベツ

## Chou farci

ひき肉は火の通りが早いので、短時間煮ればよさそうなものですが、しっかりと煮込むことがロールキャベツを成功させる秘訣です。よく煮込むことでキャベツは肉の旨みを吸っておいしくなり、肉はいったん煮汁に出た旨みがさらに煮込むことで肉に戻ります。だから肉はしっとり、ふんわりと柔らか。また、鍋はロールキャベツを隙間なく詰められるサイズを選びます。きつく詰めないと巻きがゆるんでしまい、煮崩れを起こします。煮ているうちに締まってくるので、無茶かな？ と思うくらいぎゅうぎゅうに詰めて大丈夫です。

**【材料】**(10個分)

キャベツ……1玉(400g)
合いびき肉[牛7:豚3]……400g
にんじん……小1/2本(60g)
玉ねぎ……1個(200g)
セロリ……1/2本(60g)
バター……40g
A トマトケチャップ……大さじ1
A 塩……3g
A 黒こしょう……適量
鶏がらスープ……300mℓ

直径26cmのフライパン
内径21cm×深さ9cmの鍋

1 —— にんじん、玉ねぎ、セロリはみじん切りにする。フライパンにバターを中火で熱し、溶け始めたらみじん切りにした野菜を入れ、焦げないように混ぜながら炒める。水分が飛んで甘い香りがしてきたら、バットに広げ、冷ます。

2 —— キャベツは芯を大きめにくりぬく。大きな鍋にたっぷりの湯を沸騰させ、塩(分量外。湯の1%)を入れ、キャベツをゆでる。巻くときに破れるのを防ぐため、柔らかめにゆでる。外側の葉から自然にはがれてくるので、取り出し、大きめのボウルに用意した水にとる。

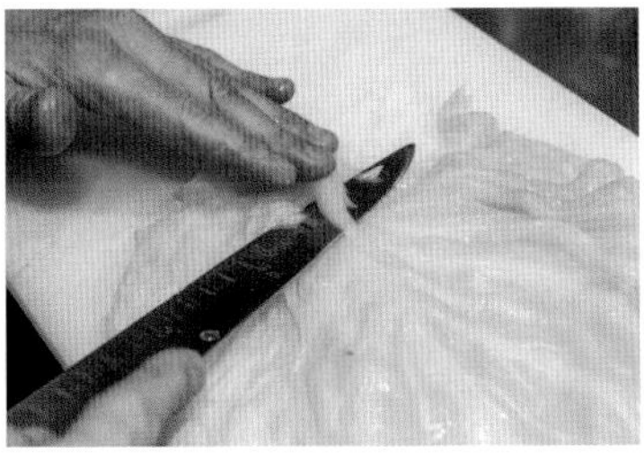

3 —— 大きい葉の芯をそぎ取る。芯はみじん切りにし、たねに使う。葉は小さいものでも利用できるのでとっておく。

4 —— ボウルの底を氷に当て、ひき肉を入れ、ペースト状になり、ボウルの底につくようになるまで練る。1、みじん切りにしたキャベツの芯、Aを加え、よく練り混ぜる。10等分して俵形にまとめる。

5 —— キャベツを広げ、4を包む。まず手前からひと巻きし、片側(右)を折りたたみ、最後まで巻き、もう片側(左)を指で詰め込む。初めのひと巻きをギュッときつく締めるのがポイント。小さい葉で包んでから大きい葉で巻くと巻きやすい。また、破れている葉は別の葉を当ててカバーする。

6 —— 鍋に5をきつきつに詰める。鍋はロールキャベツを隙間なく詰められるサイズを選ぶ。きつく詰めることで煮崩れ防止に。鶏がらスープを注ぎ、強火にかける。沸騰したら弱火にし、落とし蓋をして2時間煮る。途中、煮汁が少なくなったら、ロールキャベツがかぶるくらいまで水を足す。

# 煮込みハンバーグ
Steak haché en ragoût

煮汁用の赤ワインヴィネガー、赤ワイン、しょうゆを煮詰めていくと光り輝くようなツヤが出ます。この状態を「ミロワール（フランス語で「鏡」の意）」と言います。そんな艶やかなミロワール状になるまで煮詰めることで旨みと風味が凝縮され、風味豊かな煮汁のベースが生まれます。ハンバーグのひき肉は牛豚合いびきにしましたが、牛100％でももちろん！　奥深い酸味の煮汁とハンバーグ、つけ合わせの甘いマンゴーの組み合わせは僕の自信作。食感の楽しいれんこんも加えて、大人のご馳走の完成です。

**【材料】**（2人分）

［ハンバーグ］
合いびき肉［牛7：豚3］……360g
玉ねぎ……1/2個（100g）
バター……10g
A 牛乳……大さじ1と1/3
　パン粉……20g
　卵……1/2個
塩……3g
黒こしょう……少量（0.5g）

［煮汁］
赤ワインヴィネガー……50mℓ
赤ワイン……300mℓ
しょうゆ……小さじ1
鶏がらスープ……200mℓ
バター……20g
黒こしょう……適量

［つけ合わせ］
れんこん……130g
マンゴー……2個（400g）
バター……5g
油……小さじ2
塩……適量
パプリカパウダー……適量
B 黒こしょう……適量
　パセリ（みじん切り）……適量

直径26cmのフライパン

1 —— れんこんは皮をむいて水にさらし、縦4等分にしてから小さめの乱切りにする。マンゴーは皮をむいて縦長のくし形に切る。

2 —— ハンバーグのたねを作り、6等分にして形を整え、フライパンで焼く（p.77の1～11参照）。

3 —— 2からハンバーグを取り出す。フライパンの余分な脂を捨てるが、底にこびりついている旨みは残す。

4 —— フライパンを強火で熱し、赤ワインヴィネガーを入れ、酸味を飛ばすとともに全体を洗うように回す。赤ワイン、しょうゆを加え、フライパンを回して焦げないように煮詰める。

5 —— すべりが悪くなって底が見え、ツヤが出てきたら、鶏がらスープを加える。すぐにハンバーグを加え、煮汁を回しかけながら中火で煮る。

6 —— 別のフライパンにバター20gを入れて強火にかけ、ブール・ノワゼットを作る（p.236参照）。

7 —— 5に6を一気に加え、乳化させる。ゆっくり入れると分離しやすいので注意。ハンバーグをときどき裏返し、ソースを回しかけながら煮る。水分が減ってきたら火を弱め、好みの濃度まで煮詰めたら、黒こしょうをふる。

8 —— つけ合わせを作る。フライパンに油小さじ1、れんこんを入れ、強火で炒め、塩少量をふる。中火にし、全体に焼き色がついたらバターを加え、行きわたったらパプリカパウダーをふる。
きれいにしたフライパンに油小さじ1、マンゴーを入れ、強火で焼く。マンゴーは焦げやすいため、絶えずゆすりながら焼く。焼き色がついたら塩少々とBをふる。

9 —— 8を7のハンバーグとともに皿に盛る。

# クラムチャウダー
## Soupe de palourdes (Clam chowder)

アメリカ東海岸発祥のスープ。牛乳をベースにクリーム状に仕上げたクラムチャウダーはニューイングランドスタイル、トマト仕立てにするとマンハッタンスタイルと呼ぶそうです。ベーコンの香りと玉ねぎの甘みを充分に引き出し、じゃがいもでとろみをつけます。じゃがいもは崩してつなぎにするので、男爵系を選びます。この料理は短時間で仕上げるのがポイント。あさりの身は火を通すと堅くなるので、煮汁に加えたら火を止めて完成させます。

**【材料】**（3～4人分）

あさり（殻つき）……800g
水……100mℓ
A
- ベーコン……30g
- 玉ねぎ……1個（200g）
- セロリ……小1本（70g）
- じゃがいも（男爵系）……2個（200g）

バター……30g
鶏がらスープ……800mℓ
牛乳……40mℓ
生クリーム（乳脂肪分38%）……40mℓ
イタリアンパセリ（みじん切り）……適量
黒こしょう……適量
クラッカー……適量

内径27cmの蓋つき浅鍋（＊）
内径21cmの深鍋

＊浅鍋は広くて浅めで、あさりが重なるのは2段くらいまで。上部に空間ができるものを選ぶ。

1 ―― あさりは食塩濃度3%の塩水（分量外）に入れて暗く静かな場所に置き、砂出しする。

2 ―― Aは1cm角に切る。

3 ―― 浅鍋を強火にかけて熱々に熱し、あさりを入れて水を注ぎ、すぐに蓋をして蒸す。ときどき蓋を開けて混ぜる。2分ほどしてあさりの口が開いてきたら、鍋の近くにボウルにのせたざるを置き、口の開いたあさりから取り出す。口は薄く開くくらいでよい。鍋に残った蒸し汁もざるに注いで漉す。あさりは身を殻から外す。2つに分けた貝殻やスプーンを使って取り出す。

4 ―― 深鍋にバター、ベーコンを入れ、弱火で炒める。香りが出てきたら玉ねぎを加え、さっと混ぜる。セロリ、鶏がらスープをひたひたになるくらい加え（玉ねぎを炒めるときの水の役割 p.237 参照）、煮て、かつ炒める。水分がなくなって玉ねぎが柔らかくなったら、じゃがいもを加えて炒め、残りの鶏がらスープを加え、強火で煮る。じゃがいもがくっつかないように、沸騰するまで鍋底から混ぜる。

5 ―― じゃがいもが柔らかくなって少しとろみが出てきたら、3のあさりの蒸し汁をペーパータオルで漉しながら加え、強火にする。アクが出てきたらすくい取る。

6 ―― 牛乳、生クリームを加えてひと混ぜする。あさりの身を加え、火を止める。あさりを入れたら煮ない。器に盛り、パセリ、黒こしょうをふり、クラッカーを添える。

# 海老フライ

## Crevettes panées à l'anglaise

甘みを感じるプリプリの食感を目指すには、海老の下処理が大切。海老は小麦粉でもみ洗いをして、しっかり汚れを除きます。尾にも水が入っているので、きれいにしごき出してください。衣はつけすぎないように。衣の小麦粉と卵液はしっかりつけてから余分を落とすことで、衣がはがれにくくなります。卵に水を加えて薄めるのは、つけすぎを防ぐため。タルタルソースはいくつもの素材を組み合わせた本格仕様。幾層にも重なった酸味、塩味、風味がワンランク上の味わいです。

**【材料】**（10尾分）

無頭海老（ブラックタイガーなど）
……10尾
塩……1g
小麦粉（強力粉）……適量
卵液［卵1個に水大さじ1］
パン粉……適量
揚げ油……適量

［タルタルソース］
ゆで卵……3個
マヨネーズ（p.190参照）……100g
エシャロット（みじん切り）……20g
コルニッション（みじん切り）……25g
イタリアンパセリ（みじん切り）……2g
ケイパー（みじん切り）……8g

塩……1g
レモン（くし形切り）……2切れ
好みの葉野菜（ハーブミックスなど）
……適量

1 —— 海老は尾を残して殻をむく。ボウルに入れて小麦粉をふってもみ、もみながら流水で洗う。これをもう一度くり返す。

2 —— 背に竹串を刺し、背わたを取る。尾の先を斜めに切り、包丁でしごいて中の水を出す。

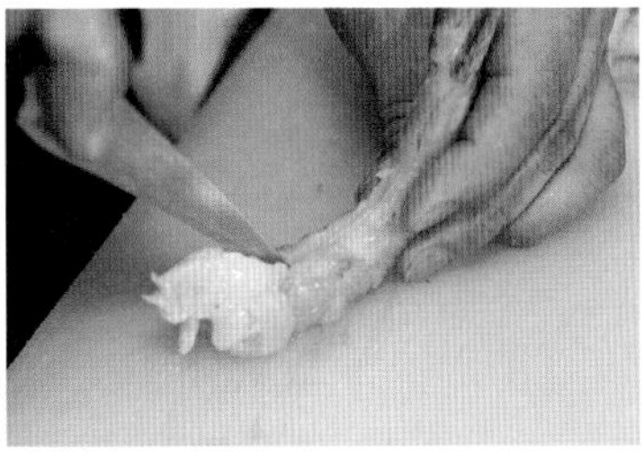

3 —— 腹側に縦に浅く切り込みを入れ、筋を切る。腹を下にし、指先でつぶすようにしてまっすぐに伸ばす。

4 —— タルタルソースを作る。ゆで卵の黄身はざるで漉し、白身はみじん切りにする。材料をすべて混ぜ合わせる。

5 —— 海老に塩をふる。小麦粉をしっかりまぶし、余分な粉を落とす。尾にはつけないようにする。

6 —— 尾を持って卵液にくぐらせ、ボウルの側面を使って余分な卵液を落とす。卵液には片手でつける。

7 —— パン粉を全体にまぶす。もう片方の手で転がしてしっかりつけ、形を整える。

8 —— 揚げ油を170℃に熱し（入れたときにパン粉がパッと散るのが目安）、海老の尾を持って手前から向こう側に倒すように静かに入れる。泡が小さくなってきて、おいしそうな揚げ色がつくまで3分ほど揚げ、よく油をきる。器に盛り、タルタルソース、レモン、葉野菜を添える。

# かにクリームコロッケ
## Croquettes à la crème de crabe

表面はサクッと、中のソース・ベシャメルはなめらかにとろけるような柔らかさ。かにの風味もさることながら、ベシャメルがおいしさの決め手です。このレシピは何度も試作して導いた自信作。形よく仕上げるポイントは、ベシャメルにかに缶汁を加えた後はしっかり火を入れて水分を飛ばすこと。たねは冷蔵庫で冷たくなるまで休ませること。衣は破裂しないよう隙間なくつけること。もし衣づけをしたところで柔らかくなりすぎたら、もう一度冷蔵庫で休ませてください。揚げ油は高めの温度で一気に表面を固めます。油はたっぷりと、そしてコロッケを入れたら触らない！ が鉄則です。

**【材料】**（16 個分）
かに缶……2 缶（1 缶 110g）
卵黄……1 個分

［ルー・ブラン］
バター……50g
小麦粉（強力粉）……50g

牛乳……320mℓ
かに缶汁……（2 缶分で）130mℓ
＊牛乳とかに缶汁は合わせて 450mℓ
小麦粉（強力粉）……適量
溶き卵……適量
パン粉……適量
揚げ油……適量

内径 21cm× 深さ 7cm の鍋

1 —— かに缶は、身と汁に分けておく。

2 —— ルー・ブランを作る。鍋にバターを入れて弱火にかけ、小麦粉を加えて炒める（p.236 参照）。このルー・ブランに牛乳を少しずつ加え、木べらで手早く混ぜてベシャメルにする。牛乳を全部混ぜ合わせたら、かに缶汁も少しずつ加え、しっかり混ぜる。なめらかで、もったりとするまで混ぜる。

3 —— 火を止め、卵黄を加えて混ぜる。かにの身も加え、よく混ぜる。

4 —— 3 をバットに流し入れ、広げて平らにならす。粗熱がとれたらラップをかけ、冷蔵庫で 1 時間 30 分以上休ませる。温かいとまとめにくいので、しっかり冷やす。

5 —— 4 を 16 等分する。手に油（分量外）を塗り、やさしくキャッチボールするようにして空気を抜いて俵形に整える。小麦粉の中に置いてしっかりまぶし、余分な粉を落としながら形を整える。

6 —— 溶き卵にくぐらせて余分を落とし、パン粉を全体にしっかりつける。衣がはがれやすくなるのでたねは直に触らず、パン粉の上から。衣は隙間なくつけておかないと、揚げたときに破裂するおそれがある。

7 —— 揚げ油を 175 ～ 180℃に熱し、6 を静かに入れる。柔らかくて持ちにくいようなら網じゃくしにのせて入れる。2 ～ 3 個ずつ、おいしそうな揚げ色がつくまで 40 ～ 50 秒揚げる。油の温度が低いと衣がはがれたり、破裂の原因に。入れた直後は温度が下がるので、少し火を強めて 175 ～ 180℃をキープする。

# じゃがいもコロッケ
## Croquettes

僕のじゃがいも好きのスタートはコロッケにあります。学校帰りに買って食べたお肉屋さんのコロッケ。いまも作って食べたいと思うのはひき肉たっぷりの、あのコロッケです。ポイントは、じゃがいもをベチャベチャにしないこと。そのために皮つきでゆでます。じゃがいもはグラム数さえ合っていれば、種類はメークインでも男爵でもこだわりません。ソースに添えたのは凝縮感のあるクーリ・ド・トマトですが、お好きなものでどうぞ。

**【材料】**(8個分)

じゃがいも……500g
牛ひき肉……200g
玉ねぎ……120g
塩……4g
バター……10g
小麦粉(強力粉)……適量
溶き卵……適量
パン粉……適量
揚げ油……適量
クーリ・ド・トマト(p.198参照)
　……適量

直径26cmのフライパン

1 ── 玉ねぎはみじん切りにする。フライパンに玉ねぎ、バター、水(分量外)を入れ、中火で甘みが出るまで炒める(p.237参照)。ひき肉を加え、スプーンの背などで押しながらポロポロになるまで炒める。少し濃い焼き色がついてもよい。塩2gをふって混ぜ、ざるに上げて脂をきる。

2 ── じゃがいもはゆでて皮をむく(p.237参照)。ボウルに入れ、木べらでざっくりとつぶし、塩2gを加えて混ぜる。つぶし加減は好みでよい。1を加え、全体をさっくり混ぜる。

3 ── 2を8等分し、小判形に整える。冷蔵庫で最低30分休ませる。

4 ── 3に小麦粉をまぶし、余分な粉を落とす。溶き卵にくぐらせ、パン粉を全体にまぶす。

5 ── 揚げ油を160℃に熱し(衣を落とすと底まで沈み、ゆっくり上がってくるのが目安)、4を入れる。入れたら少し火を強め、1分ほどしたら戻す。途中で上下を返し、おいしそうな揚げ色がつくまで7〜8分揚げ、油をきる。皿に盛り、クーリ・ド・トマトを添える。

# ポテトサラダ
## Salade de pommes de terre

極端に言えばじゃがいもだけでもいいくらい、じゃがいもを楽しむサラダ。ごろっとしていたり、ピュレ状があったり、枠にはまらない面白さが理想です。他の野菜は飽きさせない飾りのようなもの。ただし、水気があってはおいしくないので野菜の水分はしっかりきること。芥子は強めに効かせ、あらかじめマヨネーズと混ぜてムラなく味つけします。

**【材料】**(4～5人分)

じゃがいも(十勝こがねなど)……600g
にんじん……150g
セロリ……100g
きゅうり……100g
玉ねぎ……120g
塩……7g
A　マヨネーズ(p.190参照)……130g
　　練り芥子……30g

1 ── にんじんは薄めの半月切り、セロリは薄切り、きゅうりは縞目にむいて薄めの小口切り、玉ねぎは薄切りにする。

2 ── 鍋に水(分量外)を入れて強火にかけ、沸騰したらにんじんを入れ、ひと息おいてセロリを加え、ゆでる。にんじんの青臭さがなくなったら、ざるに上げて冷ます。

3 ── きゅうり、玉ねぎはそれぞれ塩1gで塩もみする(p.239参照)。

4 ── じゃがいもはゆでて皮をむく(p.237)。ボウルに入れてざっくりとつぶし、熱いうちに塩5gを加えて混ぜる。

5 ── 小さなボウルにAを合わせて混ぜる。

6 ── 4に5を加えて混ぜる(写真a)。2を加えて混ぜる。粗熱がとれたら、3を加えて混ぜる(写真b)。

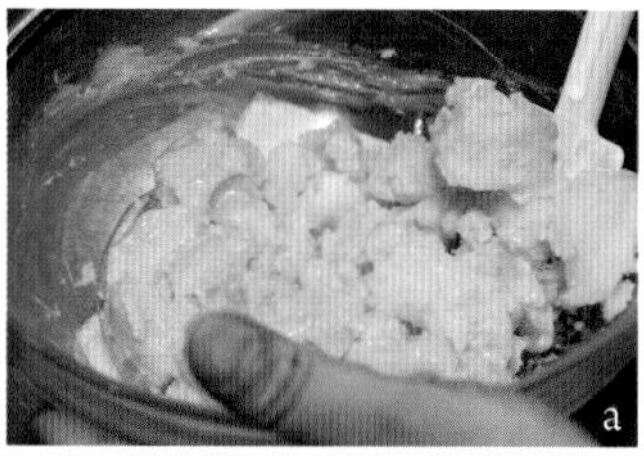

a

b

### Déclinaison

## 粉ふきいも

ゆでて皮をむいたじゃがいもは鍋に戻します。木べらで2～4等分に割り、強火にかけて鍋をゆすり、水分を飛ばします。蓋はしなくて大丈夫。塩で味つけすればでき上がりです。

Le Mange-Tout

# Chapitre 4

# ビストロ流<br>ベーシック・フレンチ

玉ねぎの甘さをじっくり抽出した滋味深いスープ。おいしさを逃がさずグリルしたステーキにカリカリに揚げたじゃがいも。バター香る魚のムニエルにはギュッとレモンを搾って……。Voilà（ヴォワラ）！　どうです、おいしそうでしょ。そんなシンプルな一皿こそが時代に流されない価値あるフレンチ、すたれることのない料理だと僕は信じています。この章でご紹介するのはいずれもオーソドックスなメニューですが、20代の僕がフレンチに憧れて彼の地に渡り、出会ったおいしさ、忘れられない味へのオマージュ。それぞれ味を見直して自分なりに昇華させたレシピです。工程ごとの調理のコツやアレンジもお教えします。

# オニオングラタンスープ

## Soupe à l'oignon gratinée

このスープのおいしさは、じっくり炒めた玉ねぎの甘みと旨みがすべて。とにかく濃い茶色になるまで炒めることです。ただし、気をつけたいのは玉ねぎの水分量。新玉ねぎならたっぷりの水分を含んでいますが、それに比べると貯蔵したものは水分が少ない。調理前半はムラなく火を通すために水を加え、後半は旨み出しと焦げつき防止のために水を加えますが、この水加減は使用する玉ねぎに合わせて、よく見極めて調節してください。仕上げの焼き色は高温で一気にガッと。火を入れすぎるとスープが沸いてしまうので、短時間で焼きます。

**【材料】**（4 人分）

玉ねぎ……4 個（800g）
バター……60g
水……740 ～ 760mℓ
鶏がらスープ……1ℓ
バゲット（薄切り）……8 ～ 12 枚
グリュイエールチーズ（細くすりおろす）……70g

内径 21cm× 深さ 12cm の鍋

1 —— 玉ねぎは縦半分に切り、繊維に沿ってごく薄い薄切りにする。

2 —— 鍋にバターを入れて強火にかけ、すぐに 1、水 400 mℓを入れ、木べらで混ぜる。水がある間は神経質に混ぜなくても大丈夫。鍋肌についたものだけは焦げやすいので、こすって水があるところに落として混ぜる。中火にして炒める。

3 —— 12 ～ 13 分して水が減ってきたら、水 200mℓを加えて炒める。ここまでの水は玉ねぎにムラなく火を通すため。

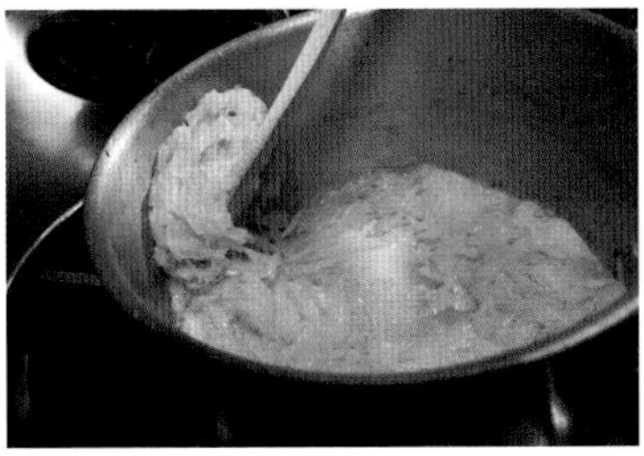

4 —— 20 ～ 30 分炒めるとうっすらと色づいてくる。こうなったら鍋から離れず、鍋底をこそげるように絶えず混ぜ続ける。鍋肌に焼き色がついたら、玉ねぎでこそげ落としながら炒める。

5 —— 20 分ほど炒めると、だいぶ茶色くなってくる。水 20 mℓを鍋肌にかけて足し、混ぜながら炒めるを 7 ～ 8 回くり返す。ここからの水は旨みの素になる鍋肌の焼き色を玉ねぎに戻すためと、焦げつきを防ぐため。水が多いと鍋肌に焼き色がつかないので、少しずつ加える。さらに 20 分ほど炒め、中列下段の写真のような濃い茶色になれば炒め上がり。

6 —— 鶏がらスープを加えて混ぜる。煮込まなくてよい。好みの濃度に調整して味をみる。あとで塩味の強いチーズを加えるので、ここではやや薄めでよい。

7 —— 器に 6 を注ぎ、薄く切って軽くトーストしたバゲットを表面を覆うように 2 ～ 3 枚ずつのせ、グリュイエールチーズをたっぷりのせる。高めの温度のオーブンかオーブントースターで焼き、短時間で濃いめの焼き色をつける。

# スープ・ノルマンド

Soupe normande

ノルマンドとはノルマンディー風の意味で、同地方の料理に用いられる言葉です。このスープは野菜たっぷりの具だくさんスタイル。何種類もの野菜を火の通りにくい順に加えて煮込み、野菜の風味を引き出して奥深い味に仕上げます。冷蔵庫に残っている野菜があれば、このレシピにこだわらず、刻んで入れていただいて構いません。

**【材料】**(4～5人分)

さやいんげん……15本(100g)

A
- じゃがいも……小1個(120g)
- 玉ねぎ……1/4個(50g)
- ポロねぎ……1/3本(50g)
- にんじん……小1本(100g)
- セロリ……1/3本(40g)
- キャベツ……1/6玉(150g)

ベーコン……50g
鶏がらスープ……2ℓ
パセリ(みじん切り)……適量
黒こしょう……適量

内径24cmの深型フライパン

1 ── さやいんげんは1cm長さに切る。A、ベーコンはすべて1cm角の色紙切りにする。じゃがいもは水にさらす。

2 ── フライパンにベーコンを入れ、弱めの中火で炒める。脂が出て香りが立ってきたら、玉ねぎ、ポロねぎを加え、3～4分炒める。ここでしっかり炒めることでコクが出る。

3 ── にんじん、セロリを加えてさっとひと混ぜする。さやいんげん、キャベツ、鶏がらスープを加え、強火にする。沸騰したら中火にし、20分ほど煮る。

4 ── 野菜がくたくたになったら、水をきったじゃがいもを加え、さらに10分ほど煮る。じゃがいもはつなぎになるので形が崩れるくらいまで煮る。煮詰まりすぎたら水(分量外)を足す。

5 ── パセリを加えてひと混ぜし、黒こしょうをふる。

スープ・ノルマンド▶ Déclinaison

# ミネストローネパスタ

ミネストローネは言わずと知れたイタリアの野菜スープ。トマトを加えるレシピが多いですが、ミネストローネは「具だくさん」「ごちゃ混ぜ」などを表す言葉ですから、厳格なルールはなく、パスタを加えるのも好き好き。パスタはスープの中でゆでるので旨み満点です。

**【材料】**(2～3人分)

スープ・ノルマンド……1ℓ
スパゲッティーニ……30g
トマト……2個(200g)
パルミジャーノ・レッジャーノ(すりおろす)……適量

1 ── スパゲッティーニは2cm長さに折る。トマトは皮をむき(p.238参照)、1cm角に切る。

2 ── 鍋にスープ・ノルマンドを入れて中火にかけ、沸騰したらスパゲッティーニを加える。5分ほど煮て柔らかくなったらトマトを加え、ひと煮立ちさせる。器に盛り、パルミジャーノをふる。

# ラタトゥイユ
Ratatouille

僕はラタトゥイユを“野菜のコンフィチュール（ジャム）”と呼んでいます。トマト、赤パプリカ、なす、ズッキーニ、玉ねぎ……、ひとつの野菜だけでは出せない、その総合力を味わってください。本来はペースト状になるまで煮たほうがおいしい。けれど見た目がよくないのと、野菜から多量のジュースが出てしまう。僕は、ある程度煮たら野菜と煮汁に分け、煮汁を煮詰めてから野菜を戻すという方法をとっています。煮汁を思い切り煮詰めると味が濃厚になるだけでなく、水分と油が乳化して野菜とからみやすくなり、口当たりもなめらかになります。粗熱がとれたら、一晩おくとよりおいしくなります。野菜からしっかりとペクチンが出て、ひとつに固まっているはずですよ。

**【材料】**（4～5人分）
トマト……2個（200g）
赤パプリカ……大1個（200g）
なす……2本（200g）
ズッキーニ……2本（200g）
＊緑と黄色各1本。
（2色でなくてもよい）
玉ねぎ……1個（200g）
ピーマン……4個（100g）
にんにく……2かけ（20g）
オリーブ油……大さじ1と2/3
塩……適量

内径24cmの深型フライパン

1 ―― トマトと赤パプリカは焼いて皮をむき（p.238参照）、なすは皮を縞目にむく（p.239参照）。すべての野菜を1cm角に切る。にんにくはみじん切りにする。

2 ―― なす、ズッキーニはそれぞれボウルに入れて塩をふってもみ、5分ほどおく。水が出てきたらざるに上げ、水気をきる。

3 ―― フライパンにオリーブ油大さじ1、玉ねぎ、にんにくを入れ、強火で炒める。玉ねぎがしんなりしたら、なすを加え、油を吸わせるように炒める。ズッキーニ、トマト、赤パプリカを順に加え、炒め合わせる。徐々に水分が出てくるが、それが沸くまでは強火。あまり混ぜない。

4 ―― フライパンにオリーブ油大さじ2/3、ピーマンを入れ、さっと炒める。3に加えて煮る。

5 ―― ピーマンの色が変わったら、ざるに上げて煮汁をきる。ピーマンは火を入れすぎると苦くなる。

6 ―― 5の煮汁だけフライパンに戻し、強火で煮詰める。味をみて塩2gを加える。煮汁を混ぜたスプーンの背を指でなで、筋が残るくらいの濃度まで煮詰める。

7 ―― 5の野菜を6に戻し、全体を混ぜてでき上がり。

# 落とし卵のラタトゥイユ

卵は生っぽいほうが美味。白く固まらなくてもオーブンで焼いて温かくなっているので、よく混ぜて食べます。ラタトゥイユを冷蔵庫で保存していた場合は、常温にもどすか軽く温めてから調理します。

**【材料】**(1人分)

ラタトゥイユ……120g
卵……1個

1 —— 器にラタトゥイユを盛り、真ん中をくぼませ、卵を落とす。
2 —— 170℃のオーブンで10分焼く。

# 冷製パスタ

麺はカペッリーニのような細いものだと冷製の風情が出ますが、ラタトゥイユの風味がしっかりしているので、スパゲッティくらいまでの太さなら家庭にあるものでいいと思います。

**【材料】**(1人分)

ラタトゥイユ……200g
スパゲッティ……120g
A タバスコ……6滴
　にんにくオイル(p.234参照)……小さじ1/4
パルミジャーノ・レッジャーノ(すりおろす)
……適量

1 —— スパゲッティは塩(分量外)を入れた熱湯で表示時間通りゆで、冷水にとって冷まし、水気をきる。
2 —— ボウルに1、ラタトゥイユ、Aを入れ、和える。味をみて足りなければ塩(分量外)をふる。器に盛り、パルミジャーノをかける。

# フレッシュラタトゥイユ

## Ratatouille fraîche

野菜のフレッシュ感を追求したオリジナル。ラタトゥイユのように煮込まないのでコクは出ませんが、サラダ感覚のこの料理を気に入っています。大きさを揃えて切るのはラタトゥイユへのオマージュと、表面積が大きいほうが塩をふったときにジュースが出やすいからです。つけ合わせにすれば魚介にも肉にも合うオールマイティな一品です。

**【材料】**(2～3人分)

トマト……大1個(150g)
赤パプリカ……1個(130g)
ズッキーニ……1本(100g)
なす……1本(100g)
玉ねぎ……1/2個(100g)
塩……4g
A ｜オリーブ油……大さじ2
　｜にんにくオイル(p.234参照)
　｜……小さじ1
黒こしょう……適量

1 —— トマトは縦8等分に切り、皮をむく(写真a)。果肉と種まわりを切り離し、それぞれ5mm角に切る。種まわりはざるで漉し、種と汁に分け(写真b)汁を使う。赤パプリカは縦に細めに切って種とわたを取り、皮をむいて(写真c)5mm角に切る。ズッキーニ、なすはそれぞれ5mm角に切り、塩各2gをふってもみ、水が出てきたら水気をきる。玉ねぎは5mm角に切る。

2 —— ボウルに1を入れ、真ん中にAを加え、よく混ぜる。黒こしょうをふり、さっと混ぜる。味をみて塩(分量外)を加える。

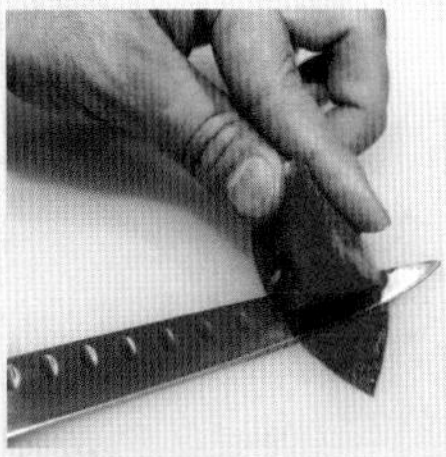

a

b

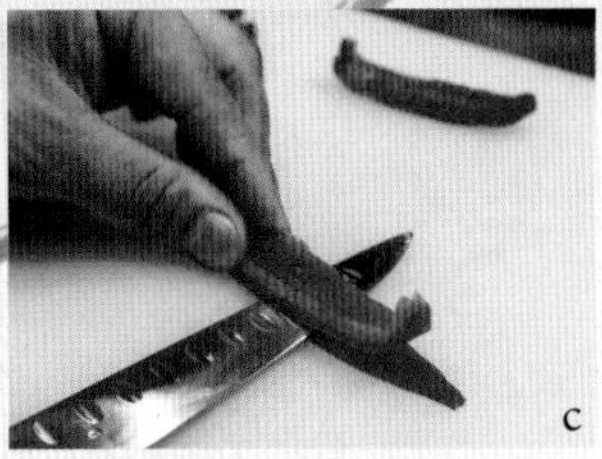

c

# 緑野菜の温かいサラダ
Salade verte à la vapeur

プロセスはいたってシンプル。火の通りにくい野菜から順に加え、そのつど塩をふってひと混ぜすることのくり返し。全体にまんべんなく塩味をつけ、かつ馴染ませるため、少しずつ重ねていくことに意味があります。トータルで使う塩の量は 3 g。1 度にふる量は何 g と出せないけれど分けて使います。このサラダはシトロン・サレ（p.235 参照）をかけてもおいしいです。

**【材料】**（2 ～ 4 人分）

アスパラガス……4 本（80g）
さやいんげん……100g
オクラ……4 本（60g）
ブロッコリー……小 1 株（150g）
マッシュルーム……8 個（80g）
ラディッシュ……5 個（60g）
かぶ……1 個（100g）
ししとう……10 本（60g）
オリーブ油……大さじ 2 と 1/2
シェリーヴィネガー……大さじ 1 と 1/3
塩……3g

直径 26cm のフライパン

1 ―― アスパラガスは、はかまを取って堅い部分は皮をむき、長さを半分に切り、根元側はさらに縦半分に切る。さやいんげん、板ずりにしたオクラは、それぞれ縦半分に切る。ブロッコリーは小房に分け、茎と分ける。茎は薄く切る。マッシュルームは半分、ラディッシュは 4 等分に切る。かぶは皮をむかずに 4 等分に切り、面取りをする（以上、野菜の下処理 p.238 ～ 239 参照）。

2 ―― フライパンを強火で熱し、オリーブ油、さやいんげん、アスパラガスの根元側を入れ、塩少量をふって混ぜる。弱めの中火にし、かぶとブロッコリーの茎、ししとうとアスパラガスの穂先側とマッシュルーム、オクラ、ブロッコリーの小房を順に加え、そのつど塩少量をふる。ラディッシュを加えて混ぜ、シェリーヴィネガーを回しかけ、蓋をする。すぐに火を止め、30 秒ほどおいてでき上がり。

# グリーンアスパラガスのソテー
## Sauté d'asperges

　アスパラガスは熱したフライパンに一気に入れ、焼き色がつくように広げて焼きます。焼きムラがあっても構いません。むしろそれがいいんです。アスパラガスの穂先はもっともおいしいところだから、丁寧に扱ってほしい。堅めの根元側は縦半分に切って火の通りを均一にします。

**【材料】**（2～4人分）
アスパラガス……12本（240g）
黒オリーブ（種つき）……12粒
オリーブ油……大さじ1
バルサミコヴィネガー……小さじ1
パルミジャーノ・レッジャーノ……10g
塩……1.5g

直径26cmのフライパン

1 ── アスパラガスははかまを取って堅い部分は皮をむき（p.238参照）、長さを穂先側1：根元側2くらいに切り（写真a）、根元側はさらに縦半分に切る。
2 ── フライパンにオリーブ油を強火で熱し、1を焼く。広げて焼き色がつくようにし、塩をふる。食べてみて好みの堅さになったら、黒オリーブを加える。火を弱め、バルサミコヴィネガーを加え（写真b）、火からおろす。皿に盛り、薄切りにしたパルミジャーノを散らす。

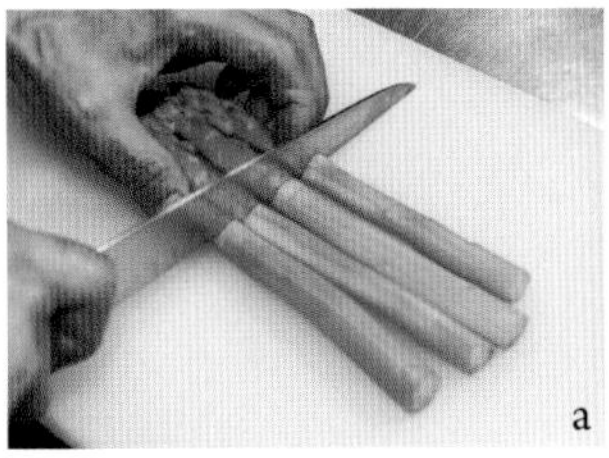
a

b

# じゃがいものピュレ

## Purée de pommes de terre

古くからある伝統の料理で、肉料理のつけ合わせにすることが多いです。じゃがいものピュレのおいしさは、とにかく粘り！ バター、牛乳、生クリームは温めて加えたほうが粘りが出やすくなります。フードプロセッサーで、やりすぎだと思うぐらい撹拌してねっとりさせてください。

**【材料】**（作りやすい分量）

じゃがいも（きたあかりなど）……500g

A
- バター……125g
- 牛乳……125mℓ
- 生クリーム（乳脂肪分38%）……125mℓ
- 塩……3g

小さめの鍋

1 ── じゃがいもはゆでて皮をむき（p.237参照）、粗く刻む。

2 ── 鍋にAを入れて強火にかけ、沸騰させる。

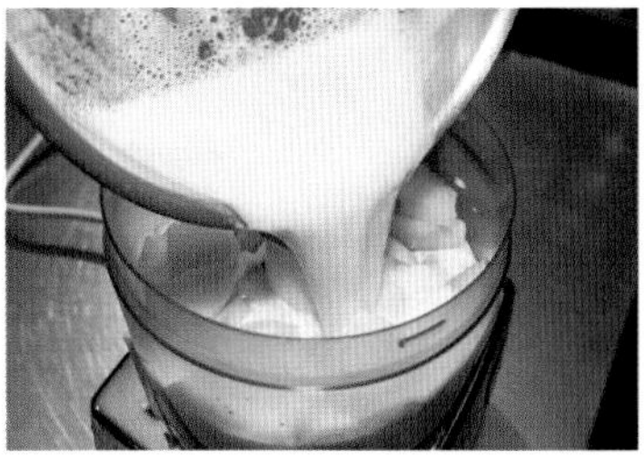

3 ── フードプロセッサーに1、熱々の2を入れ、ねっとりと粘りが出るまで撹拌する。

じゃがいものピュレ ▶ Déclinaison

## アッシ・パルマンティエ

フランス人が大好きな家庭料理のひとつ。パルマンティエはフランスにじゃがいもを伝えて普及させた人で、メニューにこのパルマンティエ氏の名が冠されているものは、すべてじゃがいも料理と覚えておくといいくらいです。

**【材料】**（2～3人分）

じゃがいものピュレ……600g
ミートソース（p.146参照）……250g
パルミジャーノ・レッジャーノ（すりおろす）……適量

1 ── グラタン皿にミートソースを入れて平らにならし、じゃがいものピュレを重ねて平らにならす。パルミジャーノをまんべんなくかけ、180℃のオーブンで表面に焼き色がつくまで焼く。

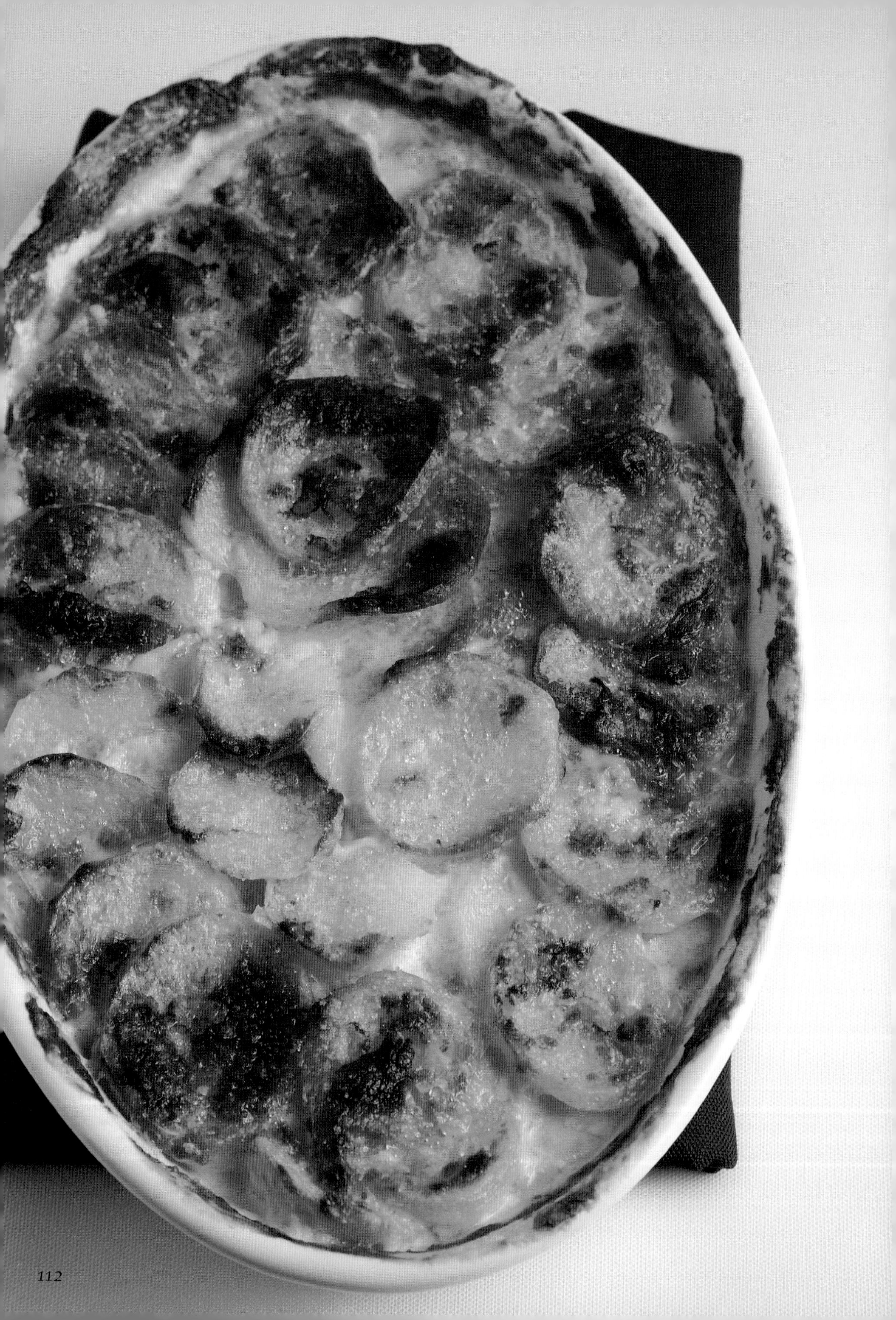

# じゃがいものクリームグラタン

## Gratin dauphinois

フランス料理の世界に入った頃に、初めて食べた思い出の一品がこの「グラタン・ドフィノワ」。乳脂肪分をいかにじゃがいもに吸わせるかがこの料理の鍵です。それを解決するのがオーブンの温度と焼き時間。どんな調理にも理由があって、フランスでは牛乳は濃くておいしいから牛乳だけで作ります。それに比べると日本の牛乳はやはり物足りない。そこで生クリームを合わせます。シンプルな肉のグリルに添えて、またこれだけでももちろん！　滋味深いビストロ料理の定番です。

**【材料】**(2～3人分)

＊長径24cm×短径15cm×
深さ5cmのグラタン皿

じゃがいも（メークインなど）……500g
にんにく……1かけ（10g）
バター……10g
生クリーム（乳脂肪分38%）……100mℓ
牛乳……100mℓ
塩……5g

1 ── じゃがいもは皮をむき、5mm厚さに切る。

2 ── にんにくは半分に切り、切り口をグラタン皿全体にこすりつける。バターも同様にこすりつけ、側面まで全体に指で塗る（写真a）。

3 ── じゃがいもの1/3量を少しずつずらしながら皿全体に並べる（写真b）。塩をふり、生クリームと牛乳各1/3量を注ぐ。これをあと2回くり返す（写真c）。最終的にじゃがいもが浸るように生クリームと牛乳の量を調整する。

4 ── 150℃のオーブンで1時間焼く。途中で様子を見て、水分がなくなっていたら生クリームと牛乳（ともに分量外）を注ぐ。

a

b

c

# ジャーマンポテトオムレツ

## Omelette à l'allemande

　ジャーマンオムレツは、じゃがいもとひき肉を炒めて、そこに卵を加えて焼き固めます。もうひとつ有名なスペイン風のオムレツは、油で煮てコンフィにしたじゃがいもをざるに上げてから卵と混ぜて焼くスタイル。この２つのいいとこどりをしたのが僕のオムレツです。コンフィにしたじゃがいも、たっぷりの牛肉、中まで焼き固める卵。存在感のあるオムレツを目指しました。

**【材料】**(4～5人分)

じゃがいも(十勝こがねなど)
……500g
玉ねぎ……1/2個(100g)
牛切り落とし肉……300g
油……300mℓ
塩……5.5g
卵……6個
バター……15g

直径 26cm のフライパン

1 ── じゃがいもは皮をむき、半分に切ってから4～5mm厚さに切る。玉ねぎは薄切りにする。

2 ── フライパンに油、1を入れ、強火にかける。油がふつふつとしてきたら弱火にし、ときどき混ぜながら15分ほど加熱する。野菜は常に油に浸るようにする。じゃがいもが指で押してぐしゃっとつぶれるくらいに柔らかくなったら、ざるに上げて油をきる。

3 ── フライパンは洗わず少し油が残った状態で、牛肉を広げて入れ、強火で焼く。塩1.5gをふる。肉汁が出てしまうので混ぜすぎない。香りがしてきたら、赤い部分が残っていてもよいので、2のざるに上げる。ざるの具をボウルに移す。

4 ── 別のボウルに卵を割り、塩4gを加え、泡立て器で空気を入れないように混ぜてなめらかにする。3に加え、さっくりと混ぜる。

5 ── フライパンにバターを弱火で熱し、バターが溶けたら4を入れる。卵液があるところを混ぜて火を通りやすくし、全体に混ぜ終えたらごく弱火にする。形を整えながら10分ほど焼く。返しやすくするため、フライパンの柄をトントンと叩いてすべらせ、縁にゴムべらを入れて卵をはがすように整える。

6 ── オムレツの縁がふつふつとしてゆすってすべるようになったら、皿で蓋をし、そのままひっくり返して皿に移す。皿からすべらせてフライパンに戻し、裏側を2～3分焼く。真ん中を押してみて弾力があれば焼き上がり。

# じゃがいもと塩豚のソテー

## Sauté de pommes de terre et de porc salé

塩豚はフランスの田舎ではとてもポピュラーなもの。フランスはじゃがいも文化の国でもありますから、この組み合わせは極めてオーソドックスです。作り方のコツは焼き加減。中途半端に焼くと雑味が出るので、しっかり焼いて香ばしく仕上げます。

**【材料】**（2人分）

じゃがいも（メークインなど）……500g
塩豚（p.163参照）……150g
バター……25g
塩、黒こしょう（味をみて）……各適量
油……50mℓ

直径26cmのフライパン

1 ── 塩豚は繊維を切るように薄切りにする。

2 ── じゃがいもは皮つきでひと口大の乱切りにする。水にさらさない。

3 ── フライパンにバター10gを強火で熱し、1を広げて入れて焼きつける（写真a）。焼き色がついたら取り出す。

4 ── フライパンは洗わず油、2を加え、強火にかける。ゆすったり裏返したりしながら焼く。じゃがいも同士がくっつかなくなったら弱火にする。おいしそうな焼き色がつくまで7～8分、常に混ぜながら焼く。

5 ── じゃがいもをざるに上げて油をきり（写真b）、フライパンに戻す。3を加えて強火にし、バター15gを加えて混ぜる。味をみて塩、黒こしょうをふる。

a

b

# シャキシャキじゃがいものせん切りサラダ

Salade croustillante de pommes de terre râpées

「あったらいいよね」から生まれたオリジナルで、店のコースにも登場します。ほくほく感やねっとり感をよしとするじゃがいも料理の中で、このサラダは真逆のシャキシャキ感が命。ゆでてきちんとぬめりを取ることが重要です。組み合わせる食材は生ハムの他に、サラミやソーセージなど肉系のものが合いますね。

**【材料】**(2～3人分)

じゃがいも(メークインなど)……400g

生ハム(せん切り)……30g

A 塩……2g

A オリーブ油……大さじ1

1 —— じゃがいもはスライサーを使って縦に長いせん切りにする(p.239参照)。表面に凹凸をつけ、ドレッシングがからみやすくする(写真a)。水にさらして変色を防ぎ、水気をきる。

2 —— 鍋にたっぷりの水(分量外)を入れて強火にかけ、沸騰したら1をゆでる。再びふつふつとしてきたらざるに上げ、流水にさらす。冷ますとともにぬめりを取る。しっかりと水気をきる。

3 —— ボウルに2、Aを入れ、手でよく混ぜる(写真b)。生ハムを加えて混ぜる。

a

b

## ポム・アリュメット

Pommes allumettes

**【材料】**(2人分)

じゃがいも(メークイン)……2個(300g)

揚げ油……適量

塩……1g

1 —— じゃがいもは3mm幅の細切りにする。

2 —— ボウルに水を入れ、1のでんぷん質を洗う。3～4回水を換え、水が濁らなくなるまでくり返す(写真a)。ざるに上げ、しっかり水をきる。

3 —— 揚げ油を160℃に熱し、2を入れ、温度が下がったら火を少し強める。トングなどでかき混ぜ、くっつかないようにほぐしながら揚げる(写真b)。色づいてきたらざるに上げる(写真c)。余熱で色がついてくるので、気持ち早めに上げる。熱いうちに塩をふり、上下を返して混ぜる。

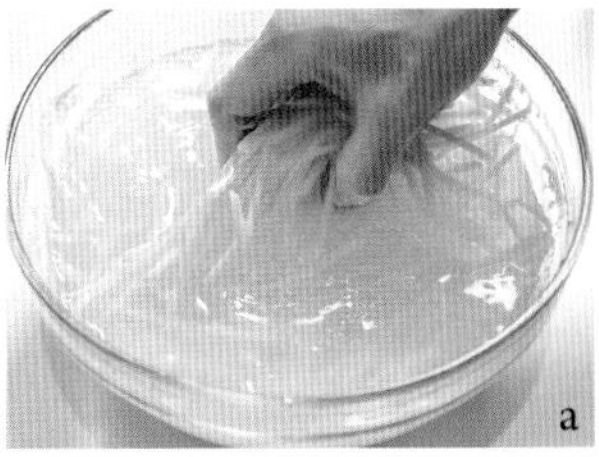

a

b

c

# トラディショナルキッシュ
Recette traditionnelle: la quiche lorraine

# オリジナルキッシュ
Quiche maison: olives vertes, confiture d'ail, tomates demi-séchés et œuf dur

キッシュはロレーヌ地方の伝統料理。本来はパータ・フォンセ（パイ生地）を型にしますが、生地なし・型なしの簡単バージョンです。アパレイユは共通ですから、自由な発想で具がひらめけば、さまざまなキッシュが気軽に作れます。ポイントは湯せんで焼くことと、その温度設定だけ。生地なしキッシュは失敗知らずの頼もしい一皿です。

**【材料】**（各2皿分）
＊直径15cm・容量200mℓの耐熱皿

［アパレイユ］
卵……1個
生クリーム（乳脂肪分38%）……60mℓ
牛乳……60mℓ
塩……1g
白こしょう……少量

［トラディショナルの具］
グリュイエールチーズ……60g
ベーコン……60g

［オリジナルの具］
ゆで卵……1個
グリュイエールチーズ……40g
セミドライトマト（p.235参照）……4個
にんにく（＊）……2〜3かけ
緑オリーブ（＊）……8個
＊にんにく、緑オリーブは、にんにくと緑オリーブのコンフィ(p.235参照)を使用。

1 —— アパレイユを作る。ボウルに卵を溶き、生クリーム、牛乳を加え、泡立て器でなるべく泡立たないように混ぜる。泡立てると焼いたときに気泡の穴ができる。

2 —— 1をざるで漉し、塩、白こしょうを加えて混ぜる。

3 —— トラディショナルの具はそれぞれ1cm角に切る。

4 —— オリジナルの具のゆで卵は縦4等分に切る。にんにくは皮をむき、大きいものは半分に切る。グリュイエールチーズは細くすりおろす。

5 —— 耐熱皿に1皿分の具を入れ、1皿分の2を流し入れる。レシピはアパレイユ、具ともに2皿分。トラディショナルとオリジナルを各2皿作る場合は、アパレイユを倍量にする。

6 —— 5をバットに並べ、湯（分量外）を注ぐ。湯量はアパレイユと同じ高さまで。160℃のオーブンで10分湯せんで焼く。オーブンに入れたまま余熱で10分おき、安定させる。仕上げに180℃のオーブンで表面にきれいな焼き色がつくまで2〜3分焼く。

トラディショナルキッシュ

オリジナルキッシュ

# 帆立のポワレ
Noix de Saint-Jacques poêlées

帆立で最も大切なのは火を入れすぎないこと。かといって中が冷たくてはいけません。中がふわっと温かい状態がベスト。イメージは天ぷらです。最初は強火で、表面をいかにもおいしそうな色に焼くことが重要。裏返したら余熱で。両面をきちっと焼く必要はありません。側面が膨らみ、押してみてふわっと弾力がある状態をイメージしましょう。ソースはロックフォールチーズがあれば完璧ですが、お好みで省いてもいいですし、生の薄切りマッシュルーム、5ミリ角に切ったトマトの果肉で仕上げるとまた別のおいしさです。

**【材料】**(2人分)
帆立……4個
オリーブ油……小さじ2

[ソース]
白ワイン……50mℓ
エシャロット(みじん切り)……8g
鶏がらスープ……100mℓ
生クリーム(乳脂肪分38%)
……大さじ1
バター……10g
ロックフォールチーズ……30g
黒こしょう……少量
パセリ(みじん切り)……小さじ1

小鍋
直径22cmのフライパン

1 —— 帆立は殻を開け、貝柱、ひも、けんに分ける。

2 —— ソースを作る。小鍋に白ワイン、エシャロットを入れ、強火で煮詰める。水分がなくなり、エシャロットが顔を出すまで煮詰める。水分を飛ばさないと生クリームを入れたときに分離してしまうので注意。

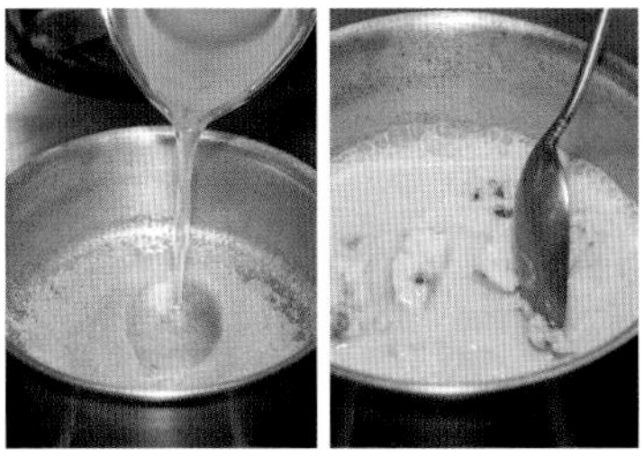

3 —— 鶏がらスープを加え、ひと煮立ちしたら生クリームを加え、中火にする。煮立ってきたらバターを加える。2/3ほどの量になったらロックフォールチーズを入れ、スプーンでざっと崩す。強火にし、好みの濃度になるまで煮詰め、黒こしょうをふる。パセリは帆立を焼いた後、仕上げに加える。

4 —— フライパンにオリーブ油を強火で熱し、温まったら帆立を入れて焼く。フレッシュな帆立は斜めに崩れてくるので、フライパンの側面を利用して立たせ、形を整えながら焼く。

5 —— 形が整ったら平らな場所に戻し、余分な油をペーパータオルできれいに拭く。火を弱め、フライパンをゆすってすべらせるように動かしながら焼く。帆立の底のまわりに焼き色の輪ができたら裏返し、火を止める。

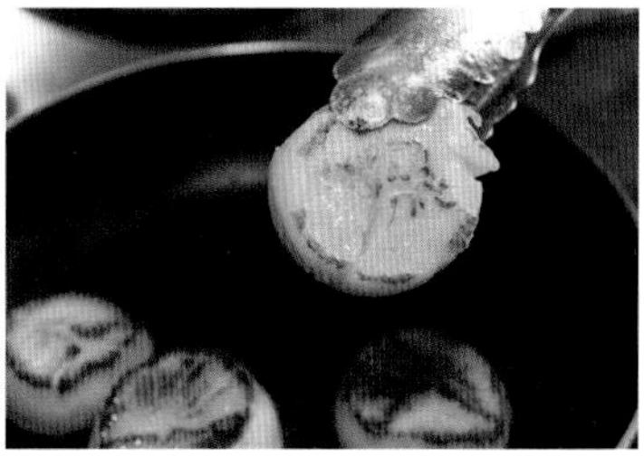

6 —— 裏側は余熱で火を通す。裏はうっすらと色づく程度に焼ければよい。火が通ると側面が膨らんでくる。

7 —— 3の小鍋を温め、パセリを加えてひと混ぜする。器にソースを入れ、先に焼いた面を上にして6を盛る。

帆立のポワレ ▶ Déclinaison

# 貝ひもの香味野菜ソテー

新鮮な帆立の貝ひもは刺身でも美味ですが、香味野菜を合わせてもう一品。火を通しすぎると堅くなるので、強火で一気に仕上げます。

**【材料】**(帆立4個分)
貝ひも……70g
オリーブ油……少量
A
エシャロット(みじん切り)……3g
パセリ(みじん切り)……小さじ1/2
にんにくオイル(p.234参照)
……小さじ1

フライパンにオリーブ油を強火で熱し、煙が出てきたら貝ひもを入れて広げて焼き、出てくるジュースを一気に蒸発させる。Aを加えて混ぜる。

# エスカベッシュ
## Escabèche

スペイン語のエスカベッチェが語源で、魚を保存するために考えられた料理法。揚げた魚を油と酢に漬け込みます。日本で言う南蛮漬けですね。この料理の「揚げ」はあじの水分を抜いて、中までしっかり火を通すことが目的ですから、低めの油でじっくり揚げます。魚の皮が鍋底にくっつきやすいので、揚げ鍋はフッ素樹脂加工などのものを。ハーブの風味をつけても豊かになるので、マリネ液を作る過程で白ワインヴィネガーを加える前にイタリアンパセリ、ローズマリー、エストラゴンなどお好みのハーブを加えてもいいでしょう。

**【材料】**（2人分）
あじ……6尾（600g）
玉ねぎ……140g
にんじん……120g
セロリ……40g
小麦粉（強力粉）……適量
揚げ油……適量

［マリネ液］
オリーブ油……150mℓ
白ワインヴィネガー……100mℓ
水……50mℓ
塩……4g

フッ素樹脂加工の揚げ鍋
内径21cmの鍋

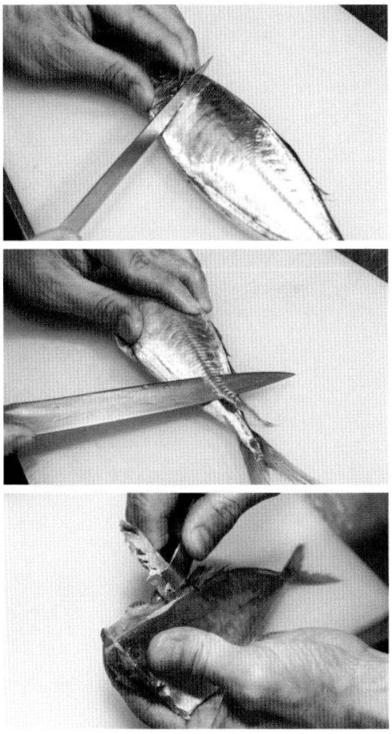

1 ── あじは頭とえら、内臓を取って水で洗い、ぜいごを取り、背びれと尻びれはひれの両側から斜めに包丁を入れ、骨ごと骨抜きで取る。半分に切り、両面に背骨に当たるまで切り込みを入れる。

2 ── 玉ねぎは繊維に沿って薄切り、にんじんは半月切り、セロリは薄切りにする。

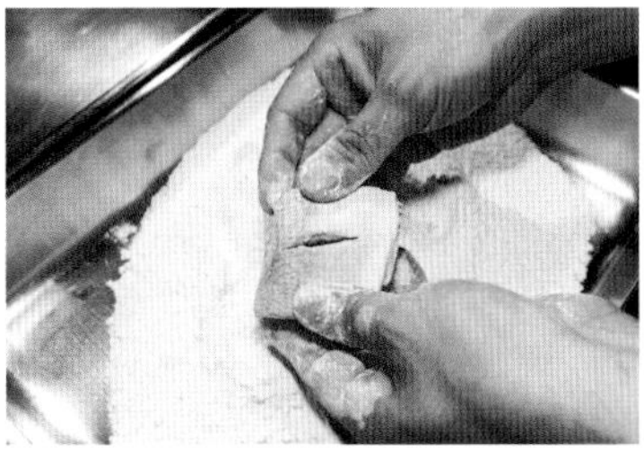

3 ── 1に小麦粉をまぶす。薄くまんべんなく、切り込みの中まで丁寧に。

4 ── 揚げ油を160℃に熱し（衣を落とすと底まで沈み、ゆっくり上がってくるのが目安）、3を入れる。入れると温度が下がるが、高温だと色がつくだけで中まで火が通らないので、150℃でじっくり揚げ、水分を抜く。空気を入れるようなイメージで、隙間をあけながら揚げる。

5 ── 15分ほどして泡が小さくなってきたら、温度を170～175℃に上げ、揚げ色をつけてカラリと揚げる。油をきり、バットなどに移す。

6 ── マリネ液を作る。鍋にオリーブ油、2を入れて強火で炒める。香りが出たら白ワインヴィネガー、水を加え、ふつふつとしてきたら塩を加えて混ぜ、ひと煮立ちさせる。

7 ── 6が熱々のうちに5にかける。1～2分おき、まだ熱いうちにあじを裏返し、味を染み込ませる。あじを覆うように野菜をのせ、常温で3～4時間おく。

# まぐろとアボカドのわさびじょうゆタルタル

Tartare de thon, avocats et *naganegi* à la sauce de soja au *wasabi*

熟したアボカドと脂の多いまぐろ、とろける素材同士ですから食感が合うのは当然です。そこに長ねぎや和の調味料で遊びのアクセントをつけました。添えたのはチーズのチュイール。旨みのかたまりですから和風味に相性抜群です。

**【材料】**（２人分）

まぐろ（刺し身用のサク）……100g
アボカド……100g
長ねぎ……40g
A しょうゆ……小さじ２
A わさび……5g
A 塩……1g
黒こしょう……少量
オリーブ油……少量
パルミジャーノ・レッジャーノ（すりおろす）……適量
全粒粉パン（薄切り）……適量

１ —— まぐろ、アボカド、長ねぎは細かいみじん切りにする。

２ —— ボウルにアボカド、長ねぎ、Aを入れ、よく混ぜる。まぐろ、黒こしょうを加え、混ぜる。

３ —— チーズのチュイールを作る。ペーパータオルなどでフライパンにオリーブ油を馴染ませ、軽く拭く。弱火にかけ、パルミジャーノを円形に薄くのせる。溶けてきたら火から外し、余熱で溶かす。溶けない場合は裏返して焼く。粗熱がとれるまでおき、はがす（写真 a）。

４ —— こんがり焼いた全粒粉パンに２をのせ、３を飾る。

a

# ルイユ風味まぐろのタルタル、フレッシュラタトゥイユ添え

## Tartare de thon à la rouille garni de ratatouille fraîche

ブイヤベースでお馴染みのルイユですが、辛みの効いたにんにく風味はまぐろとも好相性。まぐろは食感を残したいので、つぶさないように細かく切って、つけ合わせのフレッシュラタトゥイユと大きさを揃えます。食感のコントラストを楽しむ一皿に。

**【材料】**（2人分）

まぐろ（刺し身用のサク）……100g
ソース・ルイユ（p.190参照）……30g
黒こしょう……少量
フレッシュラタトゥイユ（p.107参照）……70g

1 ── まぐろは5mm幅の細切りにしてから（写真a）、5mm角に切る。叩いてつぶさないよう、細かく切る。

2 ── ボウルにソース・ルイユとまぐろを入れ、まぐろをつぶさないようさっくりと和える（写真b）。黒こしょうで味を調える。皿にフレッシュラタトゥイユを平らに敷き、タルタルを形よく盛る。写真はセルクル（枠だけで底のない円形の型）を使用。

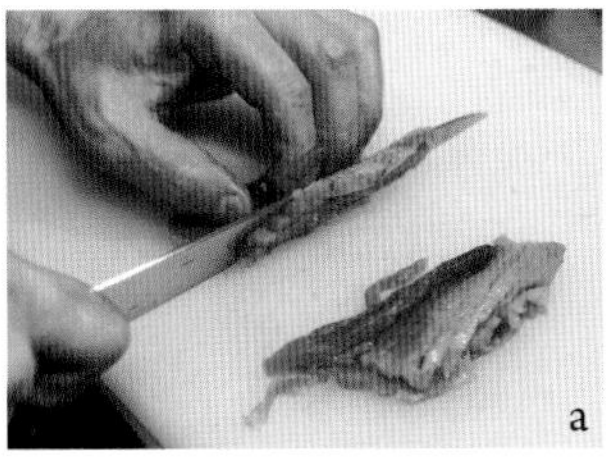
a

b

# 鮭のポワレ

## Saumon poêlé

鮭の皮はパリッとしていなくては！　肉の焼き方と同様、鮭の下に常に油がある状態を保ってパリッとおいしく焼き上げます。焼いている途中で出てくる脂や水分は魚の臭みなので、ペーパータオルでしっかり拭き取ること。焼き方をマスターしたら、ソースのアレンジもどうぞ。例えばブール・ノワゼットにケイパーを入れたソース、これが鮭にとても合います。作り方は、ブール・ノワゼット（p.236 参照）に最初からケイパーを加えるだけ。最後にごく少量のしょうゆを加えるのもおすすめです。酸味が合うので、ケイパーの代わりにコルニッション、さらにレモン汁などを加えてもおいしいです。

**【材料】**（2人分）
生鮭……2切れ（1切れ 80g）
塩……2g
オリーブ油……大さじ1

［つけ合わせ］
しいたけ……4枚
オリーブ油……大さじ1
塩……少量

直径 26cm のフライパン

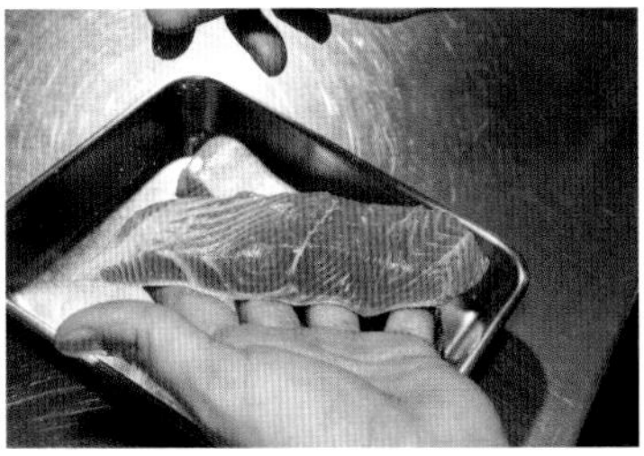

1 ── 鮭は皮側と身の両面にまんべんなく塩をふる。

2 ── フライパンにオリーブ油、鮭を皮側を下にして入れて中火にかけ、すぐに弱火にして焼く。鮭の下に油がある状態を保ちながら焼く。油がなくなったら、最大で計小さじ1程度（分量外）足す。

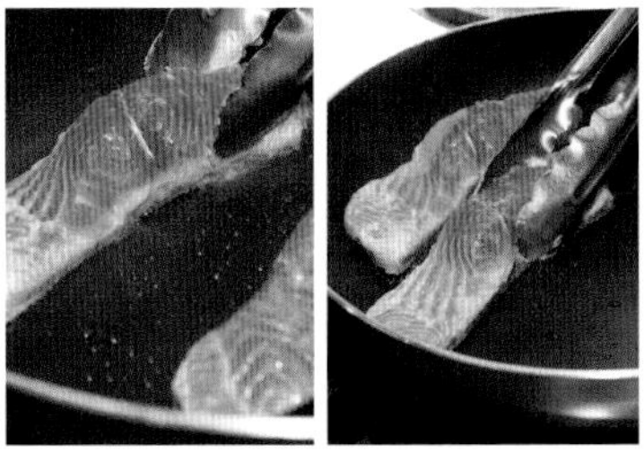

3 ── フライパンの上をすべらせるように動かしながら、軽く押したり、フライパンの側面を利用しながら、皮をまんべんなく焼いてパリッとさせる。

4 ── 脂や水分が出てきたら、これは魚の臭みなので、ペーパータオルできれいに拭く。

5 ── 6～7分焼いておいしそうな焼き色がついたら裏返して火を止め、身側は余熱で1～2分焼く。

6 ── しいたけを焼く。フライパンをきれいに洗い、オリーブ油、軸を取ったしいたけを笠の表側を下にして入れ、弱火で焼く。1～2分焼いて水分が出てきたら裏返し、さらに1分ほど焼く。焼き上がったら塩をふる。5とともに皿に盛る。

鮭のポワレ ▶ Déclinaison

# 鮭のリエット

リエットとは本来、豚肉などを脂またはラードで煮込み、ほぐして再び脂と混ぜてペースト状にしたものですが、ここでは鮭のポワレから作るレシピ。香る素材とマヨネーズで和えたスプレッドにして、ワインのつまみに。

**【材料】**（2～3人分）
鮭のポワレ……1切れ
A
- コルニッション（みじん切り）……5g
- ケイパー（みじん切り）……2g
- ディル（みじん切り）……2g
- マヨネーズ（p.190参照）……大さじ1
- 黒こしょう……ごく少量（耳かき1杯分）

バゲット（好みで）……適量

1 ── 鮭の皮を取り、身をほぐす。ボウルに身とAをすべて入れ、混ぜ合わせる。
2 ── 小さな器に詰めて、鮭の皮を添える。薄く切ってトーストしたバゲットとともにいただく。

# かれいのムニエル

*Karei* meunière

鮭のような切り身（p.30）でなく、一匹まるごとのムニエルです。調理のポイントは表面をパキッと焼くこと。粉をまぶしているのでしっとりしそうですが、そうではありません。多めの油を回しかけながら焼くのもカリッと仕上げる常套テクニックです。酸がほしい焼きものなので、シンプルにレモンをたっぷり搾りました。ムニエルの定番ソースはブール・ノワゼット（焦がしバター）にケイパーやコルニッション、トマトなど香味を加えたものですが、p.185 の舌平目のようにソース・ヴィネグレットで軽やかにいただくのもおすすめです。

**【材料】**（2 人分）

かれい……2 尾（700g）
塩……4g
小麦粉（強力粉）……適量
オリーブ油……45mℓ
黒こしょう……少量
レモン……1 個
パセリ（みじん切り）……適量
粉ふきいも（p.98 参照）……適量

直径 26cm のフライパン

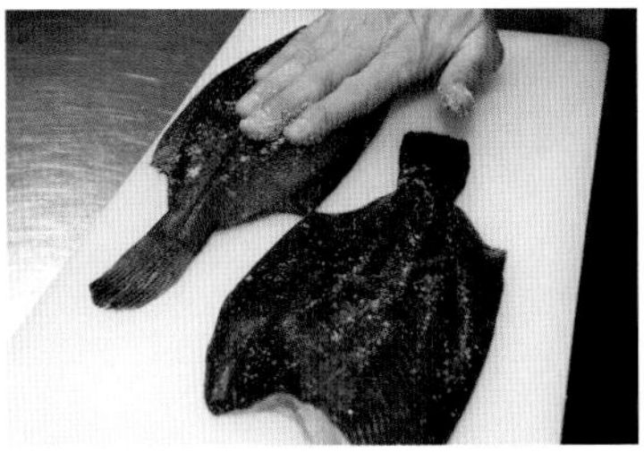

1 ―― かれいはうろこをこそげ、頭と内臓を取り、塩をふってすり込む。

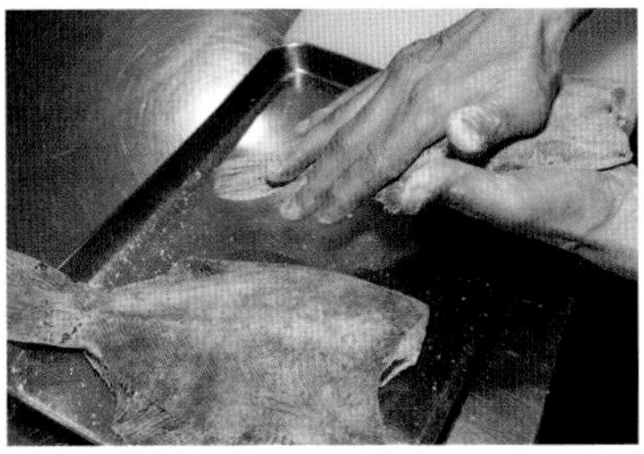

2 ―― 1の表面と腹の中に小麦粉をまぶす。小麦粉が多すぎると焼いたときにダマになるので、叩いてしっかりと余分を落とす。小麦粉をつけたあとは触らない。

3 ―― フライパンにオリーブ油 30mℓ、盛りつけて上になる面を下にして 2 を入れ、初めは強火、すぐに中火にして焼く。魚の下に常に油がある状態を保ち、油を回しかけて表面をコーティングする。水分が出てくるので、上からも油をかけて粉を落ち着かせる。

4 ―― 8 ～ 9 分しておいしそうな焼き色がついたら、かれいをいったん取り出す。油を捨てて新しいオリーブ油 15mℓ、かれいを裏返して入れ、中火で焼く。

5 ―― 裏面の焼き時間は表面の 2/3 ほど。背骨が通っている部分を指で押して、身が割れる感覚があれば焼き上がり。または包丁を刺して、背骨まですっと通れば焼き上がり。

6 ―― 5 に黒こしょうをふり、レモンを半分に切って搾り入れる。レモンの中心にフォークを刺してひねりながら搾ると汁がたくさん出る。パセリをふってでき上がり。皿に盛り、粉ふきいもを添える。

# あさりの漁師風

*Asari* marinière

僕にとってこの料理は「焼く」感覚。とにかく鍋を熱々に熱しておくこと。あさりを入れたときに大きくジャッと音がするのが理想です。また、鍋は広くて浅めで、あさりが重なるのは２段くらいまで、かつ上部に空間ができるものを選んでください。熱さを保つことが重要で、この上部の空間が熱の対流を起こして鍋の中を温める働きをします。火加減はもちろん終始強火。途中かき混ぜるときも素早く蓋を開け閉めして、熱を逃がさないように。風味のアレンジにカイエンヌペッパー、サフランなどを入れても個性が出ます。入れるタイミングはあさりと一緒に。仕上げにパセリを散らしてもいいですね。

**【材料】**(2人分)
あさり……1kg
エシャロット……15g
白ワイン……100mℓ

内径21cmの蓋つき鍋

1 —— あさりは食塩濃度３％の塩水（分量外）に入れて暗く静かな場所に置き、砂出しする。保存する場合は冷蔵庫の冷気の弱い場所に置く。

2 —— エシャロットは薄切りにする。

3 —— 鍋を強火にかけ、カンカンに熱くする。水気をきったあさり、2、白ワインを加え、蓋をして蒸す。

4 —— 10秒ほどたったら蓋を取り、素早く全体を混ぜる。再び蓋をして２～３分強火で蒸す。

5 —— 途中、蓋を押さえながら上下を返すようにゆすり、混ぜる。

6 —— あさりの口が開いているのを確認したら蓋をし、ひと煮立ちさせてでき上がり。

# あいなめのハーブ蒸し

*Ainame* à la vapeur d'herbes

いたってシンプルで失敗のない料理。強火で蒸して、ふわっと仕上げるのが蒸し料理の極意。蒸気で火を通すので、素材から水分を逃がさず旨みも香りも閉じ込めることができます。この魚料理はハーブの代わりに、薄切りにした玉ねぎ、にんじん、セロリなど香味野菜を加えてもいいです。ただしフレンチ・ヴェルモットはぜひお使いください。おいしさが段違いです。

**【材料】**（2人分）

あいなめ……1尾（内臓を取って750g）
塩……8g
フレンチ・ヴェルモット……250mℓ
A
- ローズマリー……10g
- イタリアンパセリ……10g
- エストラゴン……10g
- セージ……10g
- ローリエ……2枚

オリーブ油……50mℓ
セミドライトマト
（p.235参照。好みで）……4個

大きめの蒸し器

### フレンチ・ヴェルモット

ヴェルモットはフランス南部・マルセイユ発祥の白ワインをベースにニガヨモギなどのハーブやスパイスを漬け込んで作られるフレーバーワイン。ハーブ風味の料理には欠かせない調理酒で、芳醇な風味を高めたいときに便利です。僕は辛口ヴェルモット「ノイリー・プラット」を愛用しています。

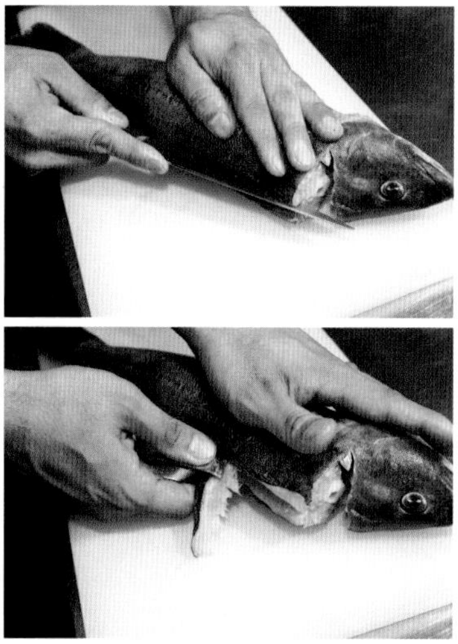

1 —— あいなめはうろこと内臓を取って水で洗い、背びれと尻びれはひれの両側から斜めに包丁を入れ、骨ごと骨抜きで取る。半分に切り、両面に各2箇所切り込みを入れる。

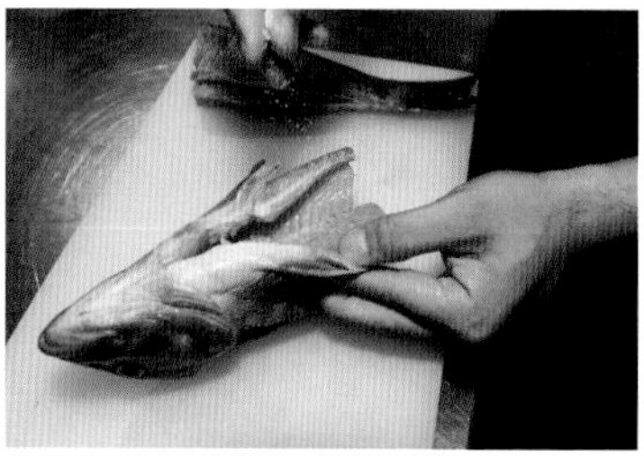

2 —— 表面と腹の中にもしっかり塩をふり、すり込む。

3 —— バットまたは耐熱皿に2を並べ、フレンチ・ヴェルモットを全体に回しかける。あいなめを覆うようにAをのせ、腹の中にも少し入れ、上からオリーブ油を回しかける。

4 —— 蒸し器に水を入れて強火にかける。蒸気が出てきたら3を入れ、蓋をして強火で12～13分蒸す。スプーンなどで身をそっとめくってみて、骨から簡単にはがれるようなら蒸し上がり。皿に盛り、好みでセミドライトマトを添える。

# ハーブポークソテー

Porc sauté aux herbes

ハーブと白ワインの風味でいただくポークソテーは洗練された味で、ひときわ香り豊か。前日から調味料に一晩漬け込みますが、その調味液はソースにも利用してコクを加えます。肉はゆっくりと火を入れるほうが、口当たりよく、ジューシーに仕上がります。切り口もほんのりピンクでエレガントな豚肉料理です。ソースにはお好みで、生クリーム、バター、こしょう、マスタードなどを加えても。

**【材料】**（2人分）

豚ロース厚切り肉……2枚（400g）

A
- 白ワイン……50mℓ
- エルブ・ド・プロヴァンス（p.74）……1g
- 塩……1g
- 黒こしょう……少量（0.5g）
- オリーブ油……5g

油……小さじ1

直径26cmのフライパン

小鍋

1 —— 豚肉にAをまぶし、よくもみ込む。密閉できる保存袋に入れ、冷蔵庫で一晩おく。漬け込み期間は最長で1週間。長いほど熟成・発酵して旨みが増す。

2 —— バットにペーパータオルを敷き、豚肉をのせて水気をきる。調味液はソースに使うのでとっておく。

3 —— 小鍋に調味液を入れて強火にかける。アクのかたまりが出てきたら、ざるにペーパータオルをのせ、漉す。これがソースになる。

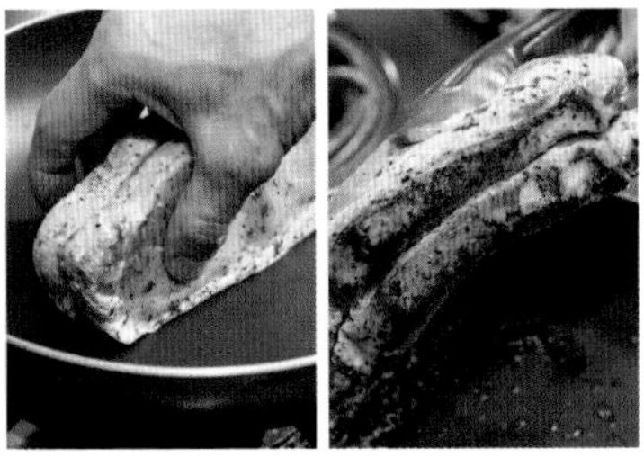

4 —— フライパンに豚肉の脂身を下にして立て、中火で焼く。おいしそうな焼き色がついたらいったん取り出し、脂を捨てる。

5 —— フライパンをきれいにしたら油を強火で熱し、盛りつけで上になる側から焼く。すぐに火を弱め、フライパンの上をすべらせるように動かし、常に肉の下に油がある状態を保ちながら焼く。筋切りをしない肉は浮いてくるので真ん中を押さえる。押さえるのは最初だけで、やりすぎるとおいしい肉汁が出てしまうので注意。

6 —— おいしそうな焼き色がついたら裏返し、同様に裏面を焼く。真ん中あたりを押してみて、赤い半透明の肉汁が出てくれば焼き上がり。焼き色が薄いときは火を強め仕上げる。豚肉を取り出し、幅1.5cmほどのそぎ切りにする。

7 —— ソースを作る。6のフライパンの脂を捨て、3のソースを入れて弱火にかけ、ひと煮立ちさせる。

8 —— 皿に6の豚肉を盛り、7のソースをかける。

ハーブポークソテー
▶ Déclinaison

# 木の実とドライフルーツと豚肉の煮炒め

ナッツの香ばしさとドライフルーツの濃厚な甘みは豚肉とも相性よし。途中で加える水はドライフルーツの味を引き出し、味をまとめる役割をします。

**【材料】**(2人分)

ハーブポークソテー……1と1/2枚

A
- レーズン……20g
- ドライいちじく……25g
- ドライあんず……25g

B
- アーモンド……15g
- カシューナッツ……25g

C
- ヘーゼルナッツ……20g
- 松の実……5g
- ピスタチオ……5g

油……大さじ2

水……30mℓ　バター……10g

黒こしょう……適量

塩(味をみて)……1g

1 —— ポークソテーはひと口大に切る。Aのドライフルーツはレーズンの大きさに揃えて切る。

2 —— フライパンに油、Aを入れ、中火で炒める。色づいてきたらBを加え、焦げつかないように炒める。色づいてきたら(カシューナッツが色づきやすいので目安にする)、油をきる。C、水を加えて中火で煮、ドライフルーツの味を引き出す。ポークソテー、バターを加え、混ぜ合わせる。黒こしょうを多めにふり、味をみて塩をふる。

# プーレ・オ・ヴィネーグル

Poulet au vinaigre

　プーレが鶏、ヴィネーグルが酢。酢で煮込んだ鶏肉ですね。これはリヨンの料理で、赤ワインヴィネガーを使うのが僕の好み。鶏肉は骨つきがいいです。骨からだしが出て、よりおいしくなりますから。焼きは深く。煮込むと焼き色が流れてしまうので、濃いめにしっかりと焼き上げます。また、鶏肉は煮込みすぎるとパサつくので、時間差で取り出し、最後は煮汁だけを煮詰めてとろみをつけます。

**【材料】**（2人分）

骨つき鶏もも肉……2本（400g）
塩……3g（肉の8%）
トマト……4個（400g）
オリーブ油……小さじ1
にんにく（皮つき）……4かけ
赤ワインヴィネガー……40mℓ
鶏がらスープ……200mℓ
黒こしょう……適量

直径26cmのフライパン

1 ── 鶏肉はもも側とすね側に分けるように2つに切る。筋の5mmほどすね側に包丁がすっと入る関節がある。

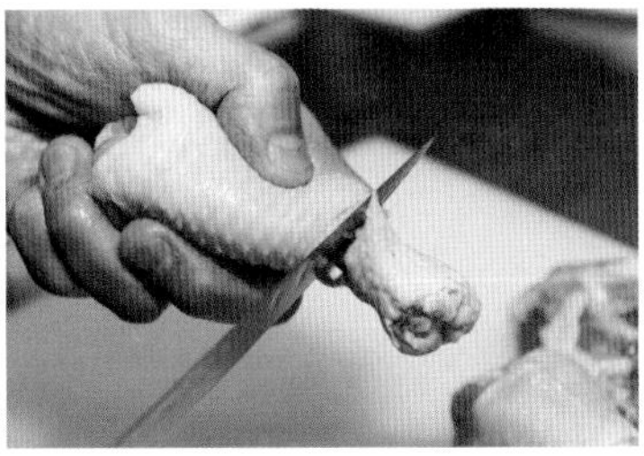

2 ── すね側の先の細い部分に、ぐるりと骨に当たるまで深く切り込みを入れる。アキレス腱を切り、焼き縮みやつれを防ぐ。

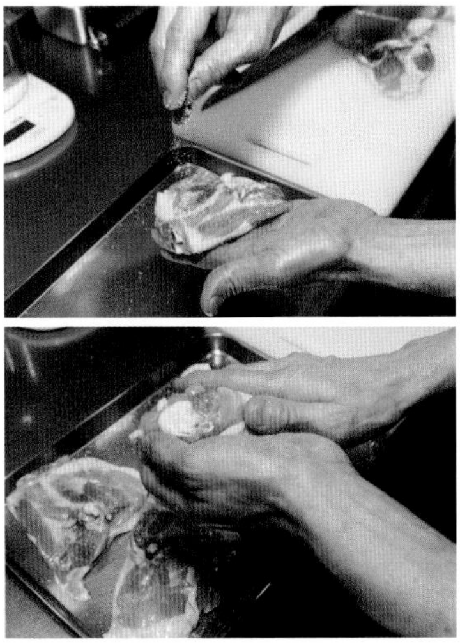

3 ── 全面に塩をふる。皮側は塩が浸透しにくいので、身側にしっかりもみ込んで馴染ませ、室温で最低でも15分おく。前日から塩をふっておいてもよい。

4 ── フライパンにオリーブ油、にんにく、3を身側を下にして入れ、弱めの中火で焼く。30秒ほどで裏返し、フライパンの上をすべらせるように動かし、常に肉の下に油がある状態を保ちながら焼く。脂が多くなったらそのつど捨て、油をスプーンですくって肉にかけ、すねは転がしながら、濃いめの焼き色がつくまで焼く。

5 ── 脂を捨て、ざく切りにしたトマトを加える。ひと混ぜして赤ワインヴィネガーを加え、強火にして煮る。先にヴィネガーを入れると酸味が飛びすぎてしまうので、トマトを先に入れる。鶏がらスープを加えて煮込む。

6 ── 5分ほど煮たところで鶏肉のももを取り出す。身は煮込みすぎるとパサついてしまうので注意。さらに5分ほど煮たらすねを取り出す。

7 ── 6をざるに上げ、スプーンの背などを使って漉す。

8 ── 漉した煮汁をフライパンに戻し、強火で好みの濃度になるまで煮詰める。鶏肉をフライパンに戻してひと煮立ちさせ、黒こしょうをふる。

# クスクス
Couscous

本来は北アフリカの料理ですが、第二の国民食とも呼ばれるほど、フランスで親しまれています。鶏肉とラムは鶏がらスープが冷たいところから煮て、肉の旨みを存分に引き出します。スムールは、この旨みたっぷりの煮汁でもどすのですから、風味満点。かぼちゃは煮崩れてスープが濁るので、別ゆでにして添えます。欠かせないのがアリッサです。香りと辛みが加わるうえ、俄然本場の雰囲気に。皿の中で少しずつ混ぜてどうぞ。

**【材料】**(4 人分)

骨つき鶏もも肉……2 本 (400g)
ラムチョップ……4 本 (440g)
トマト……4 個 (400g)
にんじん……2 本 (320g)
玉ねぎ……大 1/2 個 (150g)
にんにく……3 かけ (30g)
かぶ……4 個 (400g)
ズッキーニ……大 2 本 (340g)
赤パプリカ……1 個 (130g)
かぼちゃ……1/4 個 (340g)
鶏がらスープ……2.5ℓ
赤唐辛子……1 本
サフラン……少量
クミンシード……小さじ 1/4 (1.5g)
塩……9g
スムール (クスクス) ……240g
オリーブ油……大さじ 1
アリッサ……適量

内径 21cm の深鍋

1 ── 鶏肉は 2 つに切る (p.137 の 1 ～ 2 参照)。ラムチョップと合わせて塩 7g をふってもみ込み、最低 1 時間おく。

2 ── トマトは皮をむき(p.238 参照)、半分に切って種を取る。種はざるで漉して種と汁に分け、汁を使う。

3 ── 鍋に鶏がらスープ、赤唐辛子、1 を入れ、強火にかける。沸騰するとアクが出てくるが少し待ち、固まって茶色くなってきたらガバッとすくい取る。弱火にし、20 分ほど煮る。

4 ── にんじんは縦半分、玉ねぎは芯を残してくし形、かぶは皮をむかずに半分、ズッキーニは 4 ～ 5cm 長さ、赤パプリカは縦 8 等分、かぼちゃは皮をむいて 4 等分に切る。

5 ── 3 を 20 分煮たら鶏肉だけ取り出し、にんじん、玉ねぎ、にんにくを加える。10 分ほど煮たら、かぶ、ズッキーニを加え、2 ～ 3 分煮る。トマトをつぶしながら加え、2 の汁、サフランも加える。5 ～ 6 分煮たら、赤パプリカ、クミンシードを加え、さっと煮る。味をみて塩 2g を加える。

6 ── 5 の煮汁から 240mℓを取り、オリーブ油を混ぜ、ボウルに入れたスムールに注ぐ。皿などで蓋をして 20 分蒸す。クスクスともどす煮汁の分量は同じにする。

7 ── 完全に汁気を吸ったらバットにあけ、手でほぐす。クスクスは前もってもどしておいてもよい。食べるときはレンジで温め直す。

8 ── 別の鍋にかぼちゃを入れ、5 から煮汁をすくってたっぷり加え、柔らかくなるまで煮る。

食べ方は本場にならって、具とスープとスムールを別々に盛り、具とスムールを取り分けた銘々皿にスープをかけながらどうぞ。スムールは限りなくスープを吸うので、その具合も楽しみながらの食事もいいですね。

### アリッサ

クスクスには欠かせない辛み調味料。オリーブ油とスパイスが入っているので香り高く、単調な料理のアクセントにも最適。缶詰や瓶詰、チューブなどで市販されています。

# ビーフストロガノフ
## Bœuf Stroganoff

ビーフストロガノフは、シベリア鉄道を作った貴族・ストロガノフ家のおかかえフランス人シェフが考案した料理。ロシアの料理ですから、生クリームではなくてサワークリームを使います。きりっとしたコルニッションに爽やかなレモン、酸味に酸味を重ねていくからおいしい。肉の風味が引き立つんです。味の要は香ばしく焼いた肉。強火で一気に焼き色をつけます。つけ合わせは絶対にバターライス。たっぷりのバターで色がつかないように炒めます。

**【材料】**（2人分）
牛切り落とし肉……300g
マッシュルーム……150g
コルニッション……50g
バター……30g
塩……4g
黒こしょう……少量
パセリ（みじん切り）……小さじ1
レモン……1/2個
サワークリーム……150g

［バターライス］
ご飯……200g
バター……30g
水……60mℓ
塩……1.5g

直径26cmのフライパン

1 ―― マッシュルーム、コルニッションは3～4mm厚さに切る。

2 ―― フライパンにバターを強火で熱し、牛肉を入れて広げ、塩1.5gをふって焼く。一気に焼いて香ばしさとしっかりした焼き色をつける。

3 ―― 焼き色がついたらマッシュルームを加える。肉は半生の部分が残っていてもよい。マッシュルームに肉汁を吸わせるように炒め合わせる。

4 ―― 味をみて塩2.5gをふり、黒こしょう、コルニッションを加え、炒め合わせる。パセリを加えてレモンを搾り入れ、香りをつけるためにレモンの皮も加え、混ぜる。

5 ―― 最後にサワークリームを加えて混ぜ、溶けて全体がひとまとまりになったらでき上がり。

6 ―― バターライスを作る。フライパンにバター、水、塩を入れて強火にかけ、沸騰したらご飯を加え、ほぐすように炒める。水の代わりに鶏がらスープ（同量）を使ってもよい。その場合、塩は入れない。

7 ―― 皿にバターライス、5を盛る。

# ビトック

Bitok

ビトックとは、ロシア料理に影響を受けた時代、フランスに入ってきたハンバーグのこと。牛ひき肉ににんにくやしょうがの風味をつけて薄くまとめて、フライパンで焼きます。パン粉などのつなぎを入れないこのレシピは、ひき肉に粘りを出して「つなぐ」ことが最重要。ひき肉を冷たく保つのは、つなぎやすくするためです。これは洋食のハンバーグにも共通するテクニック。ソースはシンプルにディジョンマスタードと黒こしょうでいただくのが合うと思います。

**【材料】**(2人分)

牛ひき肉……300g
玉ねぎ……1/2個(100g)
バター……10g
水……100mℓ
塩……少量(0.5g)

A
玉ねぎ……20g
しょうが……5g
にんにく……5g
水……50mℓ

B
塩……2.5g
黒こしょう……0.5g

[ソース]
ディジョンマスタード……適量
黒こしょう……適量

直径26cmのフライパン

1 —— 玉ねぎは7～8mm角に切る。フライパンに玉ねぎ、バター、水を入れ、弱めの中火で甘みが出るまで炒め(p.237参照)、塩をふる。バットに広げて冷まし、粗熱がとれたら冷蔵庫に入れる。

2 —— ミキサーにAを入れ、攪拌する。または、すりおろして混ぜる。

3 —— ボウルの底を氷に当て、ひき肉の2/3量、2、Bを入れ、混ぜる。

4 —— ひき肉が冷たい状態を保ちながら、手の熱で肉が温まらないよう、指先で練って粘りを出す。脂が白いのはまだつながっていない証拠なので、さらに練る。

5 —— 白い部分が赤身と一体化してペースト状になったら、ひき肉の残り1/3量を加え、軽く練る。1を加え、さっくりと混ぜる。ペースト状とそぼろ状のひき肉が混ざっている状態でたねの完成。

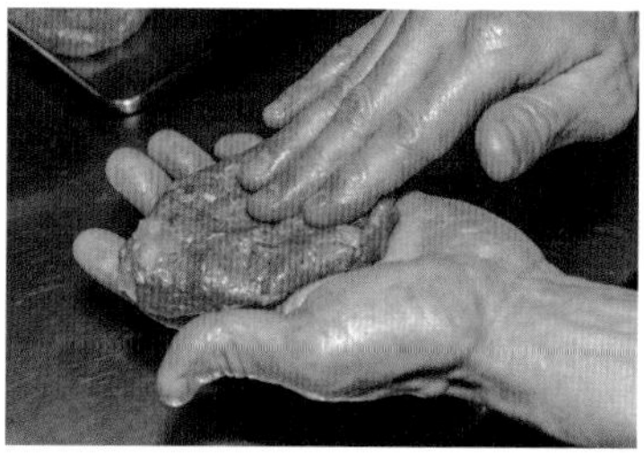

6 —— 5を4等分し、空気抜きをする。丸くまとめ、できるだけ薄く平らに形を整える。手が温かい人はまな板の上にのせ、包丁などで形を整える(p.77参照)。

7 —— フライパンに6を並べ、強めの中火で焼く。崩れないように注意してフライパンの上をすべらせるように動かし、常にビトックの下に油がある状態を保ちながら焼く。まわりが白っぽくなってきたら裏返す。

8 —— 裏側もビトックの下に油がある状態を保ちながら焼く。出てきた肉汁は回しかける。最後まで蓋はしない。皿に並べ、ディジョンマスタード、黒こしょうを添える。

# 簡単ソーセージ

## Saucisson sans boyau

腸詰めしない、成形だけで作るソーセージです。アパレイユ（たね）は、合いびき肉に、にんにくとしょうがの風味のみで汎用性をもたせましたが、個性的にするならドライハーブやスパイス類を加えます。盛りつけではマスタード入りのソース・ヴィネグレットを添えましたが、マスタードだけでももちろん！　ひき肉料理は粘りを出して「つなぐ」ことが重要で、糸が引くくらいまでよく練ります。加熱はゆでるほかに、フライパンで空焼きする方法もあります。その際はラップの代わりにアルミ箔を巻きつけます。

**【材料】**(作りやすい分量)
＊直径4cm×長さ20cm　2本分

合いびき肉［牛7：豚3］……500g
塩……4.5g（肉の0.9%）
黒こしょう……0.45g（塩の10%）
A　玉ねぎ……20g
A　にんにく……1/2かけ（3g）
A　しょうが……3g
水……50mℓ

ソース・ヴィネグレット（p.184参照）……適量
好みの葉野菜（クレソンなど）……適量

直径24cmの鍋、小鍋
直径24cmのフライパン

1 ―― ミキサーにAを入れ、撹拌する。または、すりおろして混ぜる。

2 ―― ボウルにひき肉、塩、黒こしょうを入れ、よく練る。ひき肉の粒がなくなり、ペースト状になってボウルの底につくようになるまで練る。

3 ―― 1を加え、さらに糸が引く感じになるまでよく練る。

4 ―― ラップを敷き、3の1/2量をのせる。ラップの大きさの目安は幅30cm×長さ40cm。

5 ―― 空気が入らないように手前から巻く。最初にある程度形を整えておくと空気が入りにくい。両脇の余分はねじり、中心側に折りたたむ。

6 ―― ラップを5のソーセージの長さに合わせて切り、両端を揃えて巻く。

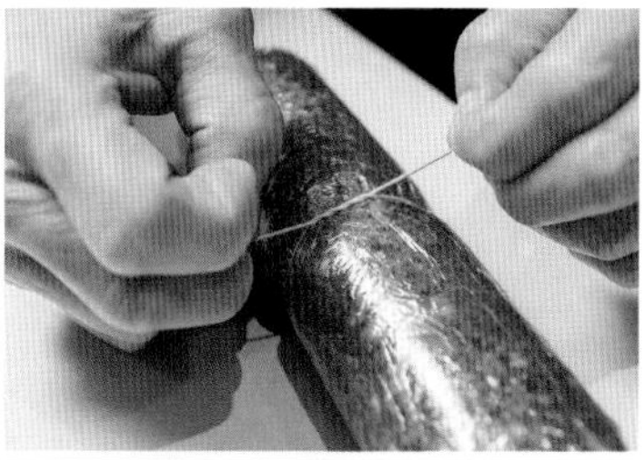

7 ―― 6をたこ糸で3～4箇所しばる。最初の交差は2回からげて結び、ほどけないようにする。

8 ―― 鍋にたっぷりの湯を沸騰させ、7を入れ、85℃を保って30分ゆでる。火を止め、湯が室温にもどるまでそのままおいて冷ます。

9 ―― 8のたこ糸とラップを外してフライパンに入れ、弱火で転がしながら焼く。温めながら表面においしそうな焼き色をつける。皿に好みの葉野菜を敷き、ソーセージを盛りつけ、ソース・ヴィネグレットをかける。

# ミートソース
## Sauce bolognaise

肉の旨みを存分に味わえる、しっとり芳醇なミートソース。味つけは塩と黒こしょうだけでシンプルですが、香味野菜やトマト、牛乳、赤ワインをたっぷり使って、コクを出します。肉の香りを引き出すには、しっかり炒めること。炒めたひき肉は必ずざるで漉して余分な脂をきり、徹底的に雑味を除くのが僕流こだわりです。牛乳や赤ワインなどを加えるたび、水分が飛ぶまで根気よく煮詰めて旨みを含めます。

**【材料】**（作りやすい分量）

牛ひき肉……700g
玉ねぎ……30g
にんじん……30g
セロリ……30g
にんにく……30g
牛乳……240mℓ
赤ワイン……500mℓ
ホールトマト缶詰（裏漉しする）
……4缶（1.6kg）
＊生のトマトを使う場合も同量
塩……約4g
黒こしょう……適量

直径26cmのフライパン
内径21cm×深さ9cmの鍋

1 ── 玉ねぎ、にんじん、セロリ、にんにくはみじん切りにする。

2 ── フライパンにひき肉を入れ、中火にかける。大きめのスプーンの背などを使い、押しつけて肉のかたまりをつぶすようにしながらポロポロになるまで焼く。

3 ── 途中で水分が出てくるが、完全にポロポロになるまで焼く。

4 ── 12分ほど焼いたら強火にし、水分を飛ばしながら焼く。焼けた肉の香りが立ってきて、ところどころに濃い焼き色がつくまで焼いたら、塩3gをふって混ぜる。

5 ── ざるに上げ、余分な脂をきる。時間をおきすぎると肉の旨みが出すぎてしまうので、1分ほど、自然に脂がきれるのを待つ。

6 ── 5をフライパンに戻し、にんにくを加えて中火で炒める。香りが出てきたら、玉ねぎ、にんじん、セロリを加えて混ぜる。

7 ── 牛乳を加えて強火にし、混ぜながら炒める。牛乳には酸味を和らげ、コクを出し、肉の臭みを取る役割がある。水分がなくなり、音がパチパチとしてくるまで炒める。よく炒めておかないと次に赤ワインを入れたときに分離するので注意。

8 ── 赤ワインを加える。水分がなくなるまで煮詰める。アクは取らず、赤ワインの旨みを凝縮させる。

9 ── 煮詰めたら鍋に移し、裏漉ししたホールトマト（p.238参照）を加え、強火にかける。最初は混ぜず、沸騰したら強めの弱火にし、ときどき鍋底を混ぜながら50分〜1時間ほど煮る。

10 ──1時間ほどたったら、ここからは焦げつかないように注意。水分があるように見えるが、下のほうは肉がたまっている状態。鍋底を木べらでかくように鍋底全体を混ぜる。

11 ── 鍋底を木べらでかいて、水分が出てこなくなったら完成。味をみて足りなければ塩適宜（1gほど）を加え、黒こしょうをたっぷりふり、混ぜる。肉を指で押しつぶしてみて、すっとつぶれるのが理想的な煮込みの状態。

### 保存法

ミートソースは冷凍保存も可能。保存袋に入れて空気を抜き、平らにして冷凍します。解凍は電子レンジで。水分と肉が分離するので、混ぜて使います。

## タルティーヌ

語源は「塗る」という意味の「タルティネ」で、薄く切ったバゲットにバターやジャム、好みの具材を塗ったりのせたりしたもの。フランスでは日常的なパンの食べ方です。チーズ、パセリ、オリーブ油はお好みで。

**【材料】**

ミートソース……適量
バゲット……適量
にんにく（芯を取る）……適量
A｜パルミジャーノ・レッジャーノ（すりおろす）、
　｜パセリ（みじん切り）、オリーブ油……各適量

1 —— バゲットは1cm厚さに切ってトーストし、にんにくの切り口をこすりつけて香りをつける（写真a）。
2 —— 1にミートソースを塗り、Aを適宜かける。

a

## ミートソーススパゲッティ

肉と野菜の旨みが調和した深い味わいのミートソースはアレンジも無限ですが、やはりパスタで楽しみたい。ゆで汁はソースの塩加減を調節するとともに、パスタとソースを一体化させる役割も果たします。

**【材料】**（1人分）

ミートソース……150g
スパゲッティ……100g
パルミジャーノ・レッジャーノ（すりおろす）……適量
湯……2ℓ　　塩……20g（湯の1%）

1 —— スパゲッティは塩を入れた熱湯で表示時間通りゆで、ざるに上げて湯をきる。ゆで汁はとっておく。
2 —— フライパンにミートソース、1、パルミジャーノを入れて弱火で混ぜる。ゆで汁50mℓほどを加え、炒め合わせて乳化させる（写真a）。

a

ミートソース▶ Déclinaison

# なすのムサカ風

ムサカは北アフリカ発祥で、現在ではギリシャやトルコなどでポピュラーなオーブン料理です。なす、羊のひき肉、ソース・ベシャメルを交互に型に入れてオーブンで焼きますが、地方によって多数のバリエーションがあります。ここでは牛肉100% のミートソースを味わうために、なすとパン粉でシンプルに仕上げました。

**【材料】**(2人分)
＊長径 24cm× 短径 15cm
× 深さ 5cm のグラタン皿
ミートソース……150g
なす……大4本(500g)
塩……3g
オリーブ油……大さじ5
パン粉……12g

1 —— なすはへたを切り落とさずにぐるりと浅く切り込みを入れ(写真 a)、がくをむき取る。縦半分に切り、身側に格子状に切り込みを入れる。塩をふってさっと馴染ませ、10 分ほどおく(写真 b)。出てきた水はアクなので、拭く。

2 —— フライパンにオリーブ油を熱し、1を切り口から焼く。皮を上にすると蓋になり、蒸し焼きにできる。へたを押さえ、スプーンで身をこそげ取る(写真 c)。ざるに上げ、アクとオリーブ油をきる(写真 d)。

3 —— ボウルにミートソースと2を入れて混ぜる。グラタン皿に入れ、パン粉をかける。すぐに焼かず、パン粉がしんなりして色が変わるまでおき、なすのジュースを吸わせる。180℃のオーブンで表面に焼き色がつくまで焼く。

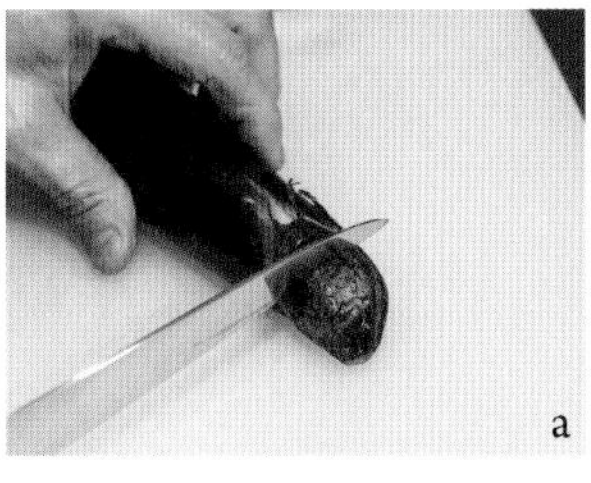
a

b

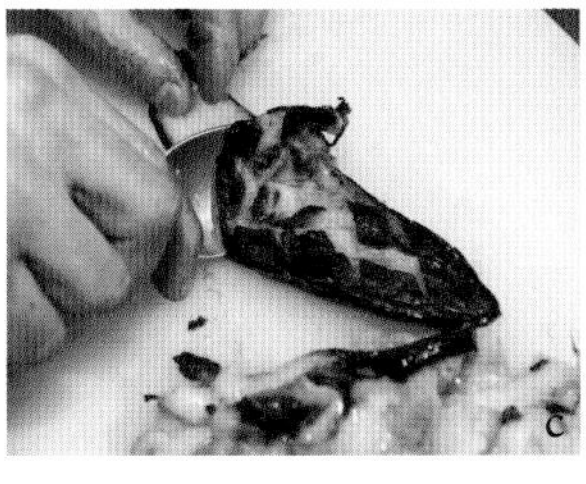
c

d

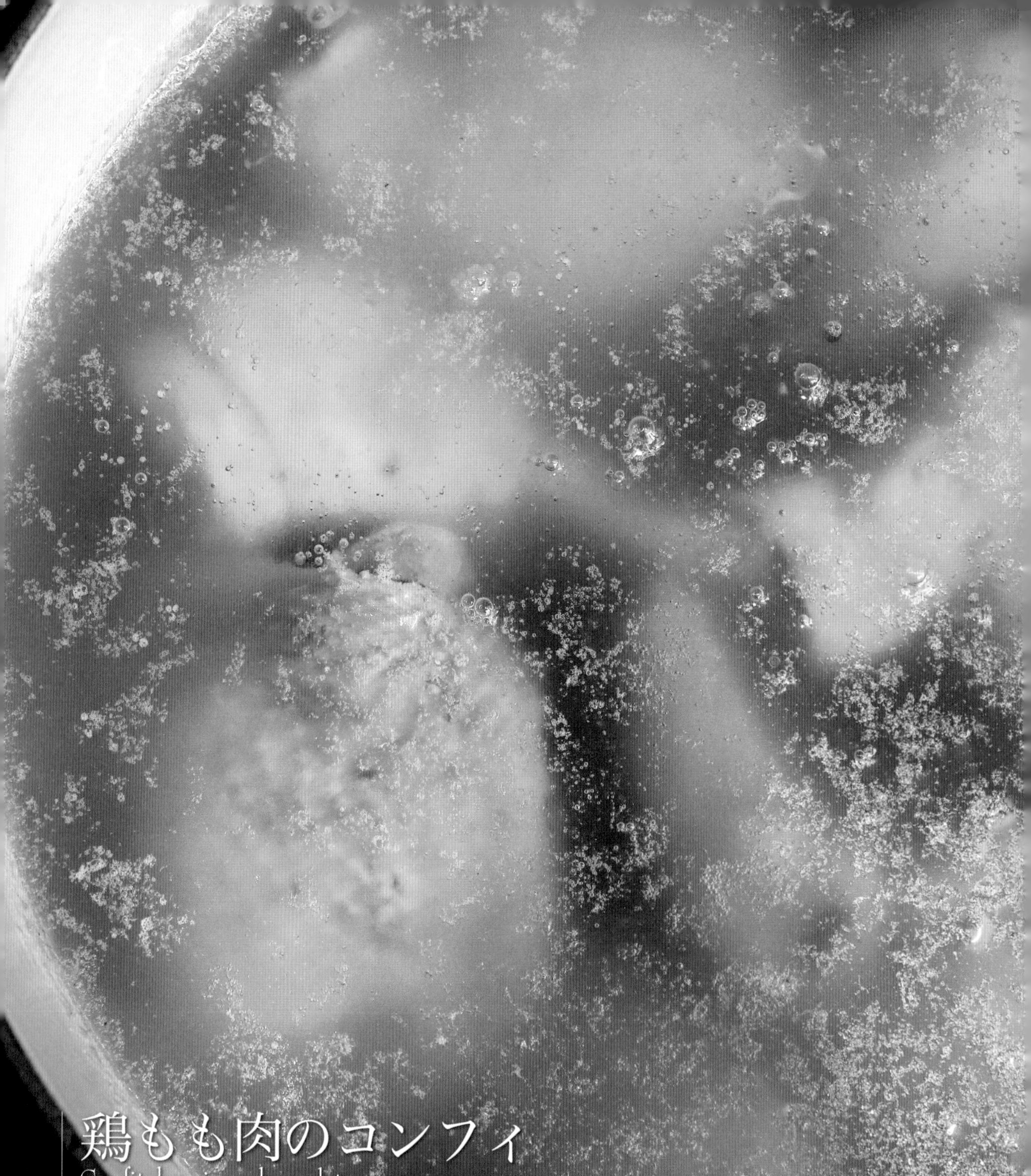

# 鶏もも肉のコンフィ

## Confit de cuisses de poulet

ビストロのメニューでもお馴染みの鴨や鶏のコンフィは、フランスでは保存食として作られてきました。低い温度の脂で肉をじっくり柔らかく煮込んだ料理でそのまま脂に漬けて保存します。脂で煮て、さらに脂に漬けた鶏肉と聞くと、脂っこさを心配しがちですが、脂で煮ると肉の余分な脂が抜けて意外なほどあっさりした味に仕上がります。むしろ水やワインで煮るほうが、脂が溶けずに残るものです。コンフィにはがちょうの脂やラードなど動物性の脂を使いますが、保存するとしっかり固まって肉が取り出しにくくなるため、植物油をブレンドするレシピでご紹介します。

**【材料】**（4 人分）

骨つき鶏もも肉……4 本（1200g）

A
- 塩……12g
- 黒粒こしょう（鍋底などで粗くつぶす）……1.2g

B
- 油……500mℓ
- ラード……500mℓ

直径 24cm の鍋

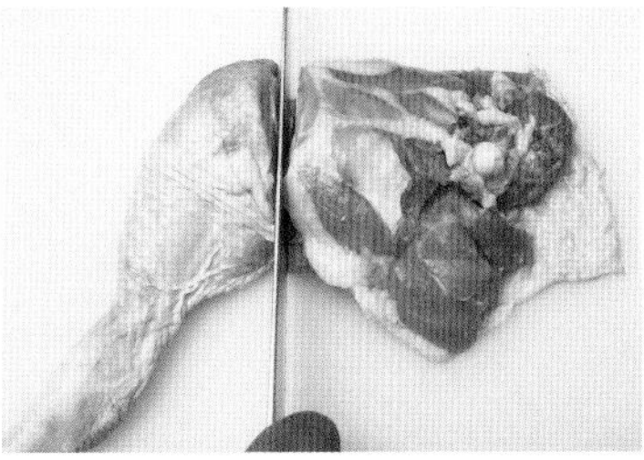

1 ── ［前日］鶏もも肉を切り分ける。もも側を右、すね側を左にして置き、手前の脂のかたまりの少し左側（すね側）にある関節に包丁を入れ、切り分ける。

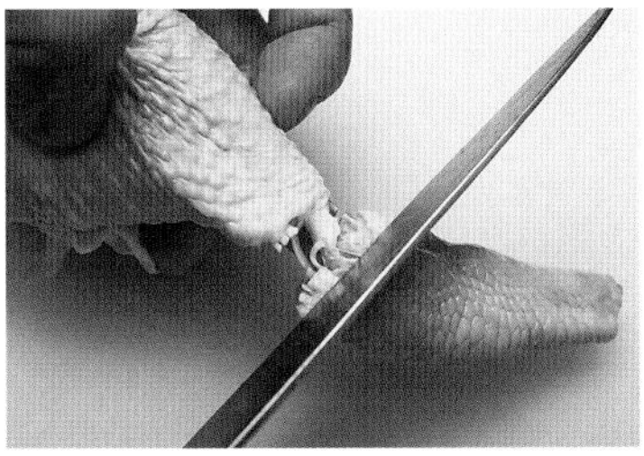

2 ── 足首のアキレス腱を切る。すね側の端から約 2cmのところに包丁を入れ、ぐるりと 1 周させる。刃先で肉を端に寄せて、丸く形を整える。アキレス腱を切らないと火が入ったときにぐっと縮んで肉がつられる。

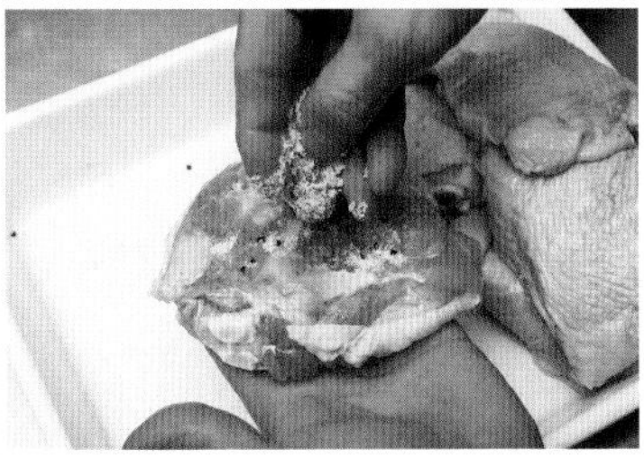

3 ── 小さなボウルに A を合わせて下味用調味料を用意し、鶏肉にふる。まずもも側に多めにふり、皮を上にしてバットにのせる。すね側の断面（身）にもふり、バットにのせ、皮側にもふる。その後、手で鶏肉全体に下味をすり込む。

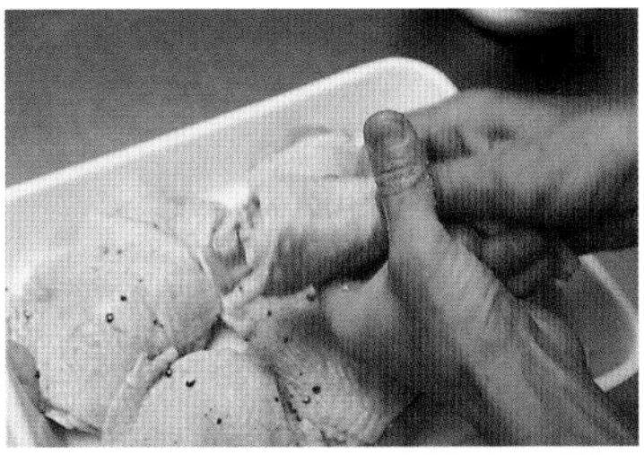

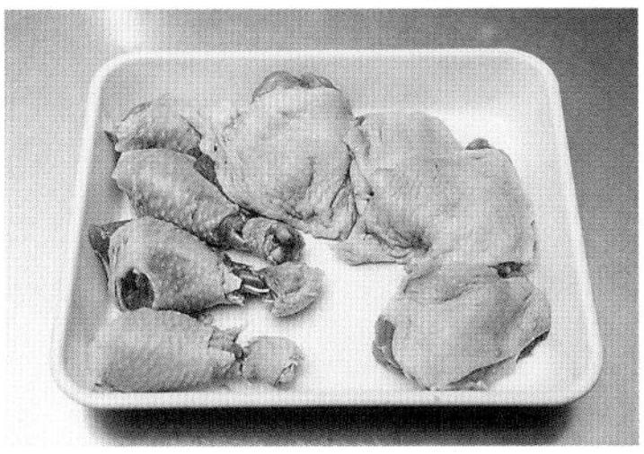

4 ── よく馴染ませたらバットに戻し、ラップをかけて冷蔵庫に入れて 1 日マリネする。塩をすると鶏肉から旨みの水分が出てくるが、それを肉に戻したいので、ペーパータオルは絶対にかぶせないこと。

5 ── ［翌日］B を混ぜて、厚手の鍋に少量入れ、4 の鶏肉を重ならないように並べ、B の残りをひたひたまで入れる。このとき、もも側は皮をのばし、すね側は再度手でしごいて形をきれいに整えて鍋に入れると、仕上がりも美しい。

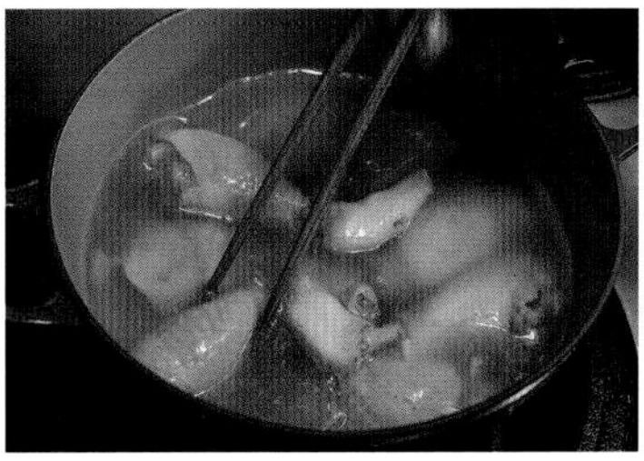

6 ── 5 を中火にかけ、軽く沸いたら菜箸で鶏の重なりを少し離し、肉と肉の間にも油をすべらせる。ときどき混ぜて油温を均一にする。菜箸で鍋底もかいて、肉がくっつかないようにチェックする。

7 ── ごく弱火にし、90℃前後でごく軽くポコッとなる状態を保つ。途中、菜箸で油を混ぜて均一の温度にする。表面に皮膜（アク）ができたら、そのつどレードルで取り除く。

8 ── もも側がふっくらして柔らかく煮えたら先に取り出し、すね側が柔らかくなるまで煮て、でき上がり。煮上がりの皮目はデリケートで傷つきやすいので、トングは使わない。

9 ── ［保存］8 の粗熱をとり、鶏肉を引き上げて深さのある容器に入れる。上澄みの油だけをすくって鶏肉が完全にかぶるまで入れる。冷蔵庫で 2 週間ほどを目安に食べ切る。

# 鶏もも肉のコンフィ ロースト仕立て

## Sauté de confit de cuisses de poulet

　完成した鶏肉のコンフィは、フライパンでローストに。鶏の皮をカリッと焼いて仕上げると、また違うおいしさが生まれます。身は煮込んだ状態に戻るイメージで焼きます。鶏肉から水分が出ないので焦げやすいです。気をつけましょう。

1 —— 保存しておいた鶏肉のコンフィを取り出す。フライパンに並べ、もも側は皮を下にする。

2 —— 中火にかけ、フライパンをゆすったりトングで持ち上げながら焼く。余分な油は取り除く。

3 —— 熱い油をかけながら全体に火を入れていく。

4 —— もも側の皮にこんがりと色がつき、パリッと焼けたら肉を裏返して焼き上がり。

**Bonne idée**

コンフィを作ったあとの油脂と肉汁は大切に再利用します。白い層の油脂は次のコンフィ作りに用いるほか、鶏肉や野菜のソテーにバターのように使います。油脂の下の茶色の肉汁は旨みのエッセンス。冷蔵するとゼリー状になり、溶かすだけでおいしいソースに。

Le Mange-Tout

## Chapitre 5

# 絶品煮込み<br>伝統料理の底力

「いいか、谷！　フレンチで時代を経ても変わらないのは家庭料理と地方料理だ」。最初に働いたレストランの師匠からそうくり返し教えられたのを、いまも思い出します。しみじみ本当にそうだなと。時代を超えていく力を持っている料理は素晴らしい。そしておいしい。伝統というと御大層に聞こえるけれど、調理する人の工夫や食べる人への愛情が積み重なってできたもの。冷蔵庫のない時代、保存食にもなった煮込みは、いまで言う「作りおき」の原点。あらかじめ準備ができるので、家庭でのおもてなしにも最適です。そして煮込みで特筆すべき美点は翌日以降の展開料理。上手にできた煮汁を取りおいて、焼いた肉にかければ絶品ソース。ひとつで二度も三度もおいしい。煮込みは可能性を秘めた万能の料理です。

基本レッスン

# おいしく「煮る」ための5つのコツ

フレンチで煮る料理は、煮込みとスープ。とくに煮込みは下味をつけてねかせる、じっくりと煮る、そういった時間がおいしくしてくれる料理でもあります。
ポトフ Pot-au-feu、ポテ Potée、ポタージュ Potage のように「Pot（ポ）：鍋」で作る料理も多くあります。

## 1 肉にしっかり、丁寧に下味をつける

肉の煮込み料理の多くは、作り始めたその日に煮込んでもおいしくありません。まず肉に塩やこしょうで下味をつけて、ラップをかぶせて冷蔵庫で一晩以上ねかせます。煮込んでいる途中は調味料が染み込みにくいので、この段階で味を中まで浸透させるためです。また肉から旨みを含んだ水分が出てくるので、それを肉にまた吸わせたい。だからペーパータオルをかぶせるのは厳禁！ おいしい水分を吸い取ってしまいますよ。

下味つけの作業では丁寧に、しっかりすり込むことも大切です。ただ単に塩をふるのとは、仕上がりの旨みや食感がまったく違う。別物のおいしさになります。

煮込み料理は、仕込んだその日に食べるよりも、一日おいて煮汁が馴染んだほうがおいしいので、できれば食べる前日に煮込みましょう。

## 2 アクは固まるまで待て！

肉の煮込みではアクがたくさん出てきます。その正体は血などのたんぱく質。きれいに取り除いて、素材のピュアな旨みだけを味わいましょう。

そこで気をつけたいこと。アクが出てもすぐに取らないこと！ 少し我慢してください。慌てないことです。ポコポコポコと微笑むように沸き立つ状態、フランス語で“ミジョテ”を保つとアクが自然と浮いてくれます。ボコボコと沸かすと早くアクが出ますが、煮汁が濁るのでやめましょう。

そしてたんぱく質が固まって煮汁が澄んだら、大胆にガバッとすくい取ります。これで煮汁がクリアーなとてもいい味に仕上がります。

なお固まる前のアクは溶けるので、早いうちから取ろうとすると煮汁が濁ったり、「アクがアクを呼んで」後から後から出てきます。これをいくら取り除こうとしても難しいです。

## 3　肉の繊維に煮汁が入って柔らかくなる

「どのぐらい煮込むんですか?」。こう聞かれたら僕は「肉が柔らかくなるまで」と答えます。ここでご紹介するポトフやポテなどは、弱火でだいたい２～４時間。その間に肉の繊維一本一本の間に熱い煮汁が入って、堅い肉でも繊維がほぐれ、柔らかくなるイメージです。

さらに煮汁に濃度があると、繊維の中にじわりじわりと入ってとどまり、旨みが逃げにくくなるとともに水分が保たれるので、しっとり煮上がります。濃度のつけ方は、脂の少ないすね肉に小麦粉をまぶすこともあれば、豚肩ロースの脂で煮汁を乳化させることもあります。

## 4　煮込み鍋は大きさに余裕を持たせて

おいしく煮込むには、鍋の大きさも大切です。ぎりぎりの大きさだと肉が重なって隙間がなくなり、その面に煮汁が充分に当たりません。肉と肉の間を熱い煮汁が余裕で行き来して、全体にまんべんなく火が入る内径と深さを選びます。

ちなみに、鶏肉を焼くときは身側を下にして鍋に入れますが、煮込むときは全体に熱が入るので、必ずしもその必要はありません。

## 5　肉のまわりに煮汁があること

煮込む途中、僕たちができることは少なくて、ただ柔らかくなるのを待つしかない。でもこれだけはやっていただきたいことが２つあります。

１つ目は、ときどき肉同士を離して隙間を作ること。意味は4と同じです。とくに煮始め、まだ肉のたんぱく質に火が入っていないときは、肉同士がくっつきやすいので、必ず行ってください。また煮汁が少なくなったら、ときどき天地返しをして、空気に触れて乾いた部分を煮汁に浸すことも大切です。

2つ目は、ときどき鍋をゆすって、素材の下に煮汁をすべらせること。素材が煮汁の中に浮いて、全面が煮汁に包まれた状態で火が入っていくのが僕の煮込み中のイメージ。これ、ソテーと同じですね。鍋底に素材が密着した状態でずっと火を入れると、焦げますから。

# ポトフ
Pot-au-feu

直訳すると「火にかかった鍋」の意のポトフ。牛のかたまり肉と玉ねぎ、にんじん、セロリなどの野菜をコトコト煮込んだものが皆さんのイメージでしょうが、あえて野菜を使わないのが僕の流儀。潔く牛肉だけ！ です。というのもポトフは肉を煮込んでできる煮汁（ブイヨン）こそが真の主役だから。煮汁はピュアで澄んでいなければ！ だから野菜は入れない。それがポトフとポテ（p.162 参照）の大きな違いです。そんなポトフに最適なのは牛のすね肉。よく動かす部位なので筋が多く、堅いので焼くのには向きません。ところが煮込むとゼラチン質や旨みが引き出され、水だけで煮出しているのに、最高のブイヨンができて、肉も柔らかくおいしくなります。シンプルながら旨み豊かな味わいは、動かす部位の底力ですね。

**【材料】**（3～4人分）

牛すね肉……850g

A
- 黒粒こしょう（鍋底などで粗くつぶす）……2.5g
- 塩……25g
- グラニュー糖……27g

水……適量

粗塩、ディジョンマスタード……各適量

直径 22cm の鍋

このレシピでは、牛すね肉の重量の3％量の塩を使うが、使う部位によって、塩の感じ方が変わるため加減するとよい。例えばもも肉を使うときは、煮るとパサパサになって塩を感じやすいので塩の量を減らし、脂の強い部位は塩を感じにくいので塩の量を増やすなど。

1 —— ［調理の3日から1週間前］牛すね肉は6～7等分にし、バットに入れ、Aを合わせたものを下味用調味料として用意する。

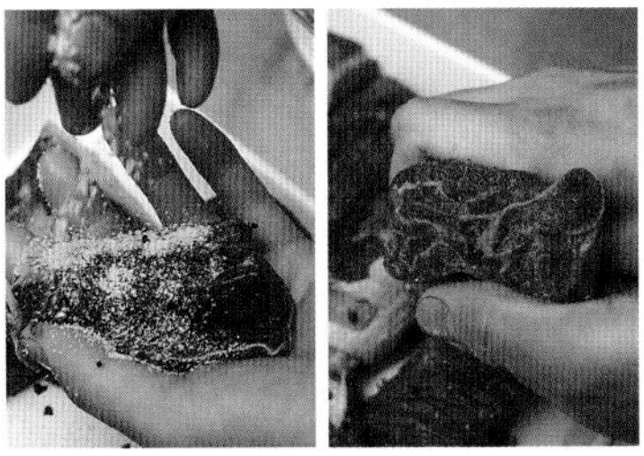

2 —— 肉にAをふり、手ですりこんで充分に下味を馴染ませる。すね肉のかたまりの形が崩れない程度の力加減で扱う。

3 —— 肉の表面から水分が出てぬれてきたらラップをかけて、冷蔵庫で最低3日、長くて1週間漬けて、中までしっかりと味を浸透させる。漬け終わりの目安は肉が引き締まり、赤色が深みを帯びている状態。

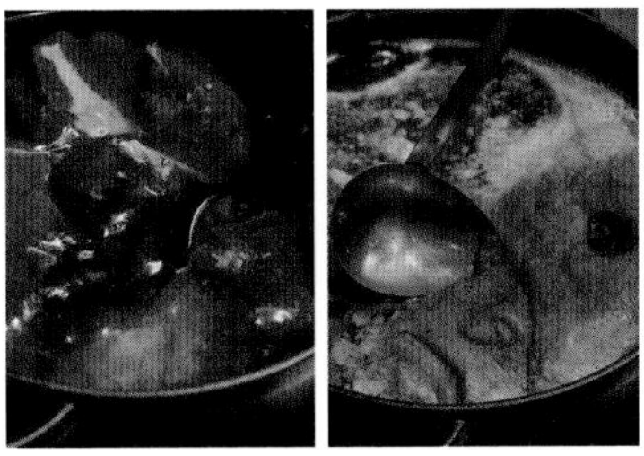

4 —— 鍋に3を入れ、水を肉がかぶるくらいまで（約1.5ℓ）加えて強火にかける。沸いたら中火にし、軽く沸き立つ状態を保つ。アクが浮いてくるのでレードルの背で寄せながら、固まるのを待つ。

5 —— アクが固まって煮汁が澄んでから、取り除く。レードルで大胆にガバッとすくう。固まる前のアクは水に溶けるので煮汁を濁らせるうえ、後から後から出てくるので、タイミングを待つ。

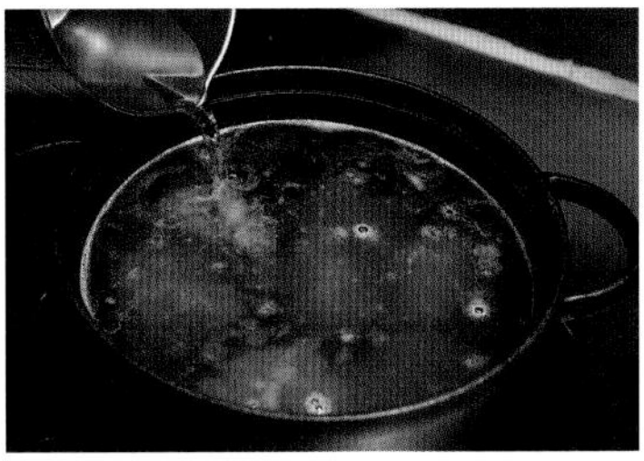

6 —— 火を弱め、軽くポコポコと沸く状態を保って煮ていく。水が減ったら足し、肉が煮汁の中に浸っている状態を保つ。

7 —— 時折、強火にして煮汁を沸かしては、火を弱めて軽く沸き立つ状態でアクを固め、すくい取る。火を弱めて煮続ける。このアク取りの工程をくり返す。

8 —— 汁を軽く沸く状態を保ちながら、しばらく煮続けると肉の筋に火が入り、透明になってくる。途中、水が少なくなったら加え、肉が柔らかくなるまで煮る（煮込み時間は3時間ほど）。

9 —— 肉と煮汁を器に盛り、粗塩とディジョンマスタードを別に用意する。肉は翌日ほぐしてサラダに、また表面をカリっと焼いてもおいしいので、多少多めに仕込んでおくとよい。

# 牛ばら肉のビール煮込み

Carbonade

　これはベルギーの料理で、正式には粉を加える前の炒め玉ねぎにざらめ糖を加えてキャラメリゼし、濃厚な甘みを出します。僕のレシピは炒め玉ねぎの甘みと甘口のシメイビール、ブランデーのコクで味を決めます。牛ばら肉のほかには、猪肉が抜群に合います。他には牛すね肉、脂が少なめの豚ばら肉なども。いずれにしても肉は全面にしっかりと焼き色をつけるのが重要です。

### シメイ< CHIMAY >

シメイはベルギービールの代表的銘柄。そのなかでもフルーティな香味と円熟したコク、爽やかな味わいの甘口・ルージュ（通称レッド）がおすすめ。この料理の出自から言っても使うならシメイです。

**【材料】**(4～5人分)
牛ばらかたまり肉
……筋や脂を取って950g
塩……9.5g(肉の1%)

[炒め玉ねぎ]
玉ねぎ……3個(600g)
バター……20g

小麦粉(強力粉)……15g
鶏がらスープ……500mℓ
ビール「シメイ・レッド」……750mℓ
ブランデー……50mℓ
バター……20g
じゃがいものピュレ(p.110参照)
……適量

直径26cmのフライパン、
小さめのフライパン
内径21cmの深鍋

1 ―― 牛肉は筋、大きな脂があれば取る。塩を全体にふってもみ込み、冷蔵庫に一晩おく。おくのは長くて1週間まで。

2 ―― 牛肉は煮込むと2/3ほどの大きさになるので、でき上がりをイメージして大きめに切る。

3 ―― フライパンに2を脂身を下にして入れ、強火で焼く。厚みのある肉から順に、時間差をつけて焼く。ひと通り入れたら中火にし、脂を出す。3～4分焼いたら裏返し、出てきた脂を捨てる。常に肉の下に油がある状態を保ちながらじっくり焼く。肉が締まってフライパンにスペースができたら、薄い肉を加え、同様に焼く。

4 ―― 肉を焼いている間に、深鍋で炒め玉ねぎを作る(p.81の1参照)。炒め終わったら小麦粉を加え、鍋底に皮膜ができるよう弱～中火で炒める。固まらないように広げて散らしながら、絶対に焦がさないように炒める。粉っぽさがなくなって香りが変わり、焦げつく寸前まで炒めたら(写真中)、鶏がらスープを加える。鍋底をこそげたら、泡立て器でダマにならないよう溶かす。

5 ―― 3の牛肉は表、裏、側面とも焼く。出てきた脂はそのつど捨てる。おいしそうな焼き色がついたものから4に入れる。ビール、ブランデーを加え、中火で2時間ほど煮る。ときどき底から混ぜ、水分が少なくなったら水(分量外)を足す。

6 ―― 2時間ほど煮たら牛肉を取り出し、浮いている脂をすくい取る。これは旨みではなく雑味。鍋を傾けるとすくいやすい。

7 ―― 小さめのフライパンにバターを入れて強火にかけ、ブール・ノワゼットを作る(p.236参照)。

8 ―― 6の煮汁を沸騰させ、7を加え、さっと混ぜる。黒こしょう少々(分量外)を加えて混ぜる。器に牛肉を盛って煮汁をかけ、じゃがいものピュレを添える。

# 鶏肉のクリームシチュー

Ragoût de poulet à la crème

鶏肉は水から入れること。これは肉を煮るときの鉄則です。鶏肉の次に加えるのは煮崩れてもいい香味野菜。鶏の旨みに香味野菜の風味をのせて、ブイヨンとして成立させます。ルー・ブランをこのブイヨンでのばせば、ぐっと本格派のシチューのベースになります。シチューの濃度はお好みで調整できますので、状態を見ながらブイヨンを増減してください。仕上げに牛乳を加えますが、このとき炒めたカレー粉を入れるとカレーシチューになります。

**【材料】**（5～6人分）
鶏もも肉……2枚（600g）
玉ねぎ……小1個（150g）
にんじん……1本（160g）
じゃがいも……2個（300g）
マッシュルーム……10個（100g）
かぶ……1と1/2個（150g）
カリフラワー……1/2株（100g）
ブロッコリー……1/2株（100g）
さやいんげん……100g
塩……3g

［ルー・ブラン］
バター……100g
小麦粉（強力粉）……100g

鶏がらスープ……1.6～1.8ℓ
牛乳……200mℓ
黒こしょう……適量

内径24cmの深鍋

1 ―― 鶏肉は身側に塩をふり、もみ込む。室温で30分以上おき、4等分に切る。

2 ―― 玉ねぎはくし形、にんじん、じゃがいもは乱切り、マッシュルームは半分に切る。かぶは皮をむかずに8等分、小さいものは6等分に切る。カリフラワー、ブロッコリーは小房に分ける（p.239参照）。さやいんげんは半分に切る。

3 ―― 鍋に鶏がらスープ1.6ℓ、1を入れ、強火にかける。鶏肉はくっつかないよう隙間をあける。沸騰するとアクが出てくるが少し待ち、固まって茶色くなってきたら一気にすくい取る。強めの中火にし、玉ねぎを加えて3分ほど煮る。玉ねぎが柔らかくなったら、にんじんを加えて5分ほど煮る。串を刺してすっと通ったらマッシュルームを加え、2～3分煮る。ざるで漉し、具とスープに分ける。このスープがブイヨン代わりになる。このときのスープの量は1.4～1.5ℓ。

4 ―― 鍋を洗い、バターを入れて弱火にかけ、小麦粉を加えて炒め、ルー・ブランを作る（p.236参照）。3のスープを加え、泡立て器でよく混ぜる。一体になったら中火にし、木べらに替えて鍋底からよく混ぜる。火を通していくと徐々にとろみがついてくる。

5 ―― 4に3の具を戻し、じゃがいもを加えて煮る。ときどき鍋底から混ぜる。じゃがいもが崩れやすいので、混ぜるときは、鍋底をかくように同方向に数回、最後にまわりを1周ぐるりと。5～10分煮てじゃがいもが柔らかくなったら、さやいんげん、かぶを加える。さやいんげんの青臭さが気になる場合はゆでておいてもよい。このときのとろみは具にかけるとゆっくりと流れ落ちる程度（写真下）。さらりとしたクリームシチューが好みの人は、ここで鶏がらスープ200mℓを加える。

6 ―― 牛乳を加えてひと混ぜし、カリフラワーを加える。温まったらブロッコリーを加えてさっと混ぜ、火を止めて余熱で火を通す。器に盛り、黒こしょうをかける。

# 塩豚のポテ
Potée

ポテはじっくり煮込んだ肉の旨みを食べる料理、それがポトフとの一番の違いです。肉の旨みを出すため、豚肉は塩漬けにします。使う塩の量は豚肉の3%。フランスで"プティ・サレ"と呼ばれるこの塩豚は保存前提のレシピなので塩分はかなりしっかりめ。最短でも３日間、できれば１週間冷蔵庫でねかせてください。余分な水分が抜けて中まで塩味が染み込み、熟成して旨みが増します。そしてポテで大切なことは火加減。表面がユラユラゆらぐ程度で煮続け、ボコボコ煮立ててはいけません。煮汁には豚の強い旨みと塩気が出ているので、これで野菜を煮ると野菜の水分が出てちょうどよいバランスになります。ただし、じゃがいもは一緒に煮るとスープも風味も濁るので、じゃがいもだけは別ゆでに！

**【材料】**（４人分）

［塩豚］

豚肩ロースかたまり肉……800g

A
- 塩……24g（肉の 3%）
- 砂糖……12g（肉の 1.5%）
- 黒こしょう……2.4g（肉の 0.3%）

キャベツ……1/2 玉（370g）
玉ねぎ……1と1/2 個（300g）
にんじん……2 本（320g）
セロリ……1 本（120g）
じゃがいも……2 個（300g）
さやいんげん……200g

B
- 黒こしょう……適量
- ディジョンマスタード……適量
- 塩……適量

内径 21cm の深鍋

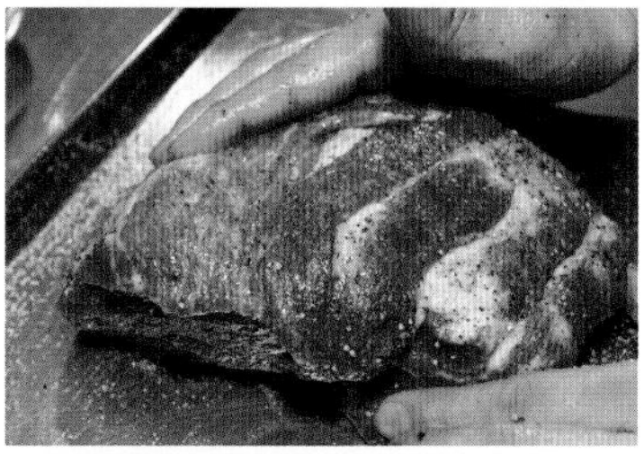

**塩豚の作り方**

ボウルにAを混ぜ合わせ、豚肉の表面にもみ込む。水分が出てくるまですり込み、保存袋に入れて空気を抜く。冷蔵庫のチルド室で１週間、最低でも３日おく。豚肉が熟成・発酵し、少し色が濃くなる。

1 ── 鍋にたっぷりの水（分量外）、塩豚を入れ、強火にかける。沸騰するとアクが出てくるが少し待ち、固まって茶色くなってきたらガバッとすくい取る。アクを取ったら弱火にし、２時間ほど煮る。水が減ったら足し、肉が水の中に浸っている状態を保つ。

2 ── キャベツ、玉ねぎは芯を残して半分に切る。にんじんは縦半分、セロリは筋を取って縦半分に切る。

3 ── 1にキャベツを加える。10 分ほど煮たら、玉ねぎ、にんじん、セロリを加え、40 〜 50 分くたくたになるまで煮る。

4 ── じゃがいもはゆでて皮をむき（p.237 参照）、半分に切る。

5 ── 3にさやいんげんを加えて 10 分ほど煮て、柔らかくなればでき上がり。塩豚を切り分けて4とともに器に盛り、Bを添える。

塩豚のポテ▶ Déclinaison

# パングラタン

バゲットに澄んだスープをしっかり吸わせます。後で加えるスープはひたひたにしないこと。具は表面をしっかり焼いてカリッとした香ばしさを目指し、中のしっとりした食感とのコントラストを楽しみます。具とバゲットの割合はお好みでどうぞ。

**【材料】**

塩豚のポテ（具・スープ）……適量
バゲット……適量
パルミジャーノ・レッジャーノ
（すりおろす）……適量

1 —— ポテのスープは一晩おき、浮いて固まった脂を取り除く。具はひと口大に切る。バゲットは1cm幅に切ってから半分に切る。

2 —— ボウルにバゲットを入れ、スープを加え、染み込ませる（写真a）。具を加えてからめる（写真b）。

3 —— グラタン皿に2を入れ、スープを器の2/3ほどの高さまで足す（写真c）。パルミジャーノをかける。電子レンジ（600W）で温め、オーブントースターでしっかりした焼き色がつくまで焼く。

塩豚のポテ▶ Déclinaison

# サラダ・ニソワーズ風

ポテのゆでたじゃがいも、いんげんに塩豚のスライスを合わせて冷製の一皿に。トマト、ゆで卵、アンチョヴィをプラスしてニース風サラダに見立てます。マスタード入りのソース・ヴィネグレットに南仏の香り、ソース・タプナードを添えてどうぞ。皿の中でよく混ぜて食べます。

**【材料】**

塩豚のポテ（具のみ）……適量
ゆで卵……適量
ソース・ヴィネグレット（p.184 参照）……適量
A アンチョヴィ（フィレ）……適量
緑オリーブ（p.235 にんにくと緑オリーブのコンフィ参照）……適量
セミドライトマト（p.235 参照）……適量
ソース・タプナード（p.210 参照）……適量

1 —— ポテの具、ゆで卵は食べやすい大きさに切る。
2 —— 皿に1を盛り、ソース・ヴィネグレットをかけAを散らし、ソース・タプナードを添える。

# ブッフ・ブルギニヨン
## Bœuf bourguignon

ブッフは牛肉、ブルギニヨンはブルゴーニュ風。本来はブルゴーニュ産の赤ワインを使うのでしょうが、僕は使いません。色が明るく、香りも上品で軽やか、飲むには最高ですが、煮込みとなるとどうでしょうか。料理にはブルゴーニュワインとは違う特徴のカベルネ・ソーヴィニヨンが圧倒的に向いている。僕はそう思います。時間に余裕があるなら、煮込んだ後に一晩休ませて、翌日温め直して仕上げる。格別の味わいになりますし、一晩おくなら煮込むのも 3 時間ほどで OK。最後にプロの裏技をひとつ。ミロワール(p.237)にソースを漉し入れる場面で、にんにくのすりおろしを加えるんです。深みが出てそのおいしさに唸るはずです。

**【材料】**（3～4人分）

牛ばら肉……600g
赤ワイン（マリネ用）……500mℓ
油……30g
小麦粉（強力粉）……5g

A
- 赤ワイン（煮汁用）……300mℓ
- 水……300mℓ

赤ワイン（ミロワール用）……200mℓ

B
- 水溶きコーンスターチ……小さじ1
（＊水とコーンスターチを10：1の割合で混ぜる）
- 塩……2g
- 黒こしょう……少量
- ブール・ノワゼット（p.236参照）……10g

＊赤ワインは計1ℓ使用

直径26cmのフライパン
直径21cmの鍋、小鍋

1 —— 牛肉は大きめに切り、赤ワイン500mℓを加え、冷蔵庫に一晩おいてマリネする。

2 —— 1をざるで漉す。赤ワインも使うのでとっておく。このとき、赤ワインは濁っている状態。

3 —— 鍋に2の赤ワインを入れて強火にかける。やさしく混ぜながら均一に火を通し、赤ワインに溶け出した牛肉のたんぱく質を固める。吹きこぼれそうになったら火を弱め、アクがまとまって固まるのを待つ。シノワ（またはざる）を2つ重ねてペーパータオルを間に挟み、漉す。赤ワインの濁りがなくなり、透明感が出る。

4 —— フライパンに油、2の牛肉を入れ、強火にかける。かなりの量の水分が出てくるので、蒸発させるように焼く。ときどき返し、油をからめながら、おいしそうな焼き色をつける。

5 —— 4を鍋に移し、つなぎのための小麦粉を加えて混ぜ、鍋底に皮膜ができるまで弱～中火で炒める。

6 —— 3、Aを加えて強火にする。沸騰したら中火にし、アクが出たら取り、弱火で最低3時間煮る。アクが出る前に弱火にするとアクが出なくなるので注意。水分が少なくなったら肉が見えなくなるよう、そのつど水（分量外）を足す。3時間煮た状態で一晩おくのが理想。

7 —— 小鍋で赤ワインを煮詰め、ミロワールにする（p.237参照）。

8 —— 6を温め、牛肉を取り出す。

9 —— 8の煮汁を中火にかけ、Bを加え、泡立て器でよく混ぜる。

10 —— 7に9を漉しながら加えて混ぜ、温める。温めた牛肉を皿に盛り、ソースをかける。牛肉はソースの中で温めてもよい。

ブッフ・ブルギニヨンからできる▶
**牛の赤ワインソース**

＊保存は冷蔵庫で1週間。冷凍庫で1カ月（使用する際は火を入れる）。

# シンプルチーズパスタ

じっくり煮込んだ牛の赤ワインソースをとことん楽しむリメイク。パスタの種類はペンネがおすすめ。パスタの空洞にソースが余すところなくからんで、食べ応えもあります。豚ばら肉がなければソースだけでも。他の具材なら、きのこ、肉全般は間違いなく合いますね。

**【材料】**（1人分）

ペンネ……100g
豚ばら肉……30g
油……小さじ1
牛の赤ワインソース（p.167参照）……60g
ブッフ・ブルギニヨンの牛肉……120g

A
- にんにくオイル（p.234参照）……小さじ2
- 黒こしょう……適量
- 生クリーム（乳脂肪分38%）……10g
- 塩……1g
- イタリアンパセリ（みじん切り）……5g

パルミジャーノ・レッジャーノ（粉）……5g

直径24cmのフライパン

1 —— 豚肉は1cm角に切る。フライパンに油、豚肉を入れ、弱火で脂を出しながらじっくりと、カリカリになるまで炒める（写真a）。

2 —— ペンネは塩（分量外）を入れた熱湯で表示時間通りゆでる。

3 —— フライパンにソースを入れて温め、2、牛肉をほぐして加え、中火で混ぜ合わせる（写真b）。A、1を加えて混ぜる。皿に盛り、パルミジャーノをふる。

ブッフ・ブルギニヨン ▶ Déclinaison

# ウッフ・アン・ムーレット

赤ワインソースに卵は、ブルゴーニュの郷土料理。卵は火を加えるとまわりの液状卵白から白く固まり、徐々に内側の濃厚卵白が固まります。黄身は半生でフルフルの状態が完成形。それがおいしいんです。スプーンを入れると見た目以上に火が通っているはずです。パンにもご飯にもワインにも合うこと請け合いです。

**【材料】**（3 個分）
＊直径 8cm・容量 130㎖のココット型

卵……3 個
バター、塩……各適量
赤ワイン……25㎖
牛の赤ワインソース
（p.167 参照）……50g

直径 24cm のフライパン、小鍋

1 —— 小鍋に赤ワインを入れてミロワールにし（p.237 参照）、ソースを加えて半量ほどになるまでさらに煮詰める。でき上がりの目安は 40g。
2 —— 型にバターを薄く塗り、塩を軽くふる。小さなボウルに卵を割り、殻がないかをチェックし、黄身が割れないように型に移す（写真 a）。
3 —— フライパンに水を入れて沸騰させ、型を置いて中火で火を入れる（写真 b）。湯量は型の高さの半分ほど。まわりが白くなってきたら火からおろし、1 をかける。

# ブッフとドライフルーツのタルト

牛の煮込み肉を使った贅沢タルト。とはいえリメイク・レシピなので肉の量はあくまで見当、残ったものを使ってください。ただし牛の赤ワインソースはおいしさの核。多彩な具材をまとめてくれるので少量でも大切に扱います。ドライフルーツは、その半分弱にきのこのジュースを吸わせて柔らかくすると、風味も食感も驚くほど変わるものです。パータ・フォンセは甘いものにも塩味にも合う万能タルト生地。自家製のおいしさをどうぞ。

**【材料】**（1台分）

＊直径16cmのタルト型

マッシュルーム……75g

A
- ドライいちじく……40g
- ドライアプリコット……40g
- ドライクランベリー……20g
- レーズン……15g

ブッフ・ブルギニヨンの牛肉……140g
牛の赤ワインソース（p.167参照）……大さじ3
バター……10g
黒こしょう……適量
パータ・フォンセ（p.171参照）……1台分

直径24cmのフライパン

1 —— マッシュルームは半分に切る。Aは大きいものを小さめのひと口大に切る。牛肉もひと口大に切る。

2 —— フライパンにバターとマッシュルームを入れ、中火で炒める。しっかり色づいたら火を止め、水分が出てくるまで待つ。

3 —— 2を中火にかけ、黒こしょうをふる。Aの1/3量を加え、マッシュルームの水分をドライフルーツに吸わせつつ、水分を飛ばすように炒める。

4 —— パータ・フォンセに牛肉、残りのA（2/3量）を並べる。3もバランスよくのせ、牛の赤ワインソースをかける。高温（200℃）のオーブンで表面に焼き色がつくまで焼く。

万能のタルト生地

# パータ・フォンセ

**【材料】**（直径16cmのタルト型2台分）

バター……100g

A
- 小麦粉（薄力粉）……100g
- 小麦粉（強力粉）……100g

B
- 水……50mℓ
- 塩……1g
- 卵黄……1/2個（10g）

＊残り1/2個は生地に塗る

準備

・バターは1cm角に切り、材料はすべて冷蔵庫で冷やしておく。

・Aは合わせてふるう。

1 —— ボウルにAを入れ、バターを加える。手ですり合わせて混ぜ（写真a）、黄色がかったそぼろ状になるまで混ぜる（写真b）。

2 —— Bを混ぜて溶かし、1に加え、底からすくい上げるようにさっくりと混ぜる（写真c）。まとまってきたら手で押してこねる。指で押してみて穴があいたままならOK（写真d）。戻ってくるのはグルテンが出すぎでこねすぎ。

3 —— ひとかたまりにして整え、空気が入らないようにラップで包み、冷蔵庫で2時間休ませる（写真e）。

※生地はこの状態で冷凍保存が可能。使用時は冷蔵解凍する。

4 —— ラップを敷き、3の1/2量を置いて平らにならし、上からもラップをかける。この方法なら打ち粉なしでOK。麺棒で2～3mm厚さに、型よりひとまわり大きく伸ばす（写真f）。

5 —— 上のラップを取り、下のラップを持って裏返し、型にのせる。角は生地を持ち上げて角度をつけてから側面に張りつけるようにし、空気が入らないようにしっかり敷き込む。型の上にラップをかけ、麺棒を転がして余分な生地を除く（写真g）。冷蔵庫で10分休ませる。

6 —— 生地の底をフォークで軽く突いてピケする（写真h）。アルミ箔にバター（分量外）を薄く塗り、その面が生地に触れるようにかぶせ、側面まできれいに敷く。タルトストーンを型の高さの7分目まで入れ、外側から火が入るので真ん中は少しくぼませる。

7 —— 200℃で予熱し、180℃に落としたオーブンで16分焼き、薄く色づいたところでアルミ箔とタルトストーンを外す（写真i）。さらに12分焼き、焼き色をつける。残りの卵黄を生地の底、側面に薄く塗る（写真j）。ピケの穴を埋めて膜ができ、水分が染み込みにくくなる。

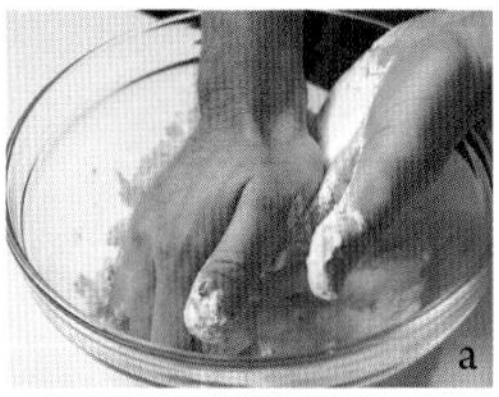
a

b

c

d

e

f

g

h

i

j

# ブイヤベース
## Bouillabaisse

ブイヤベースは「煮ろ」「火を止めろ」という2つの動詞から成り立つ料理で、完成まではあっという間。漁師が作るにふさわしい豪快さが魅力です。魚介の総合的な旨みを味わうものですから、魚種はレシピ通りでなくても、数種類を組み合わせるのがおいしさの秘訣。他に合う魚介はかさご、はた、めばる、蟹など。また、イタリアンパセリやセルフィーユなどの香草を入れてもいいですね。現地マルセイユのレストランではまず濃厚なスープ・ド・ポワソンを出し、魚は後から。2回に分けてサーヴされます。

**【材料】**(3～4人分)

ほうぼう……2尾(600g)
真鯛……小1尾(600g)
穴子……1尾(150g)
有頭海老(ブラックタイガー)……6尾
塩……5g
玉ねぎ……1/2個(60g)
にんにく……大1かけ(10g)
トマト……3個(390g)

A
- 水……1ℓ
- 白ワイン……100mℓ
- ペルノー(＊)……100mℓ
- 赤唐辛子……1本
- 塩……4g

サフラン……1瓶(0.4g)
ソース・ルイユ(p.190参照)……適量
＊アニス系リキュール。

直径24cmの鍋

### サフラン

サフランはブイヤベースに欠かせない香辛料。分量はほとんどの場合が少量で、これを量るのはとても難しい。今回は0.4g入り1瓶を実際に使用しました。

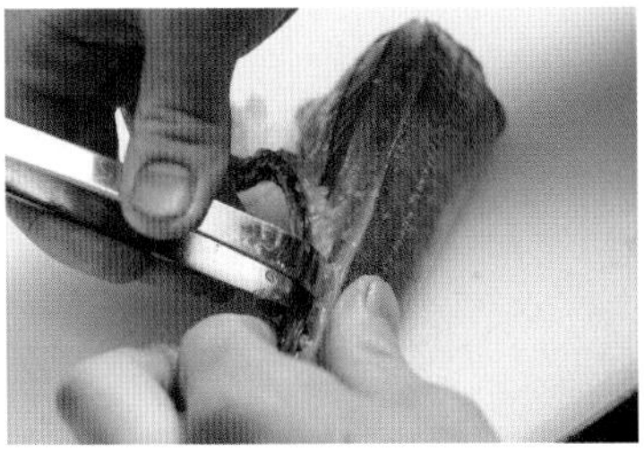

1 ── 魚はうろこと内臓を取って洗う。ほうぼうはさらに背びれと尻びれに斜めに包丁で切り込みを入れ、骨ごと取る。

2 ── 魚は2～3等分にぶつ切りにする。穴子はぬめりを取り、4等分に切る。海老は背わたを取る。魚と穴子に塩をふってすり込む。

3 ── 玉ねぎ、にんにくは薄切りにする。トマトは皮を湯むきし(p.238参照)、横半分に切って種を取る。

4 ── 鍋にA、玉ねぎ、にんにくを入れ、強火にかける。沸騰したら、ほうぼう、真鯛を加え、落とし蓋をする。強火のまま2分、ひと煮立ちさせる。

5 ── サフランを加え、再び落とし蓋をして2分ほど煮る。

6 ── 海老、穴子、トマトを握りつぶして加え、再び落とし蓋をする。海老に火が通るまで2分ほど煮る。皿に盛り、ソース・ルイユを添える。

ブイヤベースからできるソース▶
### スープ・ド・ポワソン

＊保存は冷蔵庫で2～3日。冷凍庫で1カ月(使用する際は火を入れる)。

ブイヤベース▶ Déclinaison

# パエリア

カタルーニャ語でフライパンを意味するパエリア、その発祥はスペイン・バレンシア地方。米どころとして名高いスペインを代表する郷土料理です。ブイヤベースを翌日アレンジするなら、魚介の旨みが濃縮され、最高においしくなります。野菜や肉などを加える場合は、米と一緒に炒めて。パエリアはきちんと煮えているところと生っぽいところと、ムラがあってしかるべき。剛柔あるのがいいんです。

**【材料】**(3～4人分)

米……250g
オリーブ油……15mℓ
スープ・ド・ポワソン(p.173参照)
……400g
ブイヤベースの具
……残っていれば適量
＊今回は海老3尾、
ほうぼう2切れ使用。

直径22cmの鉄製フライパン

1 ―― フライパンにオリーブ油、米を入れ、弱火で炒める。

2 ―― 米が透明になったらスープを加え、中火で混ぜながら沸騰させる。沸騰したら弱火にする。

3 ―― ときどき底をかいてみて汁気がなくなってきたら、ごく弱火にし、ゆっくりと水分を吸わせる。

4 ―― 30分ほどしたら、スプーンで底を当たってみるとおこげの硬さはまだないが、具をのせるタイミング。

5 ―― 具をのせて中火にし、おこげを作れば完成。おこげができ始めるとパチパチという音がしてくるのが合図。

**Bonne idée**

## アロス

スペインにはパエリアの具のないバージョンがあります。それがこのアロス。濃縮されたスープ・ド・ポワソンで炊くのですからシンプルだけど贅沢。日本における鍋後の雑炊のようなものですね。これはパエリア以上におこげが大事な料理です！　パチパチという音とおこげの香りを確認しながら、お好みの加減に仕上げてください。

# 魚介のムース

スープ・ド・ポワソンのソースを使ってもう一品。店でも大人気のムースを家庭でも上手に作れるように、分量を変えてご紹介します。すり身はいとよりや鯛など市販のものを使用。ムースの生地作りはすべての工程がポイントです！　フワフワぷるぷるの絶品ムースが必ずできますから、順を追ってレシピ通りに進めてください。スープ・ド・ポワソンのソース以外では、オランデーズ（p.194）、ベアルネーズ（p.196）、クーリ・ド・トマト（p.198）などもこのムースによく合います。

**【材料】**（12 個分）
＊直径 5cm・容量 50mℓのプリン型

［ムース］
魚のすり身……200g
塩……2.5g
全卵（溶き卵）……2 個（100g）
バター（室温にもどす）……100g
生クリーム（乳脂肪分 38%）……100g

［型塗り用］
バター、小麦粉（強力粉）……各適量

［ソース］
スープ・ド・ポワソン（p.173 参照）
……250g
ペルノー（＊）……60mℓ
バター……25g
＊アニス系リキュール。

1 ── ［ムース］型にバターを塗り、小麦粉を全面にまぶし、余分を落とす。外しやすくするために角までしっかり塗りつける。

2 ── フードプロセッサーにすり身、塩を入れ、粘りが出るまで回す。塩は結着剤代わりで粘りが強まる。

3 ── 溶き卵は 1/10 量ほど残しておき、4 ～ 5 回に分けて 2 に加え、そのつど回す。なめらかになったら、いったんボウルに取り出す。

4 ── 空いたフードプロセッサーに柔らかくなったバターを入れて軽く回す。残しておいた溶き卵を少しずつ加え、なめらかになるまで回す。

5 ── 4 に 3 のすり身を大さじ 2 ～ 3 程度ずつ加え、そのつど回す。すり身を全部加えたら、生クリームの 1/2 量を少しずつ加えながら回す。

6 ── 5 をボウルに移し、残りの生クリームを 2 回に分けて加え、そのつど底からすくい上げてよく混ぜる。

7 ── 6 を絞り袋に入れ、1 の型の 8 分目まで絞り入れる。型を台に打ちつけて空気を抜き、表面を平らにする。

8 ── バットに網を重ねて 7 を置き、熱湯をぎりぎりの高さまで注ぐ。湯量は生地と同じ高さが理想。100℃のオーブンで 1 時間、湯せんで焼く。湯が減ったら途中で熱湯を足す。

9 ── 表面に斑点が出たら焼き上がり。粗熱をとってから手のひらに返し、型から抜く。抜けにくければ、型の縁に向かって息を吹きかける。

10 ── ［ソース・仕上げ］鍋にスープ・ド・ポワソン、ペルノーを入れて強火にかけ、沸騰したらバターを加えて乳化させる。泡立て器などで混ぜなくても、グツグツと沸騰しているところへ加えれば乳化する。半量くらいになるまで煮詰める。皿にムースを盛り、ソースをかける。

# グーラッシュ
Goulache

牛肉と玉ねぎ、ハンガリー発祥でもあるパプリカを使ったシチューです。煮込みの肉はしっかりと焼き色をつけるのが大前提。そうしないと煮ている間に表面が溶けていくので、おいしそうに仕上がりません。それと、アクが出にくくなります。最後の煮汁は煮詰めてとろみをつけすぎず、サラッとしているほうが、煮込んだ肉との相性がいいと思います。クリアーに仕上げたいので、じゃがいもは一緒に煮ないで、つけ合わせに添えました。

**【材料】**（4～5人分）

牛もも肉……筋を取って850g
塩……8g（肉の1%）
玉ねぎ……1個（200g）
油……大さじ2
パプリカパウダー……10g
黒こしょう……適量
水……700mℓ
ホールトマト缶詰……1缶（400g）
じゃがいも（メークイン）……2個（300g）
＊じゃがいもはゆでて皮をむき、適当な大きさに切る（p.237参照）。

直径26cmのフライパン
直径21cmの深鍋と浅鍋

1 —— 牛肉は大きめのひと口大に切る。塩をふってもみ込み、室温で1時間おく。玉ねぎは乱切りにする。

2 —— フライパンに油を温め、牛肉を入れて強火で炒める。絶えず返しながら水分を飛ばし、おいしそうな焼き色をつける。

3 —— 玉ねぎを加え、中火で牛肉の脂を吸わせるように炒める。切り口に脂が染み、食べておいしくなるまで炒める。

4 —— パプリカパウダー、黒こしょうを加えて炒め、香りが出たら深鍋に移す。

5 —— 牛肉を炒めたフライパンに水500mℓを入れ、鍋についた旨みをこそげ落とし、ホールトマトを加えてざっくりとつぶす。

6 —— 4の鍋に5、水200mℓを加え、強火にかける。沸騰したら弱火にし、アクが出れば取りながら2時間半煮て、30分休ませる。途中、肉が頭を出さないよう、煮汁が減ったら水を足す。

7 —— 肉の繊維が崩れるくらい柔らかくなったら肉を取り出す。

8 —— 煮汁をシノワ（またはざる）で漉し、浅鍋に入れる。レードルなどを押しつけて絞り出すようにする。

9 —— 煮汁を強火で煮詰め、アクが出てきたら、固まるのを待って取る。皿に牛肉を盛り、煮汁をかけ、別ゆでしたじゃがいもを添える。

グーラッシュからできるソース▶
**牛のパプリカソース**

＊保存は冷蔵庫で3日。冷凍庫で1カ月（使用する際は火を入れる）。

グーラッシュ ▶ Déclinaison

# パプリカと牛肉のテリーヌ

グーラッシュからもう一品はテリーヌ。テリーヌはゼリー部分が少なくて、具がぎゅーっと詰まっているのが理想。赤パプリカはもっとたっぷり入れてもいいし、グーラッシュの牛肉の代わりに、ラタトゥイユなどを使ってもいいですね。冷やし固める途中で温かいソースを表面に流すのは、きれいに仕上げるためのテクニック。テリーヌが少し溶けて、いっそう馴染みがよくなります。完成品にアルミ箔を巻くと型崩れも防げて、カットもしやすくなります。

**【材料】**（1台分）

＊幅 8cm× 奥行 25cm× 深さ 6.5cm・容量 1200mℓのテリーヌ型

赤パプリカ……大 4 個（皮と種を除いて 300g）

牛のパプリカソース（p.179 参照）……300g

グーラッシュの牛肉……430g

板ゼラチン……15g（液体の 5%）

直径 21cm の鍋

＊準備

・ソースは冷やして牛脂を固めておく。

・板ゼラチンは氷水に浸けてふやかす。

1 —— 赤パプリカは皮を焼きむきにする（焼き網にのせて強火で真っ黒になるまで焼き、冷水に入れて冷まし、焼けた皮を取る）。種、へた、筋を取り、3cm 四方に切る。

2 —— 牛のパプリカソースを漉し、牛脂を取り除く。鍋にソース、牛肉を入れて強火にかけ、肉を温めてソースで膨らませる。赤パプリカを加えて温まったら、板ゼラチンを加えてよく混ぜる。

3 —— 型に水を吹いてラップを敷く。空気が入らないように角までしっかり敷き込み、2 を入れる。このとき 2 のソースを 50mℓほど残しておく。

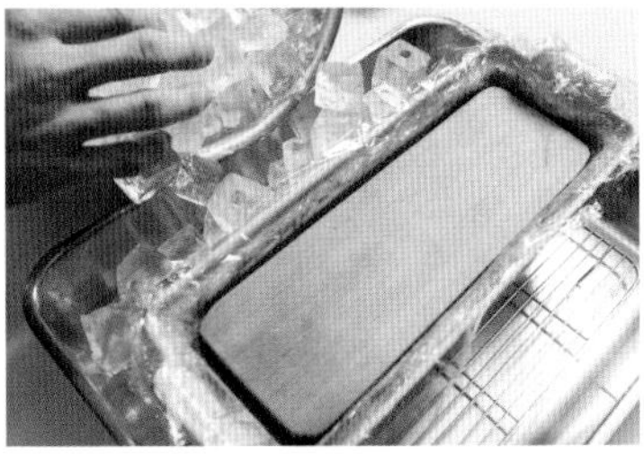

4 —— 上からもラップをかぶせ、型の形の板（発泡スチロールや厚紙など）をのせる。バットに網を重ねて型を置き、氷を入れる。

5 —— 板の上に重しをし（上の写真では缶詰を利用）、冷蔵庫で表面が固まるまで 1 〜 2 時間ほど冷やす。

6 —— ラップを外し、残しておいたソースをいったん温めてから型に流し入れる。ラップをかけずに冷蔵庫で表面が固まるまで冷やした後、ラップをかけてさらに冷やし固める。

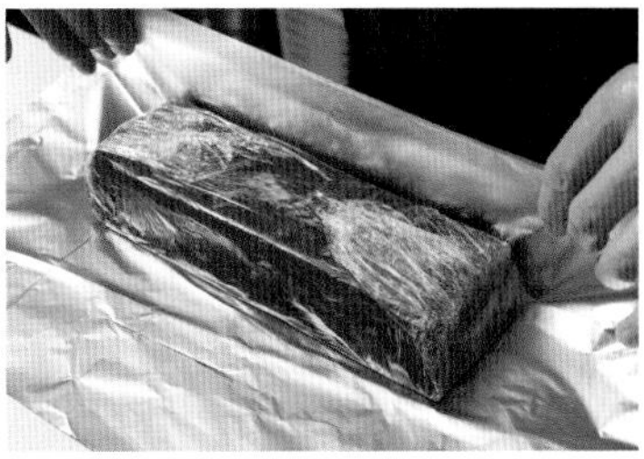

7 —— 型のラップを外して新しいラップを巻き、さらにアルミ箔で形を整えながら巻く。保存する場合もこの状態で。

8 —— アルミ箔ごと好みの厚さに切り、アルミ箔とラップを外し、皿に盛る。

# コクと旨みの調味料

## チーズ

主に使っているチーズはこの4つ。

- **ロックフォール（左上）** 世界三大青かびチーズのひとつで、他のものでは代替できない、独特の風味と圧倒的な存在感。僕はオムレツに入れたり、ドレッシング代わりにコロコロ切って野菜と組み合わせたり、ステーキのソースに加えたりします。
- **コンテ（右上）** フランス東部ジュラ山脈で作られる熟成ハードタイプ。フランスで一番人気のチーズです。風味が素晴らしく豊かでロックフォールのように味を支配することがなく、美味なる名脇役として欠かせません。
- **グリュイエール（右下）** スイス・グリュイエール地方原産で、フレンチではキッシュ、オニオングラタンスープに用いられるのが代表的。とろける仕上がりを求めるときはグリュイエールを。
- **パルミジャーノ・レッジャーノ（左下）** イタリアチーズの王様。超硬質チーズで、最もアミノ酸が多く、まさに旨みのかたまり。使うつど、削ったり、グラインダーで粉にして用います。個性を生かしたいときに。

## 粒マスタード

より香りが必要なら粒を使います。ブラウンマスタードを粉にひかずに作っているので、ディジョンマスタード（p.74）よりも強さがあります。

## 赤ワインヴィネガー

例えば煮込みなど、奥深いコクを出したいときに重宝します。製造の工程でぶどうの皮が使われているから、力強い。以前は白ワインヴィネガーでヴィネグレットを作っていましたが、少なくても存在感がある赤に変えました。とはいえ、白ワインヴィネガーでも米酢でも代用はできます。手元にあるもので作っていただくのが一番だと思います。

## アンチョヴィ<フィレ>

ひしこいわしを塩漬けにして熟成・発酵させ、オリーブ油を加えた保存食。プロヴァンス料理にはなくてはならない食材で、ニース風サラダやタプナード、アンショワイヤードなどに使うのが代表的。僕が使うのはフィレタイプ。コク出しが目的です。漬け汁も使ってください。残ったフィレはオリーブ油に漬けておけばいいし、サンドイッチに塗っても生野菜にのせて食べてもOK。調味料として使うときはペーストタイプでも構いません。

## シェリーヴィネガー

酸味が強いソースや料理には欠かせないシェリー酒の酢。芳醇さと控えめな甘み、まろやかな風味が魅力。単独で使うこともあれば、赤ワインヴィネガーに加えて使うことも。ヴィネグレットにもよく合っておいしいです。

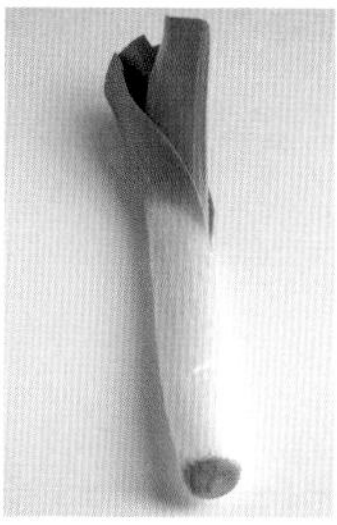

## ポロねぎ

英語で「リーキ」、フランス語で「ポワロー」、日本では一般的に「ポロねぎ」と呼ばれます。いまはベルギーやオランダから輸入されるほか、国産も。日本のねぎと比較するとぬめりがなく、火を入れたときの甘み、旨みが強い。代用するなら下仁田ねぎが一番近いでしょうか。

## コルニッション

極小きゅうりがコルニッション。一般にピクルス（酢漬け）で売られています。塩と酢だけで作られ、甘みのないきりっとした酸味が特徴。主に肉系の料理に合わせます。酸味が肉の風味を生かします。

Le Mange-Tout

# Chapitre 6

# 味わい深めるソースとコンディマン

尊敬する先輩がいつも言っていました。「いいか、谷！ フランス料理の魂はソースだ」。30年以上前、僕たちが働いていたレストランの厨房ではソース至上主義でした。鶏や牛のだし（フォン）をベースにするので、完成までの工程は果てしなく、バリエーションも無数に近い。やがて僕も料理学校の教壇に立つような立場になり、ソースについてたくさんの時間を割いて教えました。でも結局のところ、いまの僕が大切にしているものは“コンディマン（condiment）”。手作りの調味料です。お馴染みのマヨネーズやドレッシング、これも立派なソースです。面倒なフォンも不要！ 最終章では、前章までのシンプルな料理にぐっと深みを与えるソースとコンディマンをご紹介します。これだけ覚えれば“鬼に金棒”ですよ。

# ～親しみ深い万能タイプ～

乳化とは本来は混じり合わない食材、例えば水と油がよく混ざり合っている状態のこと。乳化のソースの代表はヴィネグレットで、サラダに使われるほか、肉、魚との相性もよく、実は万能なソースです。卵黄を入れれば、お馴染みのマヨネーズ、にんにくを加えればルイユになります。バターを加えれば、オランデーズ、ベアルネーズなど、よりリッチなソースに派生していきます。

## ソース・ヴィネグレット

sauce vinaigrette

ソースの名はつきますが、一般的にドレッシングの名で親しまれているものです。ヴィネガーと油の種類を変えるだけでバリエーションも自由自在。僕はマスタードの入ったヴィネグレット・ムータルドを基本にしています。野菜だけではなく肉や魚の料理に使うと酸味と香りとが相まって格上の一皿になります。使い方をサラダだけに決めつけるのはもったいない！ ですよ。

**【材料】**（作りやすい分量）

A
- 赤ワインヴィネガー……40mℓ
- ディジョンマスタード……20g
- 塩……3g

オリーブ油……120mℓ

＊保存はおすすめしない。使用するたびに作る。

1 —— ミキサーにAを入れて回し、馴染ませる。あるいはボウルに入れ、泡立て器でよくすり混ぜる。

2 —— オリーブ油を少しずつ加えながら回し、とろっとするまで混ぜて乳化させる。

▶［ソース・ヴィネグレット］を使って

## 舌平目のムニエル

ムニエルの粉づけは限りなく薄く。こんなに薄くていいの？ と思うくらいで大丈夫です。それは表面をパキッと焼くため。粉が多いと焼いている最中にはがれてしまいます。そして多めの油で焼くことで理想の食感に近づけます。ムニエルはブール・ノワゼットでいただくのが伝統的ですが、酸味の効いたヴィネグレットもよく合う！ カリッと焼いた熱々のところにヴィネグレットを加えて一気に仕上げます。

**【材料】**（2人分）

舌平目……2尾（200g）
小麦粉（強力粉）……適量
ソース・ヴィネグレット（左記参照）……30mℓ
ししとう……20本（80g）
しょうゆ……5mℓ
塩……2.5g
オリーブ油……40mℓ

直径26cmのフライパン

1 —— 舌平目は両面の皮をはぎ、塩2gをふって軽くすり込む。小麦粉をまぶし、余分は叩いて落とす。

2 —— フライパンにオリーブ油30mℓをひき、1の厚い皮のあった面を下にして入れ、強火で魚の下に常に油がある状態を保ちながら焼く（写真a）。脂が出てきたら、余分はペーパータオルで拭き取る。

3 —— おいしそうな焼き色がついたら裏返し、オリーブ油5mℓを足し、中火で焼く。骨のきわを押してパカッと割れるような触感になったら（写真b）、ヴィネグレットを加えて手早くからめる。

4 —— 別のフライパンにオリーブ油5mℓ、ししとうを入れて強火にかける。焼き色がついたら塩0.5gをふってひと混ぜし、しょうゆを鍋肌から回し入れてからめる。3とともに皿に盛る。

a

b

▶［ソース・ヴィネグレット］を使って

# ゆで豚と葉野菜のサラダ

豚肉を油入りの熱湯でゆでるのは中国料理の技法にも通じるところがあります。ただしこれは沸点を上げるためではなく、風味をつけるため。ですからフルーティなオリーブ油など、個性をもった油が適しています。ヴィネグレットは豚肉が熱々のうちにからませて、しっかり味を含ませます。葉野菜のサラダは葉が折れないよう、ボウルの縁からヴィネグレットを回し入れ、やさしくまとわせるように。

**【材料】**(2人分)

豚ロース薄切り肉……200g
オリーブ油……適量 (30mℓ)
クレソン……10g
ベビーリーフ……100g
ブロッコリー……6房
ソース・ヴィネグレット (p.184参照)
……40mℓ
黒こしょう……少量
塩……適量

直径15cmの鍋

1 —— 豚肉は10cm長さに切る。鍋に水 (分量外) を入れて強火にかけ、沸騰したらオリーブ油を加える。水とオリーブ油の割合は、水1ℓに対してオリーブ油30mℓが目安。

2 —— 豚肉を入れ、ほぐしながらさっとゆでる。ざるに上げ、水気をきる。

3 —— ボウルに2を入れ、熱いうちにヴィネグレット20mℓを加え、和える。黒こしょうを加えて混ぜ、味をみて塩をふり、混ぜる。

4 —— クレソン、ベビーリーフは洗って水にさらし、シャキッとしたら水気をきる。大きなものは食べやすい大きさにちぎり、別のボウルに入れる。ボウルの縁からヴィネグレット20mℓを入れる。

5 —— 両手で下から持ち上げるように、しっかり和える。味をみて塩をふり、混ぜる。

6 —— ブロッコリーは大きさを揃えて小房に分け、さっと塩ゆでする。3、5とともに皿に盛る。

**Bonne idée**

葉野菜のサラダはヴィネグレットで和えるだけでなく、ハーブピュレ (p.234参照) を適量組み合わせるのもおすすめ。香り高く、爽やかな前菜となる。

▶［ソース・ヴィネグレット］を使って

# フライドチキン

フライドチキンというといかにもカジュアルですが、揚げた鶏肉をソース・ヴィネグレットで和えると、酸味と風味が楽しめるフレンチの一品になります。僕のレシピでは小麦粉はすべて強力粉で、このフライドチキンも例外ではありませんが、強力粉のほうが衣がカリッと仕上がるんです。下味の塩はしっかりつけること。これは肉料理の基本！ヴィネグレットは鶏肉が冷めると浸透しにくくなるので、必ず熱々のうちにからめて、充分に吸わせます。ヴィネグレットはエシャロット入りのレシピにしましたが、基本のマスタード入りのものも相性抜群ですので、お好みでどうぞ。

**【材料】**（2人分）

鶏手羽元……10本（600g）
塩……4g
シェリー酒（または紹興酒）……50mℓ
小麦粉（強力粉）……大さじ2
揚げ油……適量
エシャロットのヴィネグレット
（右記参照）……大さじ2

1 —— ボウルに鶏肉を入れて塩をふり、もみ込む。シェリー酒を加え、さらにもみ込む。1時間以上おき、水分を鶏肉に抱え込ませ、ジューシーさをアップさせる。

2 —— 1に小麦粉を加え、皮が破れないように注意しながらもみ込む。グルテンを出してしっかり粉をつけ、下味を閉じ込める。

3 —— 揚げ油を170℃に熱し（パン粉を試しに入れるとパッと散るのが目安）、鶏肉の先を持って肉がついているほうを入れ、持ったままで膜を作り、泳がせるように静かに入れる。たっぷりの油で揚げる場合は返さなくてよいが、少なめなら途中返しながら揚げる。泡が小さくなってきて、おいしそうな揚げ色がつくまで6～7分揚げ、油をきる（心配なら竹串を厚みのある部分に刺して、スッと通れば火が通っている）。

4 —— ボウルに揚げたての鶏肉を入れ、熱々のうちにエシャロットのヴィネグレットを回しかける。

## エシャロットのヴィネグレット

**【材料】**（作りやすい分量）

エシャロット（すりおろす）……20g
赤ワインヴィネガー……40mℓ
塩……4g
オリーブ油……120mℓ

1 —— ボウルにエシャロット、赤ワインヴィネガーを入れ、泡立て器でよく混ぜる。
2 —— 塩を加え、溶けるまで泡立て器でよく混ぜ合わせる。
3 —— オリーブ油を少しずつ垂らしながら加え、手を休めずしっかり混ぜ合わせる。手応えが重くなり、とろっとしてきたらでき上がり。

### シェリー酒

シェリー酒はスペイン・ヘレス原産の白の酒精強化ワインで、すっきりした切れ味が魅力。甘みを控えて仕上げたい料理に最適です。フライドチキンには辛口の「フィノ」をコク出しに使いました。代用するなら、白ワインでは酸味が強すぎるので、日本酒に米酢を少し加えてください。

## ソース・マヨネーズ
sauce mayonnaise

乳化のソースは、一定方向に休まず混ぜます。それは同方向に泡立て器を動かすことで、乳化しやすく、分離しにくくなるからです。ワインヴィネガーは白でもいいですが、僕はコクのある赤が好き。オリーブ油は少しずつ加えますが、ヴィネガーは一度に加えて構いません。

**【材料】**（作りやすい分量）
卵黄……2個
塩……2g
白こしょう……少量
オリーブ油……100mℓ
赤ワインヴィネガー……8g
＊保存は冷蔵庫で2～3日。

1 ―― ボウルに卵黄を入れ、泡立て器で溶きほぐす。塩、白こしょうを加え、よく混ぜ合わせる。
2 ―― オリーブ油を少しずつ細く垂らしながら加え、混ぜ合わせる（写真a）。徐々に白く、堅くなってくるが、手を休めずしっかり混ぜ合わせる（写真b）。
3 ―― ヴィネガーを加え、しっかり混ぜ合わせる（写真c）。

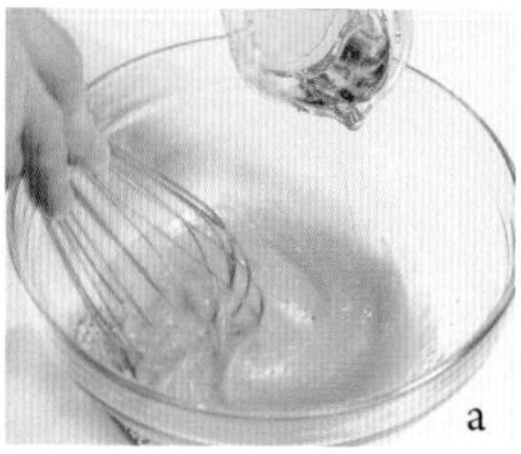
a

b

c

## ソース・ルイユ
sauce rouille

ルイユはプロヴァンスを代表する魚介料理、ブイヤベースに添えられる、にんにくの風味を生かしたパンチのあるソースで、薬味的にも使えます。ブイヤベース以外の魚介料理にもよく合い、ゆで野菜に添えたり、バゲットに塗るだけでもおいしいです。

**【材料】**（作りやすい分量）
サフラン……30本
A ｜卵黄……2個
　｜にんにく（すりおろす）……2かけ（10g）
B ｜塩……3g
　｜カイエンヌパウダー……少量（0.1g）
オリーブ油……100mℓ
熱湯……小さじ1/2
＊保存は冷蔵庫で2～3日。

1 ―― サフランは電子レンジ（600W）で1分半ほど加熱して乾燥させ、スプーンの背でつぶす（写真a）。
2 ―― ボウルにA、1を入れ、泡立て器ですり混ぜる。Bを加え（写真b）、さらに混ぜる。
3 ―― オリーブ油を少しずつ細く垂らしながら加え、手を休めずしっかり混ぜ合わせる。
4 ―― 熱湯を加え、よく混ぜる（写真c）。これを「湯止め」といい、分離しにくくなる効果がある。

a

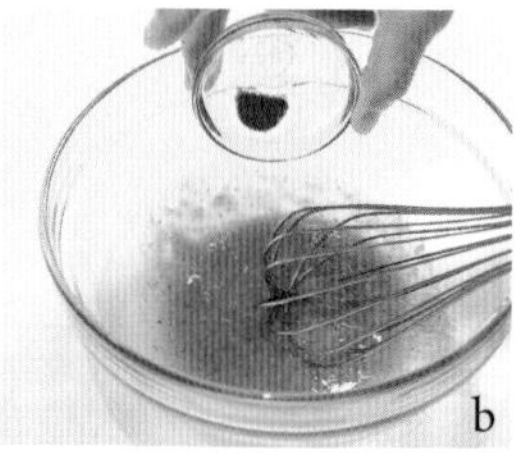
b

c

▶［ソース・マヨネーズ］を使って

# ウッフ・マヨネーズ

ウッフはフランス語で卵のこと。ビストロでも定番の前菜で、いわばフランスのソウルフードです。ゆで卵に自家製のマヨネーズを合わせただけの潔さですが、おいしいマヨネーズがなければ成立しないのがこの料理。ソースありきの一皿です。ゆで卵は、沸騰してから３分半ならとろりと柔らかな半熟、４分で黄身のまわりが固まる半熟ですが、ゆで加減はお好みで。

**【材料】**（2 人分）

卵……4 個

ソース・マヨネーズ（p.190 参照）……20g

直径 24cm の鍋

1 ── 鍋に卵とかぶるくらいの水を入れ、強火にかける。沸騰したら火を弱め、10 分ゆでる。やさしく叩いてヒビを入れ、薄い膜ごと殻をむく。

2 ── 1 を縦に半分に切って皿に盛り、ソース・マヨネーズを添える。

▶［ソース・マヨネーズ］を使って

# バナナとりんごのサラダ

マヨネーズとヨーグルトを合わせ、果物によく混ぜると、浸透圧の関係で果汁が出てきます。たっぷりの果汁でジューシーに仕上げるのがおいしさの秘訣です。僕はときどき朝食にこのサラダを食べますが、ボウルいっぱいたいらげてしまいます。

**【材料】**（2 人分）

A
- ソース・マヨネーズ（p.190 参照）……50g
- ヨーグルト（無糖）……50g

バナナ……1 本（160g）
りんご……1/2 個（160g）
洋梨……1/2 個（150g）

B
- 黒こしょう……少量
- イタリアンパセリ（みじん切り）……少量
- ピンクペッパー……適量

1 —— ボウルに A を入れ、混ぜる。

2 —— バナナは縦半分に切ってから 5 ～ 10mm 幅に切る。りんごと洋梨もバナナと同じくらいの大きさに切る。

3 —— 1 に 2 を加え、よく混ぜる。B を加え、さっと混ぜて器に盛る。

▶［ソース・ルイユ］を使って

# ズッキーニとピーマンのサラダ

同じ土地のものは絶対に合う、これは僕の料理の基本理念。ズッキーニとピーマンは南仏の野菜、ルイユは南東マルセイユのソースですから好相性は必定。パワーに満ちたルイユと、フレッシュな南の野菜のコンビネーションを楽しんでいただきたいサラダです。

**【材料】**(2人分)

赤、オレンジ、黄ミニパプリカ
……各1個(1個20g)
緑ミニズッキーニ……1/2本(15g)
黄ミニズッキーニ……1/2本(15g)
塩……1g
ソース・ルイユ(p.190参照)
……5～10g

1 ―― パプリカはペティナイフでへたをくりぬいて種とわたを抜き取り、輪切りにする。ズッキーニも輪切りにする。

2 ―― ボウルにパプリカを入れ、塩0.5gをふり、形を壊さないようによく混ぜる。表面がぬれてくるが、そのまま調理する。ズッキーニにも同様に塩をふる(写真a)。

3 ―― 皿にソース・ルイユを点々と置き、2を盛る。

a

# ソース・オランデーズ
sauce hollandaise

オランデーズは泡立てるソース。メレンゲを作る感覚で、しっかり空気を含ませます。そうしておかないと、湯せんで温めるときに表面ばかりが固まってしまい、おいしいソースが作れません。ボウルは湯せんにかけるので熱伝導のよいステンレス製がいいでしょう。本来は澄ましバターを使いますが、僕は溶かしバターで旨みを残します。

**【材料】**（作りやすい分量）

卵黄……2個
水……8mℓ
塩……極少量（0.5g弱）
溶かしバター……50g
レモンの搾り汁……少量
＊保存はバターが固まるので不可。

1 —— ステンレス製のボウルに卵黄、水を入れ、泡立て器で混ぜる。8の字を書くように泡立て器を動かし、空気を含ませる（写真a）。塩を加え、混ぜる。
2 —— 1を湯せんにかけ、弱火で絶えず混ぜる。先に固まってくる側面についたものを落としながら、ボウルの底をかいて跡が残るくらいのとろみがつくまで泡立てる（写真b）。
3 —— 溶かしバターを少しずつ加え、空気を含ませながら混ぜる。とろりとしてきたら（写真c）、火からおろす。リボン状に跡が残るくらいだと固すぎ。レモンの搾り汁を加えて混ぜ、シノワ（またはざる）で漉す。

a

b

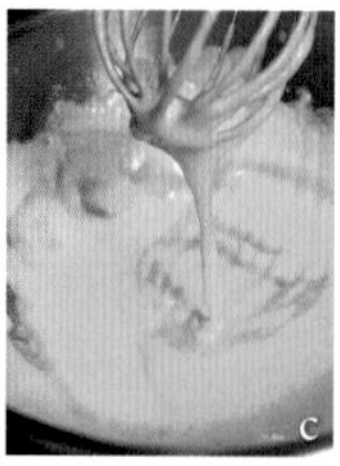
c

▶［ソース・オランデーズ］を使って

# ゆでホワイトアスパラガス

この料理の塩加減はゆで汁とソースで決まります。ですからゆで汁は気持ちしょっぱいくらいに設定します。ゆでるとき、風味を強めるためにアスパラガスの皮を加えますが、アクを取って澄んだところでアスパラガスを入れます。ゆで汁の中で冷ますのはアスパラガスの風味を戻し、余熱でジューシーに柔らかく仕上げるため。たっぷりのオランデーズをかけて召し上がってください。

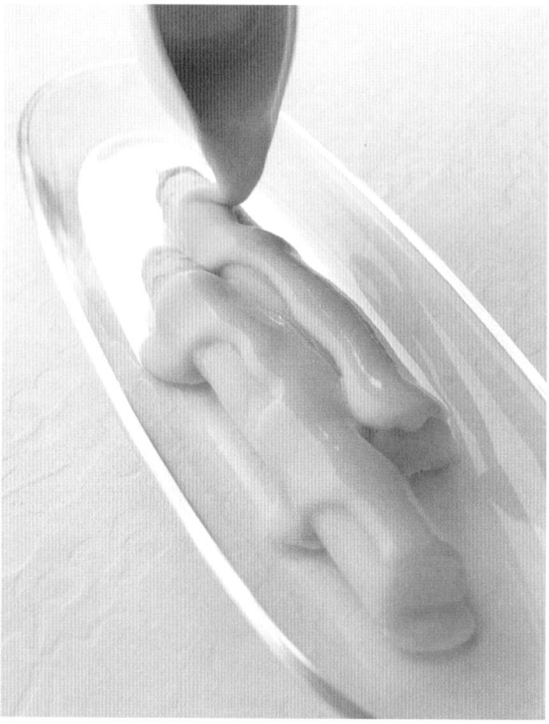

**【材料】**（2人分）

ホワイトアスパラガス……4本（1本90g）
水……1.2〜1.3ℓ
塩……20g
ソース・オランデーズ（左記参照）……適量

直径26cmの鍋またはフライパン

1 —— アスパラガスはピーラーで皮をむき、皮を取っておく。
2 —— 鍋に水、塩、皮を入れ、強火にかける。沸騰したらアクを取り、アスパラガスを加え、皮で蓋をする。1分半ゆでたところで上下を返して皮で蓋をし、さらに1分半ゆでたら火を止める。細いものなら計1分ほどでよい。ゆで汁に浸けたまま手を入れられるくらいの温度まで冷ます。
3 —— アスパラガスは水気をきり、根元の堅い部分を2cmほど切り落とす。皿に盛り、ソース・オランデーズをかける。

▶［ソース・オランデーズ］を使って

# 豆腐のグラタン

日仏折衷のオリジナルレシピです。オランデーズはやさしい風味の素材と合うので、豆腐は格好のパートナー。焼いた生ハムで塩味と歯応えのアクセントをつけました。オランデーズには卵が入っているので火を入れると固まる性質があります。焼き上がりは表面に黄色い層ができます。

**【材料】**（1皿分）

＊直径14cm×深さ4.5cmのグラタン皿

豆腐（絹）……1丁（400g）
生ハム……1枚（20g）
A｜生クリーム（乳脂肪分38%）……100mℓ
　｜塩……1.5g
黒こしょう……適量
ソース・オランデーズ（p.194参照）……50g

直径15cmの鍋

1 ── 豆腐は6等分に切り、電子レンジ（600W）で3分加熱し、水気をきる。生ハムは80℃のオーブンで30分ほど焼き、乾燥させる。

2 ── 鍋にAを入れて強火にかけ、沸騰したら豆腐を加え、軽く崩しながら煮る。豆腐が中まで温まったら、生ハムの2/3量を握り砕いて加え、黒こしょうをふって軽く混ぜる（写真a）。

3 ── グラタン皿に2を入れ、ソース・オランデーズを回しかけ（写真b）、残りの生ハムを散らす。高温（200℃ほど）のオーブンで表面に焼き色がつくまで焼く。

a

b

# ソース・ベアルネーズ
sauce béarnaise

いまはあまり見ることがなくなりましたが、ベアルネーズは伝統的な肉のソース。エシャロットやハーブのエストラゴンを加えたヴィネガーを煮詰めて、卵黄と合わせ、バターを乳化させて作ります。ソース名は「ベアルン風ソース」の意味で、食通で名高いベアルン生まれのアンリ4世にちなんで名づけられたものです。

**【材料】**（作りやすい分量）

A
- エシャロット（みじん切り）……25g
- エストラゴン（葉を摘む）……30g
- 白ワイン……100mℓ
- 白ワインヴィネガー……20mℓ
- 黒粒こしょう（つぶす）……7粒

水……20mℓ
卵黄……5個
溶かしバター……100g
トマトケチャップ……5g
塩……1.5g
イタリアンパセリ（みじん切り）……1.5g
＊保存はバターが固まるので不可。

直径15cmの鍋

1 —— 鍋にAを入れて強火にかけ、ときどきゆすりながら汁気がなくなるまで煮詰める（写真a）。水を加え、沸騰したら火を止め、粗熱をとる。
2 —— ステンレス製のボウルに卵黄、1を葉ごと入れ（写真b）、泡立て器でよく混ぜる。
3 —— 2を湯せんにかけ、弱火で8の字を書くように絶えず混ぜる。泡立て器ですくってとろりと流れるくらいの濃度になったら湯せんからおろす（写真c）。
4 —— 溶かしバターを少しずつ加え（写真d）、よく混ぜて乳化させる。トマトケチャップを加えて混ぜ、味をみて塩を加えて混ぜる。シノワ（またはざる）で漉し（写真e）、イタリアンパセリを加えて混ぜる。

a

b

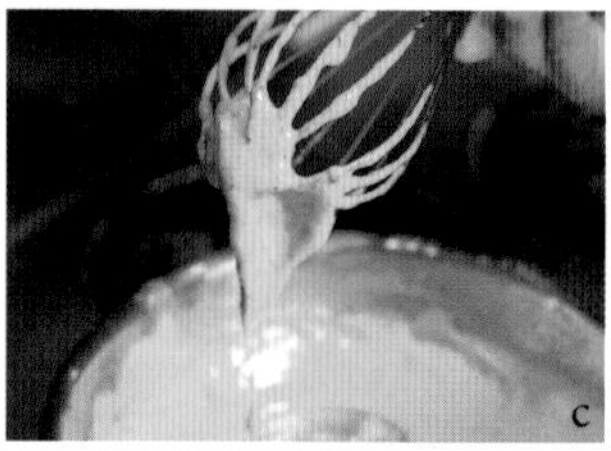
c

d

e

▶［ソース・ベアルネーズ］を使って

# ステークフリット

ステーク・ミニッツにたっぷりのじゃがいものフリット、これがフランス人お気に入りの一皿です。ステーキにベアルネーズを組み合わせるのは意外に思われるかもしれませんが、実は王道。クラシックな組み合わせがむしろ新鮮です。鹿肉などにも使われるフランス料理を代表するソースです。

（ステーキは p.24、つけ合わせのフリットは p.117 ポム・アリュメット参照）

# ～香気と彩りを楽しむ～

ブイヨンなど動物性のフォンを使わない、野菜が主役のソースをご紹介します。トマトや香草が主体ですが旨みもある。フランスでも南の地方の香りがするソースは合わせる料理も幅広く、覚えておくと便利です。色鮮やかで香気ある野菜ソースは、現代のレストランシーンでも主流になりつつあります。

## クーリ・ド・トマト
coulis de tomate

フランス料理では、野菜もしくは果物などの素材をそのまま、他の食材を加えずにそれだけをピュレ状にしたものをクーリと呼びます。トマトは皮に旨みを含むペクチンが多いので、皮はむかずに調理します。それと、このソースはアク取りも不要です。トマトを食べるときにアクを感じませんよね？　それが理由です。

**【材料】**(作りやすい分量)

トマト……中８個（１kg）

塩……2g

＊保存は冷蔵庫で３～４日。冷凍庫で１カ月（使用する際は火を入れる）。

直径 21cm の鍋

１ ── トマト２個は適当な大きさに切り、ミキサーに入れて回す。液状になったら残りのトマトを丸のまま1個ずつ加え、そのつどミキサーを回す。

２ ── １をシノワ（またはざる）で漉し、鍋に入れる。レードルなどを押しつけて、絞り出すようにする（写真 a)。

３ ── ２の鍋を強火にかけ、沸騰したら弱火にし、ときどきかき混ぜながら煮詰める（写真 b)。ミキサーで回したときの泡が落ち着いて少し煮詰まってきたら、塩を加えて混ぜ、さらに煮詰める（写真 c)。鍋底をかいて跡が残るくらいまで煮詰めたらでき上がり（写真 d)。

▶［クーリ・ド・トマト］を使って

# トマトサラダ

ソースがトマトなら具材もトマト！　皿の中をすべてトマトでまとめたサラダです。トマト同士を組み合わせることで加熱したソースとフレッシュの対比も生まれ、トマトの多面性を存分に味わえます。トマトは切るだけでなく、塩とオイルをまとわせる。このこまやかなひと工程を大切に。小さな工夫が大きな味の違いになります。

**【材料】**（2 人分）

ミニトマト……7 種類を合わせて 150g
塩、オリーブ油……各少量
クーリ・ド・トマト（p.198 参照）……大さじ 1

1 ── トマトは 2 ～ 4 等分に切り、塩、オリーブ油で和える。

2 ── 皿にクーリ・ド・トマトを敷く。セルクルを使って丸く、平らになるように整える（写真 a）。

3 ── 2 に 1 を盛る。

＊このサラダで使ったミニトマトは 7 種類ですが、トマト自体に個体差があるので、切り方も 2 ～ 4 等分とさまざまに。色のグラデーションが面白みになるので、種類もいくつかあったほうが楽しい一皿になると思います。

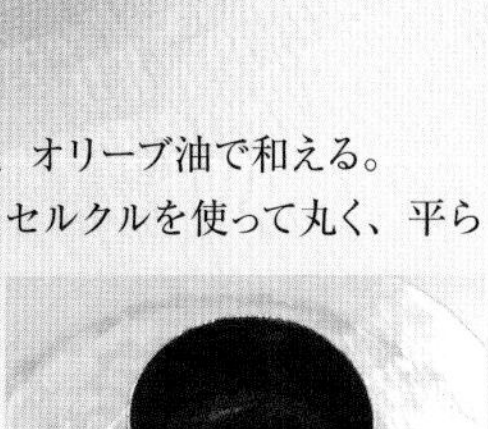

a

▶［クーリ・ド・トマト］を使って

# 海老の網焼き

クーリ・ド・トマトは従来作ってきたトマト系ソースの複合的な旨みとは異なり、ピュアでストレート。このソースは足し算ができるのが美点です。例えば、にんにくやレモンなどで。今回、足し算したのは香ばしさ。海老の網焼きですが、フライパンで焼くのでは得られない殻の焦げに、甘酸っぱいソースが素晴らしくよく合います。

**【材料】**（2人分）

［海老の網焼き］
無頭海老……8尾
塩……適量
小麦粉（強力粉）……適量
オリーブ油……適量

［ソース］
スイートバジル……2g（葉4枚）
オリーブ油……5mℓ
クーリ・ド・トマト（p.198参照）
……200g
黒こしょう……少量

直径15cmの鍋

1 —— 海老は殻ごと縦半分に切り、背わたを取る。ボウルに入れて塩、小麦粉各適量をふり、殻が割れないようにもんで表面のぬめりを取る。水（分量外）を加えて洗う感覚でぬめりを出し、流水でさっと洗う。

2 —— ペーパータオルにとって水気を拭き、身側に塩1gをふる。

3 —— ソースを作る。スイートバジルは変色を防ぐため、オリーブ油5mℓを加えながらみじん切りにする。鍋にクーリ・ド・トマト、水5mℓ（分量外）を入れて中火にかける。沸騰したらスイートバジルを加えて混ぜ、火を止める。黒こしょうを加えて混ぜる。

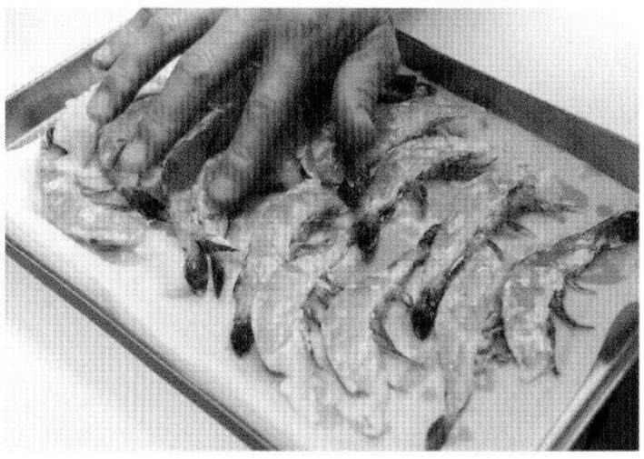

4 —— 2の身側に小麦粉をふり、オリーブ油をかけて表面をならす。

5 —— 焼き網を熱し、遠火の強火にする。身側を下にして置き、20～30秒ほどさっと焼く。

6 —— 少し反ってきたら裏返し、殻側もさっと焼く。身がふっくらとして水分が出てきたら焼き上がり。焼き時間の目安は1分弱。皿に3を敷き、海老を盛る。

# ソース・ピストゥ
sauce pistou

ピストゥは南仏・プロヴァンス地方のソースで、同じくピストゥの名がつくスープもあるほどメジャーな存在です。バジルは切り口が空気に触れると色が悪くなるので、変色防止のため、最初にオリーブ油を加えます。もうひとつ、フードプロセッサーを回しやすくする目的もあります。

**【材料】**（作りやすい分量）

A
- スイートバジル……葉のみ 50g
- にんにく……3 かけ（15g）
- パルミジャーノ・レッジャーノ（すりおろす）……30g
- 塩……1g

オリーブ油……100mℓ
＊保存は冷蔵庫で 1 週間。

1 ── にんにくは半分に切り、芯を取る。
2 ── フードプロセッサーに A、オリーブ油の半量を入れ、回す（写真 a）。側面についたものは落とす。ほぼなめらかになったら残りのオリーブ油を加え、さらに回す（写真 b）。

a

b

▶［ソース・ピストゥ］を使って

## グレープフルーツのサラダ

葉もののサラダもそうですが、混ぜるときにソースを直接かけないのは素材の形を美しくとどめるため。まわりにソースを垂らすので、ボウルは気持ち大きめのほうが混ぜやすいです。ソース・ピストゥには酸味の多いスタンダードな黄色のグレープフルーツがよく合います。ピンクは甘いので味がぼやけてしまい、おすすめしません。

**【材料】**（2 人分）
グレープフルーツ……2 個
ソース・ピストゥ（左記参照）……30g
黒こしょう……適量
スイートバジル……適量　　揚げ油……適量

1 ── スイートバジルは素揚げにする。
2 ── グレープフルーツは小房に分けて薄皮をむき、ボウルに入れる。まわりからピストゥを加え（写真 a）、果肉をつぶさないように混ぜる。黒こしょうを加えて混ぜる。皿に盛り、1 を飾る。

a

▶［ソース・ピストゥ］を使って

# 秋刀魚とりんごのマリネ

青魚は塩をふることで特有の臭みが抜け、保存性も高まります。もみ込むと身が崩れてしまいますから塩はのせるだけでいいですよ。中骨を抜かないのは塩が入りすぎてしょっぱくなるのを避けるためで、酢に漬けた後で除きます。酸っぱいのがお好きなかたは漬け時間を長めにどうぞ。盛りつけは大胆に、ナイフを入れる楽しみを謳歌します。

**【材料】**（2人分）
秋刀魚（刺し身用）……2尾
塩……40g
穀物酢（または米酢）……適量
りんご……大1/2個（180g）
ソース・ピストゥ（p.202参照）……60g

1 —— 秋刀魚は三枚におろす。中骨は抜かない。バットに薄く塩をふり、秋刀魚を皮を下にして置く。身側にたっぷりの塩をのせて覆い、冷蔵庫に1時間ほどおく。
2 —— 触って身が締まっていたら（写真a）酢で洗い、塩を流す。新しいバットに秋刀魚を皮を下にして並べ、浸るくらいの酢を加える（写真b）。5～15分、冷蔵庫におく。
3 —— 2をペーパータオルにとり、酢を拭き取る。ここで中骨を抜く（写真c）。頭側の皮と身の間にに包丁を入れて皮を手で押さえ、包丁を立てたまま水平に移動させて皮を取る（写真d）。
4 —— りんごは皮を縞目にむき、縦半分に切ってから、ごく薄切りにする。塩1g（分量外）で和える。
5 —— 皿に3、4を交互に重ねるように盛り、ソース・ピストゥを添える。

a

b

c

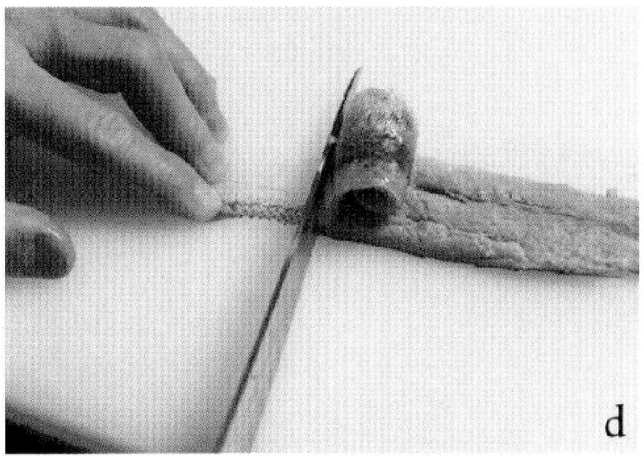
d

# ソース・トマト

sauce tomate

たくさんの素材の旨みを凝縮させたこのソースは、同じトマトソースの仲間でもクーリとはまったく違った味わい。最初にトマトと一緒に加える水は、言わば呼び水のようなもので、トマトの水分、つまり旨みを出しやすくするものです。後の水は漉しやすくするためと、ソースの汎用性を高めるため。一度完成したものは、水を加えても風味が落ちることはないのでご心配なく。フランス料理のトマトソースはバターで炒めるのが特徴。ただし南のほうへ行くとオリーブ油を使うこともあるようです。

**【材料】**(作りやすい分量)

トマト……中 5 個 (600g)
にんじん……1 本 (100g)
セロリ……1/2 本 (50g)
玉ねぎ……1 個 (150g)
にんにく……2 かけ (15g)
ベーコンスライス……50g
バター……20g
トマトペースト……30g
水……250mℓ
塩……4g
＊保存は冷蔵庫で 3 ～ 4 日。
冷凍庫で 1 カ月 (使用する際は火を入れる)。

直径 21cm の深鍋

1 ── トマトはざく切りにする。にんじん、セロリ、玉ねぎは 1cm 角に切る。にんにくは薄切りにする。ベーコンは 1cm 幅に切る。

2 ── 鍋にバターを中火で溶かし、ベーコンを入れて炒める。香りが立ったらトマト以外の野菜を加え (写真 a)、炒める。鍋底がうっすらと色づき、野菜の甘みが出たらトマトペーストを加え (写真 b)、弱火で炒めて酸味を飛ばす。鍋底についた旨みをこそげ取りながら、焦げつかないように炒める。

3 ── トマト、水 100mℓを加え、強火にする。沸騰してきたら弱火にし、野菜が柔らかくなるまで煮る。塩 2g を加えてひと混ぜし、30 分ほど煮る。

4 ── 水分がなくなりボテッとしてきたら、ほぼ完成 (写真 c)。水 150mℓを加え、鍋底の旨みをこそげ取りながら混ぜ、沸騰させる。塩 2g を加えてひと混ぜし、裏ごし器で漉す (写真 d)。

a

b

c

d

▶［ソース・トマト］を使って

# なすと玉ねぎの軽い煮込み

この料理のポイントは、玉ねぎを甘みが出るまで、でも焦がさないように根気よく炒めることと、なすに油を加えながら中まで柔らかく焼き上げること。なすは油がないと焼きムラができてしまうので、こまめに油を加えます。あっという間に油を吸うし、またその量も多いので、良質な油を選ぶことをおすすめします。汁気が残らないように仕上げるのが僕流の「軽い煮込み」。パスタが抜群に合いますので、でき上がりに合わせてぜひ用意して。

**【材料】**（2人分）

なす……5個（450g）

A
- 玉ねぎ……小2個（200g）
- にんにく……2かけ（10g）
- オリーブ油……15mℓ
- 水……50mℓ

塩……3.5g

オリーブ油……80mℓ

白ワイン……25mℓ

ソース・トマト（p.206参照）……100g

黒こしょう……適量

パルミジャーノ・レッジャーノ（粉）……8g

直径21cmの鍋

直径26cmのフライパン

1 ―― 玉ねぎ、にんにくは薄切りにする。鍋にAを入れて中火にかけ、炒める。

2 ―― なすは縦半分に切り、皮側に5mm幅で格子状に浅く切り目を入れる。身側は1cm幅で格子状に切り目を入れる。身側に塩1.5gをふり、表面がぬれてきたら拭く。

3 ―― フライパンにオリーブ油5mℓをひき、2を身側を下にして入れ、中～強火で焼く。常に油が行きわたるように、そのつど15mℓほど足しながら焼く（写真a）。オリーブ油はここまでで計80mℓ使用。

4 ―― 1の水分がなくなったら水を40mℓほど（分量外）足し、焦がさないよう注意しながら甘みが出るまで炒める。

5 ―― 3においしそうな焼き色がつき、トングなどで挟んで柔らかく感じたら裏返し、フライパンの側面を使いながら皮全体を焼く（写真b）。

6 ―― 4に白ワインを加えて火を強め、酸味を飛ばす。塩1gをふり、混ぜる。

7 ―― 5のフライパンに6、ソース・トマトを加える（写真c）。炒め合わせて水50mℓ（分量外）、塩1g、黒こしょうを加え、軽く煮込む。パルミジャーノを加えてひと混ぜする。

a

b

c

▶［ソース・トマト］を使って

# 仔羊ロースの香草焼き

いわば万能のソース・トマトは、仔羊のようにいい意味でくせのある、個性の強い肉にも適しています。フランスで仔羊は北から南まで地方固有の品種があるのですが、ソース・トマトに合うのはやはり南のもの。同じ土地のもの同士は合う、の法則です。

**【材料】**（2人分）

仔羊ロース肉（骨つき）……4本（350g）
塩……3.5g
オリーブ油……25mℓ
A｜ローズマリー……5g
　｜タイム……5g
　｜セージ……5g
　｜エストラゴン……5g
　｜ローリエ……3g
黒こしょう……適量
ソース・トマト（p.206参照）……100g
水……大さじ1

直径26cmのフライパン、小鍋

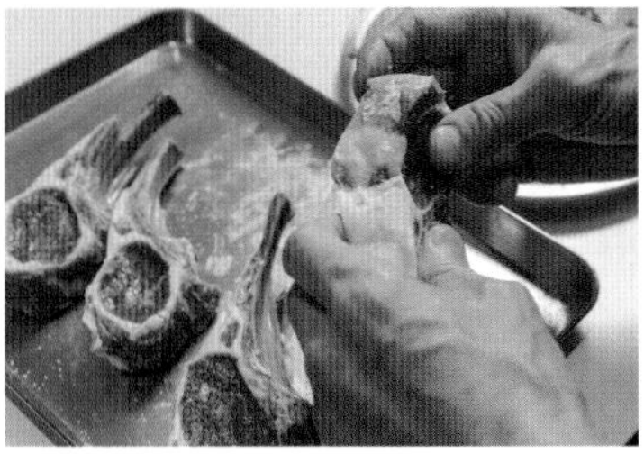

1 —— 仔羊肉は外側の脂を取り、塩をふって軽くもみ込み、室温で最低でも15分おく。

2 —— フライパンにオリーブ油、Aを入れてから弱火にかけ、油に香りを移す。トングでつかんで、ふわっと軽くなったら取り出す。

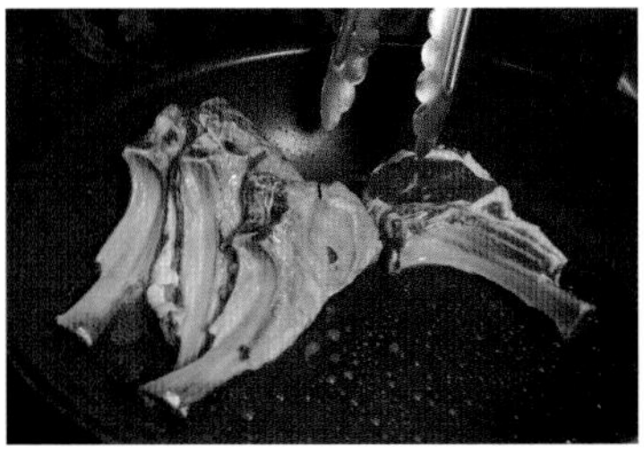

3 —— 2の香草風味の油で1を焼く。側面を焼き、うっすらと色づいたら立て、脂身があった側面を焼く。

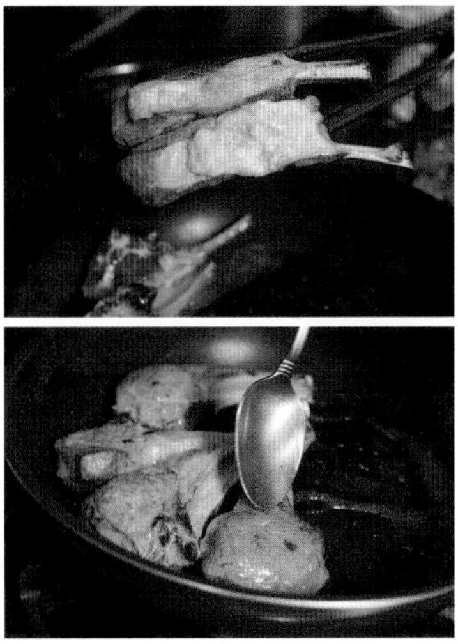

4 —— 側面に焼き色がついたら倒して焼いていない面を下にし、出てきた脂をかけながら焼く。

5 —— 表面がふっくらと膨らみ、焼き面においしそうな焼き色がついたら再び裏返し、同様に脂をかけながら焼く。

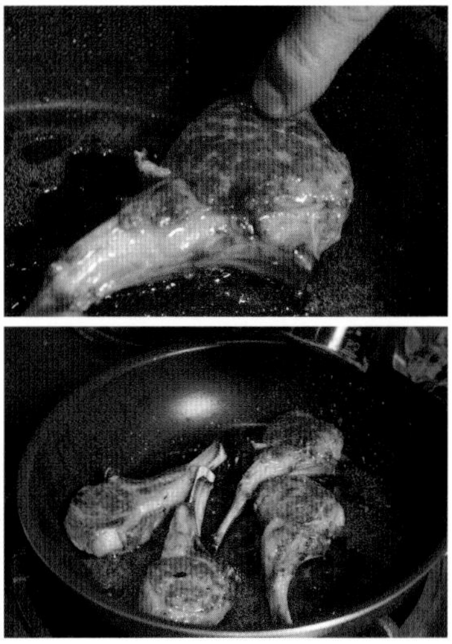

6 —— 表面にうっすらと血が出てきたらミディアムの焼き上がり。この状態になったら黒こしょうをふり、強火にしてこしょうの香りを出す。

7 —— 小鍋にソース・トマト、水を入れて温める。皿に敷き、6と2を盛る。

## 旨みのソース

# ～郷土料理から生まれた～

オリーブやアンチョヴィ、コルニッションなどの漬物やバルサミコといった醸造酢、そんな旨みたっぷりの食材で作るソースです。僕は“コンディマン（調味料）”と呼んでいますが、タプナードやラヴィゴットなど、もともと郷土料理から生まれたもの。その汎用性は素晴らしく、フレンチ以外のメニューにも組み入れやすい、まさに万能選手です。

## ソース・タプナード
sauce tapenade

タプナードの発祥はプロヴァンス地方。黒オリーブを主材料にしたペースト状のソースで、濃厚なコクと酸味があります。黒オリーブの味がダイレクトに出るので質のいいものを選んでください。フードプロセッサーをこまめに回すのには、ダマになりやすいのをなめらかにするのと、熱をもたせないようにする意味があります。

**【材料】**（作りやすい分量）

黒オリーブ（缶詰。種なし）……150g
アンチョヴィ（缶詰）……1缶（56g）
にんにく……1かけ（5g）
スイートバジル……5g
ケイパー……大さじ1（塩抜きして10g）
オリーブ油……30～60mℓ
＊保存は冷蔵庫で1週間。

1 —— にんにくは芯を取り、粗く刻む。

2 —— フードプロセッサーにオリーブ油以外の材料を、アンチョヴィは油ごと入れる（写真a）。フードプロセッサーを少しずつ回す。側面についたものを落としながら、こまめに回す。

3 —— 全体的に混ざったらオリーブ油を少しずつ垂らしながら回す（写真b）。オリーブ油の量は好みで調節し、仕上がりはあまり細かくなくてよい（写真c）。

a

b

c

▶［ソース・タプナード］を使って

# 豚ときのこのタルティーヌ

タルティーヌはフランス式のオープンサンド。豚肉はくっつかないようにあらかじめ油をかけて、焼くときに油は使いません。サンドイッチとは異なるものなので、きのこのジュースやソースがバゲットに染みても OK。むしろそれがおいしかったりします。

1 —— 豚肉は 5 ～ 6cm 長さに切り、オリーブ油 5mℓをかけ、塩 1 g をふる。きのこは食べやすい大きさに切る。

2 —— フライパンにオリーブ油 10mℓを入れ、しいたけ、エリンギを並べ、塩をふり、強火で焼く（写真 a）。水分を飛ばし、焼き色がついたら、にんにくオイルをかけ香りをつける。きのこは 3 回ほどに分けて焼き、オリーブ油はそのつど 10mℓ、塩はきのこ全量で 2 g 使用。きのこをフライパンにまとめ、ソース・タプナード 20g を加えて強火にかけ、軽く炒め合わせる（写真 b）。

3 —— 別のフライパンに豚肉を広げて入れ、中火で焼き、おいしそうな焼き色をつける。

4 —— バゲットは厚みを半分に切ってマスタードを塗り、2、3 をのせ、ソース・タプナード 25g をところどころに置く。

a

b

**【材料】**（2 人分）

豚ロース薄切り肉……150g
しいたけ……5 枚（110g）
エリンギ……2 本（80g）
しめじ……130g
マッシュルーム……8 個（120g）
オリーブ油……適量
塩……3g
にんにくオイル（p.234 参照）
……少量
ソース・タプナード（p.210 参照）
……45g
バゲット……1 本
ディジョンマスタード……40g

直径 26cm のフライパン

▶［ソース・タプナード］を使って

# 鴨胸肉のロースト

鴨も鶏も下処理は同じ。口当たりのよくない筋は徹底的に取り除くのが僕の鉄則です。鴨はしっかりした静脈があるのでこれも除く。唯一の鶏との違いです。大小に分かれた肉は時間差で焼いていきます。余熱で火を入れるときも皮のパリパリ感はキープしたいから、皮は上にして休ませます。タプナードに加えて、黒こしょうをたっぷりふっても美味です。

**【材料】**（2人分）

鴨胸肉……1枚（320g）
塩……2g
ソース・タプナード（p.210参照）
……30g

直径26cmのフライパン

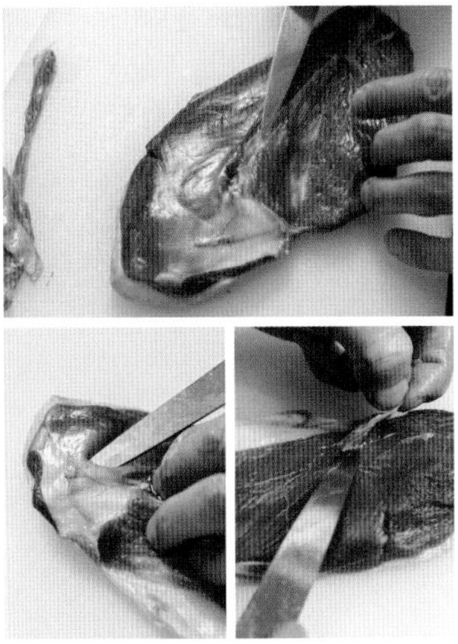

1 ―― 鴨肉は筋を取り、繊維のかたまりの真ん中にある筋も取り、そこから2つに切り分ける。表面の皮膜を取り、静脈も取る。

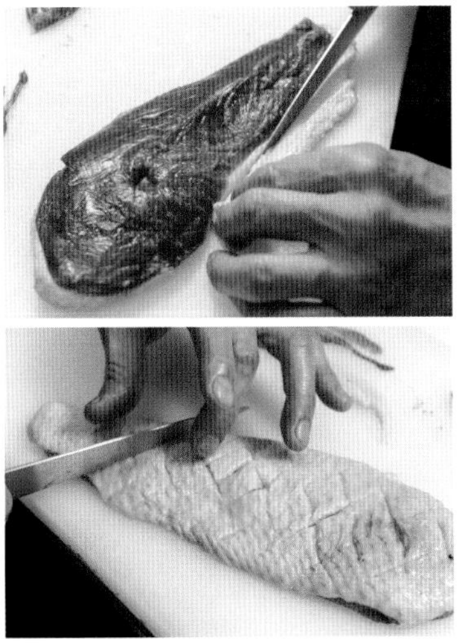

2 ―― 身の形に合わせてほんの少し大きめに皮を切る。皮側に1～2cm幅で格子状の切り込みを、身に傷がつかないように浅く入れる。身側に塩をふってもみ込み、室温で10分ほどおく。

3 ―― フライパンに大きいほうの鴨肉を皮側を下にして入れ、中火で焼く。3分ほどしたら弱火にし、肉の下に脂がある状態を保ちながら焼く。

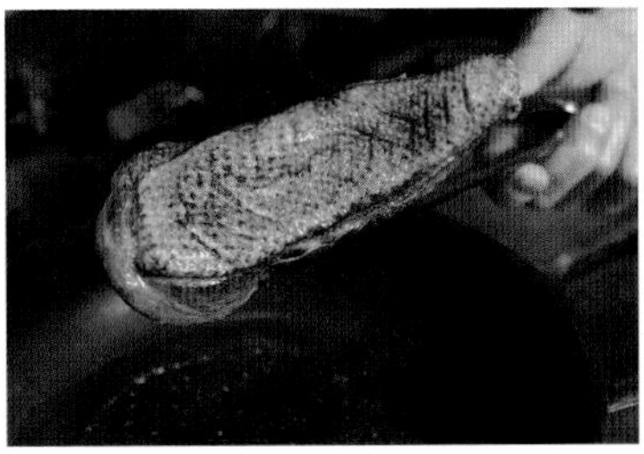

4 ―― おいしそうな焼き色がついたら、時間差で小さいほうの鴨肉も入れ、同様に焼く。小さいほうには皮はない。

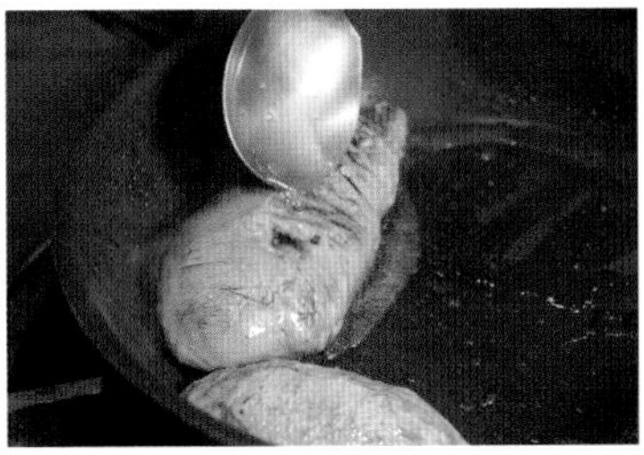

5 ―― 出てきた脂をかけ、上面からも間接的に火を通す。均等に火を通すため、厚みのある部分には多めにかける。

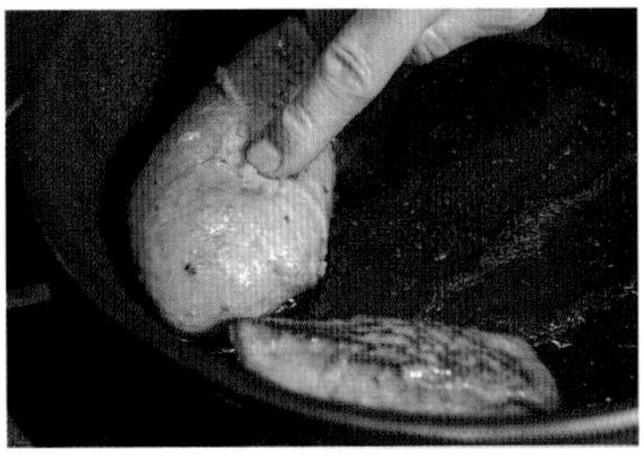

6 ―― 肉を押してみて、赤く透明な肉汁が出てきたら焼き上がり。皮側を上にしてバットなどに移し、休ませて余熱で火を入れる。

7 ―― 6を縦半分に切り、ソース・タプナードを皮側に塗る。皿に盛り、プラムの赤ワイン煮を添える。

つけ合わせ

## プラムの赤ワイン煮

**【材料】**（作りやすい分量）

プラム（セミドライ、種あり）……220g
赤ワイン……300mℓ

1 ―― 耐熱容器にプラムを入れる。
2 ―― 鍋に赤ワインを入れて強火にかけ、沸騰したら1に注ぐ（写真a）。くっつかないようにほぐし、粗熱がとれたら冷蔵庫に入れて1日おく。食べごろは翌日からで、保存は3年ほど。プラムは赤ワインを吸って膨らんでくるので、プラムの頭が出るようなら沸騰させた赤ワインを足す。

a

## ソース・バルサミコ
sauce balsamico

材料はバルサミコヴィネガーだけ。極めてシンプルなソースです。煮詰めることでバルサミコの風味が凝縮、コクのある甘みが生まれます。店でも常備しているソースで、僕はディスペンサーに入れてドレッシング感覚で使っています。とろみは煮詰め具合で決まりますが、硬くなりすぎない半量くらいで留めるのがベストです。

**【材料】**（作りやすい分量）

バルサミコヴィネガー……500mℓ
＊保存は常温で 1 カ月。

直径 18cm の鍋

1 ―― 鍋にバルサミコを入れ、強火にかける。沸騰したら弱火にし、ふつふつの火加減を保って煮詰める。アクが出てきたら取る（写真 a）。
2 ―― 全体的に泡立ってきたら焦げやすいので注意（写真 b）。最初に出てくる泡とは異なるので、見比べる。
3 ―― 半量くらいまで煮詰まり、ツヤととろみが出てきたらでき上がりの目安（写真 c）。冷めると硬くなるので、気持ち早めの濃度で止める。このとき、実際の分量は 225mℓ。

a

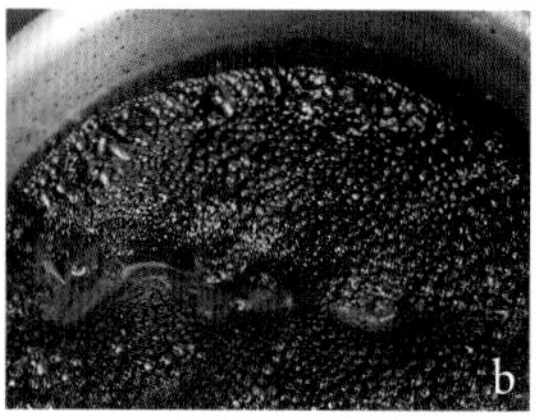
b

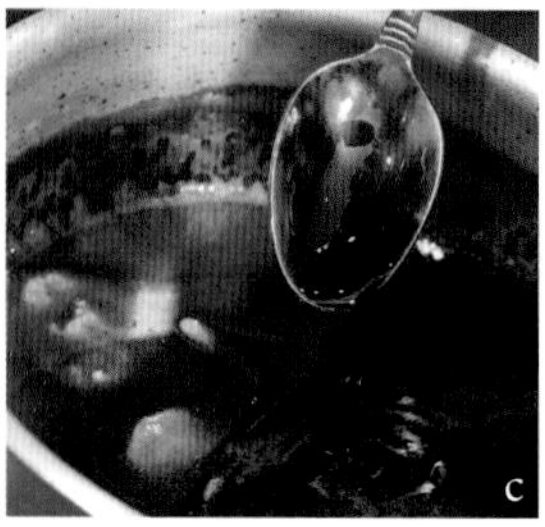
c

▶［ソース・バルサミコ］を使って

# 焼き野菜

これは野菜を味わう一皿。野菜は大きく切って、旨みと甘みを出すようにじっくりと焼きます。火の入りにくいものから順に、新しい野菜を加えるときはオリーブ油 3mℓ ほどとともに。かぼちゃだけは崩れやすいので、フライパンに広々と並べて別焼きに。

**【材料】**（2 人分）

かぼちゃ……120g
ズッキーニ……2 本（200g）
なす……2 本（140g）
玉ねぎ……1/2 個（70g）
赤パプリカ……1 個（170g）
塩……4g
オリーブ油……適量
ソース・バルサミコ（左記参照）……20 ～ 30g

直径 26cm のフライパン

1 ―― かぼちゃはところどころ皮をむき、1 cm 幅に切る。ズッキーニは縦半分に切る。なすは縦半分に切ってから身側は 1cm 幅、皮側は 5mm 幅の格子状の切り込みを入れる。玉ねぎは輪切りにする。赤パプリカは焼きむきし（p.238 参照）、3 ～ 4 等分に切る。
2 ―― 1 にまんべんなく塩をふる。ズッキーニとなすは出てきた水分を拭き取る。
3 ―― フライパンにオリーブ油 10mℓ、玉ねぎ、なすを皮側を上に入れ、弱めの中火で焼く。焼き色がついたら裏返し、ズッキーニ、オリーブ油 3mℓを加え、両面焼く。油が足りなければそのつど足す。ペーパータオルを敷いたバットにのせ、油をきる（写真 a）。かぼちゃは別に、赤パプリカも同様に焼く（写真 b）。皿に野菜を盛り、ソース・バルサミコをかける。

a

b

▶［ソース・バルサミコ］を使って

# 豚もも肉と根菜の炒め

中国料理へのリスペクトを表したフランス版酢豚とも言うべき一皿。野菜を素揚げするのは水分を抜くためで、焼き色をつけるのはフライパンに移してから。混ぜすぎずに焼きつけて豚肉とともにおいしそうな焼き色をつけ、ソースにも火を通して香りを立てます。野菜は根菜を選びましたが、にんじんや玉ねぎ、しいたけの定番も合いますのでお好みでどうぞ。ドライフルーツの酸味と甘みがアクセントにもなり、深みにもなります。

**【材料】**（2人分）

豚もも肉……300g
れんこん……大1/2節（120g）
さつまいも……100g
長いも……100g
小麦粉（強力粉）……4g
揚げ油……適量
オリーブ油……10mℓ
ブルーベリー（セミドライ）……20g
クランベリー（セミドライ）……20g
塩……3.5g
黒こしょう……適量
ソース・バルサミコ（p.214参照）……25g

直径26cmのフライパン

1 —— 豚肉はひと口大に切り、塩2gをふって軽くもみ込み、室温で5分ほどおく。

2 —— れんこんは皮をむいて水にさらし、乱切りにする。さつまいもは皮を縞目にむいて水にさらし、乱切りにする。長いもは乱切りにする。

3 —— 1に小麦粉を加えて混ぜる。揚げ油を150℃に熱し、豚肉を入れ、くっつかないように混ぜながら揚げる。色づいたらざるに上げて油をきり、余熱で火を入れる。

4 —— 揚げ油を150℃に熱し、さつまいもを揚げる。薄く色づいたられんこん、長いもを加え、色づいたら3のざるに上げる。

5 —— フライパンにオリーブ油を入れて強火で熱し、4を加えて塩1.5g、黒こしょうをふり、焼きつける。あまり混ぜすぎない。

6 —— 焼き色がついたら火を止め、ソース・バルサミコを回しかける。混ぜ合わせてから強火にかけ、炒め合わせる。

7 —— バルサミコの焼けた香りがしてきたらドライフルーツを加え、混ぜ合わせる。

▶［ソース・バルサミコ］を使って

# コートレット

コートレットはカツレツのことで、仔牛や仔羊などにパン粉をつけて少量の油で揚げ焼きする料理。衣つけは小麦粉が一番大事！　揚げるときのはがれを防ぐため、しっかりつけてから余分を落とします。油量の目安は肉の上面が顔を出すくらい。最初に揚げ焼きする面はおいしそうな色に、裏面はパン粉が固まれば揚げ上がり。中はレアに仕上げます。

**【材料】**（1人分）

牛リブロース肉……1.2cm厚さ1枚（160g）
塩……1.5g
小麦粉（強力粉）……適量
溶き卵、パン粉……各適量
オリーブ油、揚げ油……各適量
ソース・バルサミコ（p.214参照）……15g

直径26cmのフライパン

1 ―― 牛肉は余分な脂を取って筋を切り、両面に塩をふり、室温で5分ほどおく。
2 ―― 1に小麦粉をまんべんなくまぶし、余分を落とす。溶き卵にくぐらせ、パン粉をつける。ぎゅっと押しつけ、形を整える。
3 ―― フライパンに揚げ油を深さ1cm弱ほど入れ、160～165℃に熱し、2を静かに入れる（写真a）。風味づけのためのバター（分量外。10gほど）を加えてもよい。肉をトングなどで浮かし、下にも油を入れるようにしながら揚げる（写真b）。おいしそうな揚げ色がついたら裏返す。裏面はパン粉が固まる程度まで揚げ、油をきる。
4 ―― 皿につけ合わせの野菜ソテーをのせ、3を切って盛り、ソース・バルサミコをかける。

a

b

つけ合わせ

## 野菜ソテー

**【材料】**（1人分）

オクラ……4本（30g）
スナップえんどう……4個（20g）
絹さや……6個（20g）
さやいんげん……50g
オリーブ油……5mℓ
バター……5g
塩……1.5g

1 ―― 鍋にたっぷりの湯を沸かし、オリーブ油少量（分量外）を加えた中で、野菜をさっとゆでてざるに上げて水気をきる。
2 ―― フライパンにオリーブ油5mℓを入れて1を加え、中火でひと混ぜしたら、バターと塩を加えて焼きつける。

# ソース・ラヴィゴット
sauce ravigote

ravigote はフランス語で「元気を回復させる」という意味があり、コルニッションや香味野菜などのみじん切りを混ぜたもの。素材の酸味や辛みが生きる冷製ソースで、ヴィネグレットのようにも使え、また濃厚な料理にもよく合います。野菜から水が出るのは「つぶれてしまっている」証拠。フードプロセッサーは粒が残るように状態を見ながら少しずつ回してください。

**【材料】**（作りやすい分量）

玉ねぎ……1 個（100g）

A
- コルニッション……100g
- ケイパー……大さじ 1（塩抜きして 10g）
- イタリアンパセリ……葉のみ 1g

黒こしょう……適量

オリーブ油……8mℓ

＊保存は冷蔵庫で 1 週間。

1 ── 玉ねぎはざく切りにし、フードプロセッサーに入れて回し、水が出ない程度に細かくする（写真 a）。

2 ── 1 に A を加え（写真 b）、側面についたものは落としながら、少しずつ回す。水が出ないよう、またペースト状にならないよう、粒を残す（写真 c）。

3 ── 黒こしょう、オリーブ油を加え、ひと回しする。

a

b

c

▶［ソース・ラヴィゴット］を使って

# いかとセロリのサラダ

とても手軽で簡単なサラダです。いかはお好みの種類で構いませんが、厚みのあるものは格子状の切り込みを入れるといいでしょう。セロリは皮や筋を取ったほうが口当たりがよく、いかの食感とも揃います。他のハーブ類などを加えるとまた一変、豪華な皿になるのでおもてなしにも使えます。

**【材料】**（2人分）

いか（刺し身用）……2杯（皮とゲソを除いて180g）
セロリ……100g
A
- ソース・ラヴィゴット（p.219参照）……50g
- オリーブ油……10mℓ
- 塩……0.5g
- イタリアンパセリ（みじん切り）……2g
- 黒こしょう……少量

1 —— いかは3cm角に切る。セロリは薄く皮をむき、そぎ切りにする。

2 —— 鍋に湯を沸かして2%程度の塩（分量外）を加え、いかを加えてさっとゆでる。ざるに上げ、水気をしっかりきる。

3 —— ボウルに2、セロリ、Aを入れて混ぜる。

▶［ソース・ラヴィゴット］を使って

# 鰺フライ

ラヴィゴットは魚料理とも揚げものとも好相性。ソースの元はコルニッションに玉ねぎですから、マヨネーズを加える前の爽やかなタルタルソースといった感覚で使えます。海老フライなどにも合いますね。鰺は火を入れすぎると堅くなるので、高温でさっと揚げます。

**【材料】**（2人分）

鰺……2尾（1尾100g）
塩……0.5g
小麦粉（強力粉）……適量
溶き卵……適量
パン粉……適量
揚げ油……適量
ソース・ラヴィゴット（p.219参照）……10g

1 ── 鰺は三枚におろし、塩をふる。

2 ── 1に小麦粉をまんべんなくまぶし、余分を落とす（写真a）。溶き卵にくぐらせ、パン粉をつける。ぎゅっと押しつけ、形を整える。

3 ── 揚げ油を170℃に熱し、2の尾側を持って静かに入れる（写真b）。途中で裏返し、泡が小さくなってきておいしそうな揚げ色がつくまで2分ほど揚げる。ペーパータオルを敷いたバットに上げて油をきる。皿に盛り、ソース・ラヴィゴットを添える。

a

b

# 〜マスターしたい絶対のソース〜

これだけは絶対覚えておきたい！ それが白いソースです。白ワインとバターの万能ソースと、ベシャメルに代表される白いルーを使ったソース。そのベシャメルから派生するモルネー、アルマンド、スービーズなど。シチューやグラタンといったお馴染みの料理のおいしさの核になるものです。なめらかで深い味わい、まさにフレンチの醍醐味ですね。

## ソース・ヴァン・ブラン
sauce vin blanc

直訳すると、白ワインのソース。魚介類の料理に欠かせない定番のソースです。ワインの風味を残しつつ一体感を全体に出すために、バター以外の材料を合わせて、とろみが出るまで煮詰めます。白ワインは好みのもので構いませんが、僕が使うのはアリゴテやロワールのソーヴィニヨン・ブラン「プィイフュメ」など。

**【材料】**（作りやすい分量）
白ワイン……150mℓ
エシャロット（みじん切り）……30g
バター……50g
鶏がらスープ……150mℓ
＊保存は冷蔵庫で3〜4日。できるだけ早く使い切る。
直径18cmの鍋

1 ―― 鍋にバター以外の材料を入れ（写真a）、強火で煮詰める。
2 ―― とろみがついてエシャロットがうっすらと顔を出してきたら（写真b）、バターを加え（写真c）、泡立て器でよく混ぜる（写真d）。

**【材料】**（2人分）
鱈……2切れ（1切れ100g）
塩……1.5g
バター……適量
ソース・ヴァン・ブラン（左記参照）……120mℓ

1 ―― 鱈の身側に塩をふり、軽くすり込む（写真a）。
2 ―― バットまたは耐熱皿に薄くバターを塗り、鱈を皮側を上にして並べる。
3 ―― 蒸気の上がった蒸し器に入れ（写真b）、蓋をして強火で4〜5分蒸す。
4 ―― 皿に温めたソース・ヴァン・ブランを敷き、マッシュポテトを置き、3をのせ、ソース・ヴァン・ブランをかける。

つけ合わせ
### マッシュポテト

**【材料】**（2人分）
じゃがいも……2個（160g）
生クリーム（乳脂肪分38%）……50mℓ
塩……1g

1 ―― じゃがいもはゆでて皮をむき、ざっくりとつぶす。
2 ―― 鍋に1、生クリーム、塩を入れて中火にかけ、軽くつぶしながら混ぜる。

▶［ソース・ヴァン・ブラン］を使って

# 鱈のヴァプール

ヴァプールは蒸す料理のこと。意外なようですがフランス料理の歴史の中では比較的新しい調理法で、日本と同じように蒸し器を使います。鱈はフランスでもお馴染みの魚で、庶民の強い味方。家庭料理にも実によく登場します。ソース・ヴァン・ブランは蒸したりゆでたりした素材と相性抜群ですから、たっぷりかけてどうぞ。

▶［ソース・ヴァン・ブラン］を使って

# たらば蟹のヴァン・ブラン

ヴァン・ブランで、もう一品。網焼きの甲殻類ならではの香ばしさをのせた、シンプルかつ贅沢な一皿です。蟹の殻は器代わり。少し深めに切って、焼いている間に蟹のジュースがこぼれないように。焼くときに裏返すなどもってのほか。このソースは海老のグリル、またさっと火を入れた貝類、例えばかきの殻焼き、帆立のソテーなどにも相性抜群です。

**【材料】**（2人分）
たらば蟹……1/2杯（430g）
ソース・ヴァン・ブラン（p.222参照）
……50mℓ
長ねぎ……1本

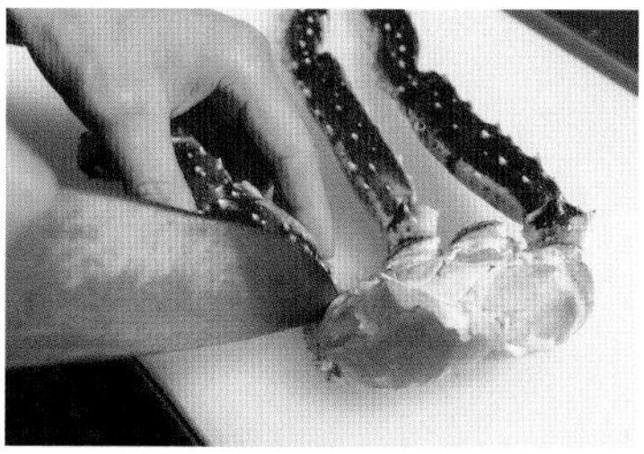

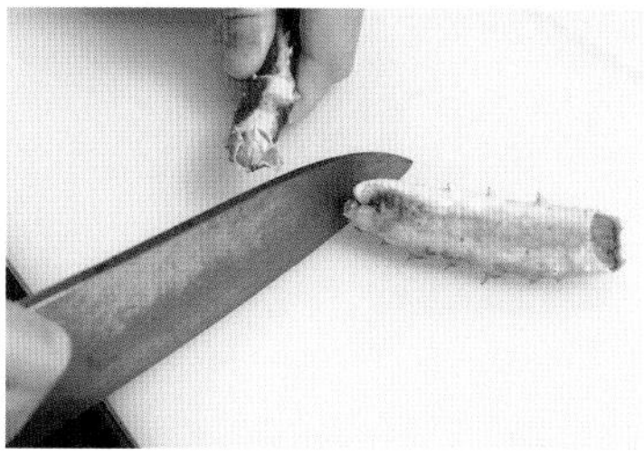

1 ── 蟹の足は胴体から切り離し、関節の柔らかいところに包丁を入れ、長さを半分に切る。

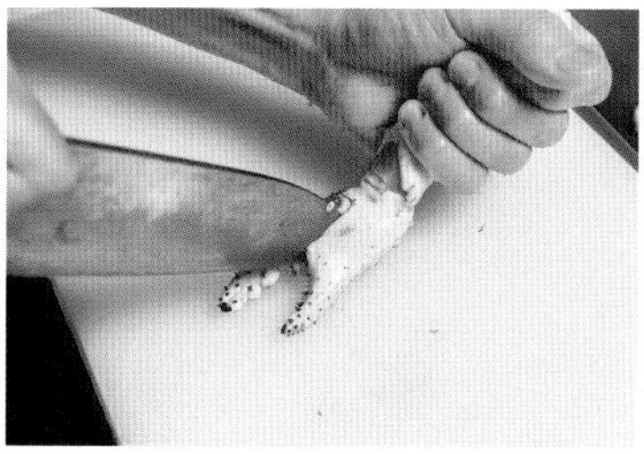

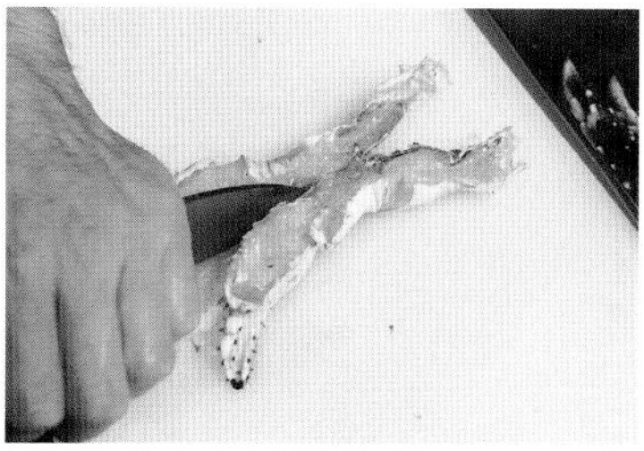

2 ── 爪はハサミの裏側の柔らかいところに包丁を入れ、縦半分に切る。

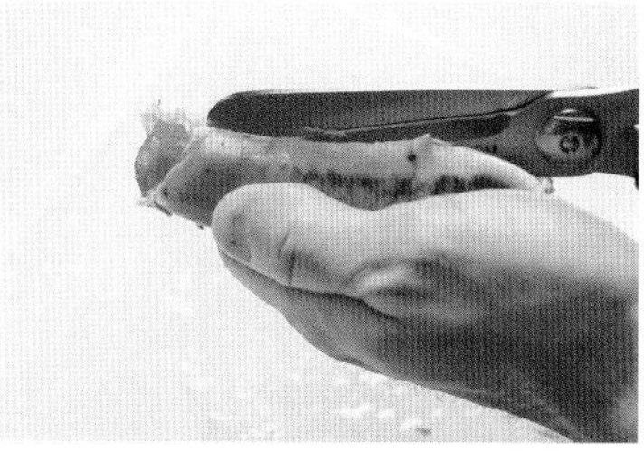

3 ── 太い足は白い部分にキッチンバサミを入れ、殻を厚みの半分より少し多めに切る。身を切らないように注意する。

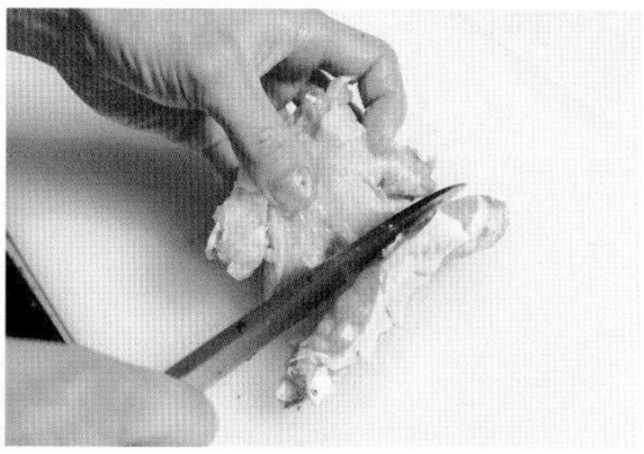

4 ── 胴体は厚みを半分に切る。

5 ── 焼き網を温め、足、爪、胴体を殻を下にして置く。遠火の強火で裏返さずに焼く。殻は焦げてもよい。

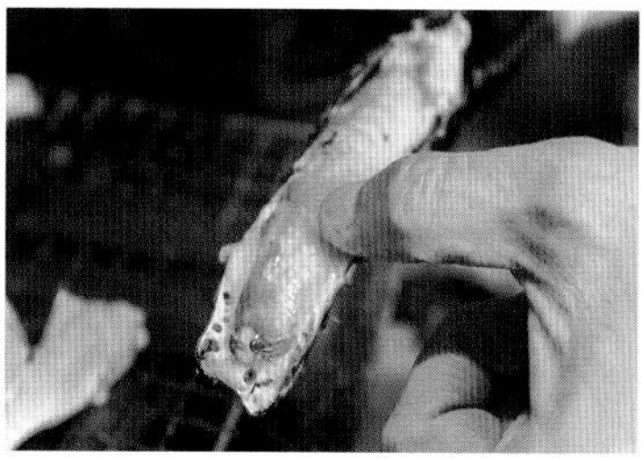

6 ── 身を押して、弾力が出てふっくらしてきたら焼き上がり。

7 ── ソース・ヴァン・ブランをスプーンで殻に流し込むように塗る。

8 ── 長ねぎは7～8cm長さに切り、蟹と同じように網で焼き、蟹とともに皿に盛る。

## ソース・ベシャメル
sauce béchamel

皆さんお馴染みのホワイトソース、それがベシャメルです。材料は3つだけ。その割合は、粉1：バター1：牛乳10が基本です。バターを湯せんなどで溶かして得られる上澄み部分、つまり澄ましバターを用いる方法もありますが、その際に除かれる乳しょうには旨みがある。だから僕はバターをそのまま使って、旨みを最大限に生かします。

**【材料】**(作りやすい分量)

小麦粉（強力粉）……50g

バター……50g

牛乳……500mℓ

＊保存は冷蔵庫で3日間。できるだけ早く使い切る。

直径 21cm の鍋

1 —— ルー・ブランを作る（p.236参照）。

2 —— ルー・ブランに牛乳を7～8回に分けて加える。最初は50mℓほど加え、よく混ぜてひとかたまりにする。火を止め、牛乳70mℓほどを加えてよく混ぜ、ひとかたまりにする（写真a）。火を止めるのは温度差を作らず、ダマを防ぐため。もう一度同様に牛乳を加え、4回目に加えるとき弱火にする。

3 —— 牛乳を3/4量ほど加えるとなめらかになってくる。鍋肌が乾いてきたら、ゴムべらなどできれいにする（写真b）。泡立て器に替え、残りの牛乳を加えてよく混ぜる（写真c）。このときアルミ製の道具を鍋に当てると色が出るので、触れないように混ぜる。ツヤが出て、もったりしたら完成（写真d）。

## ソース・モルネー
sauce mornay

ベシャメルに1/10量のチーズを加えたのがモルネー。チーズはグリュイエールなど好みで構いませんが、僕はコクと旨みの強いパルミジャーノを使います。ベシャメルは冷めると固まります。最初に水を入れるのはベシャメルをほぐしやすくするため。ベシャメルが作りたてなら水を加える必要はありません。

**【材料】**(作りやすい分量)

ソース・ベシャメル（左記参照）……200g

パルミジャーノ・レッジャーノ（すりおろす）……20g

＊保存は冷蔵庫で3日間。できるだけ早く使い切る。

直径 18cm の鍋

1 —— 鍋に水20mℓ(分量外）を入れて沸騰させる。ベシャメルを加え（写真a）、中火で元の状態に戻す。

2 —— なめらかになったら火を止め（写真b）、パルミジャーノを加えて混ぜる。グリュイエールのようにとろりとはせず、少しざらっとした仕上がり（写真c）。

## ソース・アルマンド
sauce allemande

白いルーのソースはベシャメルが有名ですが、そのバリエーションは多岐にわたります。このアルマンドもそのひとつ。定義には諸説あるようですが、僕はモルネーに卵黄を加えたものをアルマンドとしています。ベシャメルにチーズと卵黄を加えたソース、と言ってもいいですね。

**【材料】**(作りやすい分量)

ソース・モルネー(p.226 参照)……50g
卵黄……1 個
＊保存はおすすめしない。使用するたびに作る。

1 —— ボウルにソース・モルネーを入れ、泡立て器でなめらかにほぐす。
2 —— 卵黄を加え(写真 a)、混ぜる(写真 b)。

a

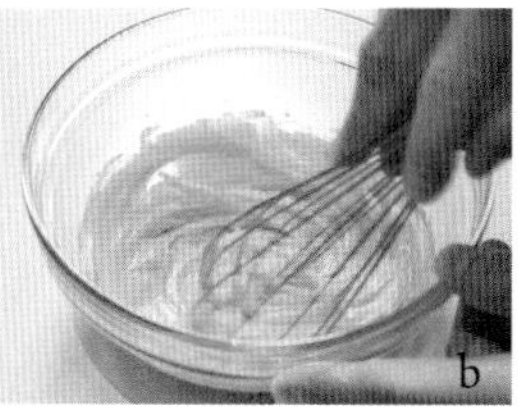
b

## ソース・スービーズ
sauce soubise

しっかり炒めて甘みを出した玉ねぎにベシャメルを合わせたものがスービーズ。ソースの濃度は用途によって変えますが、必ず水で、シノワで漉す前に調節します。牛乳を加えると、せっかくの玉ねぎの香りが負けてしまいます。玉ねぎの佳味を生かしてください。

**【材料】**(作りやすい分量)

玉ねぎ……1 個(130g)
バター……20g
ソース・ベシャメル(p.226 参照)……200g
生クリーム(乳脂肪分 38%)……40g
塩……1 g
＊保存は冷蔵庫で 3 ～ 4 日。できるだけ早く使い切る。

直径 18cm の鍋

1 —— 玉ねぎは薄切りにする。鍋に玉ねぎ、バター、水 100㎖(分量外)ほどを加え、ときどき混ぜながら中火で炒める。水を加える目的は焦げを防ぎ、しっかりと火を通して甘みを出すため。水分がなくなったらそのつど足し、白く仕上げる。
2 —— 玉ねぎの甘みが出たら、ソース・ベシャメルを加える(写真 a)。このとき玉ねぎは水分をしっかり飛ばしておく。ひと混ぜして生クリームを加え、少し煮て玉ねぎの香りを移す。塩を加え、味を調える。
3 —— シノワ(またはざる)で漉す。レードルなどを押しつけて、絞り出すようにする(写真 b)。

a

b

▶［ソース・ベシャメル］を使って

# コンテ・チーズと生ハムのクレープ

クレープ生地はさらりとしているほうが失敗もなくおいしいもの。牛乳の量は状態を見て調節して、試し焼きしてみるといいですね。生地は一気に焼きたいから強めの火加減で。まわりに焦げ色が見えたら裏返して、裏面はさっと。流したときジュワーッと音がしたら焼けている合図です。ベシャメルはフィリングとソースのダブル使い。豊かな味わいを堪能します。

**【材料】**

［クレープ生地］
直径 18cm のクレープ約 7 枚分
全卵……1 個
小麦粉（強力粉）……40g
牛乳……130mℓ
塩……0.5g
ブール・ノワゼット（p.236 参照）
……10g
バター……適量

［フィリング］クレープ 2 枚分
コンテ・チーズ……60g
ソース・ベシャメル（p.226 参照）
……100g
生ハム……大 2 枚

［ソース］クレープ 2 枚分
ソース・ベシャメル（p.226 参照）
……40g
牛乳……40mℓ
塩…… 1 g

直径 24cm（底面 18cm）のフライパン、小鍋

1 ── ［クレープ生地］ボウルに卵、小麦粉を入れ、泡立て器でグルテンが出るまでよく混ぜる（写真 a）。

2 ── 1 に牛乳を少しずつ加えながら混ぜる。指ですくってみて、残らずサーッと流れるくらいの濃度にする（写真 b）。塩を加えて混ぜる。ブール・ノワゼットを加えて混ぜ、シノワ（またはざる）で漉す。

3 ── フライパンにバター少量を強めの中火で馴染ませ、煙が出たら 2 の約 1/7 量を入れる。フライパンを回して全面に広げ、余分はボウルに戻す（写真 c）。はみ出した部分は切り取り、まわりが色づいてきたら裏返す（写真 d）。ひと呼吸おいて取り出す。残りも同様に焼く。

4 ── ［フィリング］コンテ・チーズは 1cm 角に切る。鍋にコンテ・チーズとソース・ベシャメルを入れて弱火にかけ、混ぜて一体化させる。

5 ── ［整形］クレープは先に焼いた面を下にし、生ハムを横向きに置き、4 の 1/2 量を中心に横長にのせる（写真 e）。左右をたたんで押さえ、手前から向こう側へ巻く（写真 f）。

6 ── ［ソース・仕上げ］鍋に牛乳と塩を入れて中火にかけ、温まったらソース・ベシャメルを加え、混ぜて溶かす。皿に 5 を盛り、ソースをかける。

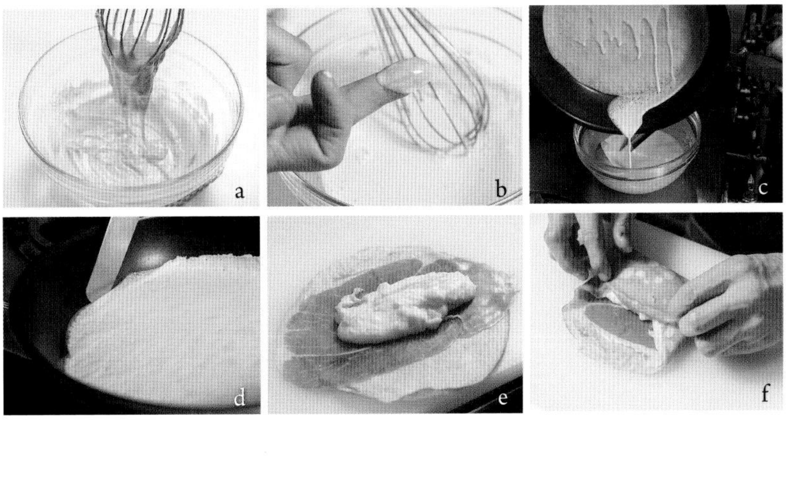

▶［ソース・モルネー］を使って

# 里いものグラタン

パルミジャーノ・レッジャーノのコクが効いたこのソースは、どんな素材にもよく合います。いも類はもちろん、他の根菜、葉ものにも。マカロニなどを加えたオーソドックスなグラタンもいいですね。里いもはゆでても構いません。乱切りはあえて不揃いにするのが好み。大小のグラデーションがあったほうが食感も楽しめますし、焼きの濃淡もついて効果的です。

**【材料】**（2 皿分）

＊直径 15cm・容量 200mℓの耐熱皿
里いも……3 ～ 4 個（240g）

A
- 生クリーム（乳脂肪分 38%）……40mℓ
- 水……40mℓ
- 塩……1g

ソース・モルネー（p.226 参照）……200g
白こしょう……少量
パルミジャーノ・レッジャーノ（粉）……5g

直径 15cm の鍋

1 ── 里いもは皮つきで耐熱容器にのせ、蒸気の上がった蒸し器に入れ、蓋をして中火で 15 分ほど蒸す（写真 a）。皮をむき、乱切りにする。

2 ── 鍋に A を入れて中火にかける。温まったらソース・モルネーを加え、混ぜて溶かす。白こしょう、パルミジャーノを加えて混ぜる。仕上がりはサラサラの状態（写真 b）。

3 ── 耐熱皿に里いもを入れ、2 を流し入れる（写真 c）。200℃ほどのオーブンで表面に焼き色がつくまで焼く。

a

b

c

▶［ソース・アルマンド］を使って

# スフレ

スフレの型は側面がまっすぐなものを選ぶこと。段差があるとうまく立ち上がらないので、その場合は生地を入れるのは段差まで。側面に塗るバターと粉が膨らみの邪魔をするので、生地を流し込んだら段差より上を必ず拭き取ります。最初にレンジで温めるのは失敗を防ぐため。直火で加熱するのも同じ理由です。このひと手間をかけて少し膨らませておくことで、スフレの成功率がぐんと上がります。

**【材料】**（2 個分）

＊直径 8cm・容量 160mlのココット型

ソース・アルマンド（p.227 参照）……50g

A
- 卵白……80g
- 塩……1g
- クリームタータ［膨張剤］……2.4g

パルミジャーノ・レッジャーノ（粉）……5g

バター、小麦粉（強力粉）……各適量

a

b

c

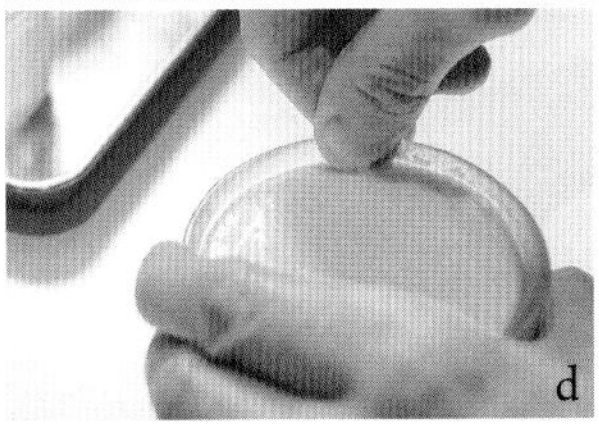
d

e

1 —— 型の内側全体にバターを薄く塗り、小麦粉をまぶして余分は落とす（写真 a）。冷蔵庫で冷やす。

2 —— ボウルに A を入れ、しっかり角が立つまで泡立てる（写真 b）。

3 —— 別のボウルにソース・アルマンド、パルミジャーノを入れ、2 をひとすくい加えて混ぜる（写真 c）。残りも加え、さっくりと混ぜる。

4 —— 1 の型に 3 を入れる。量は型上部の段差まで。容量は 130ml。段差の部分のバターと小麦粉を拭き取る（写真 d）。

5 —— 電子レンジ（500W）で 15 秒加熱する。バットに網をのせて型を置き、湯を張って強火の直火にかける。まわりが膨らんできたら（写真 e）、200℃のオーブンで 10 分、湯せんで焼く。

▶［ソース・スービーズ］を使って

# 鶏ときのこのフリカッセ

ベシャメルと玉ねぎを合わせたスービーズは煮込み料理にもぴったりのソースです。僕は通常、鶏肉は反り返りを防ぐために身側から焼くのだけれど、この料理では筋切りをするのと、切り方も小さいので皮側からで大丈夫。それでも基本は同じです。きのこは種類、量ともにお好みでどうぞ。鶏の旨みをきのこに吸わせつつ、火を入れるときのこ自体からも旨みが出てくるので、ソースのおいしさをより高めます。

**【材料】**（2～3人分）

鶏もも肉……2枚（500g）
塩……3.5g
きのこ（エリンギ、しいたけ、
　マッシュルーム、しめじ、
　まいたけなど）……合わせて350g
黒こしょう……少量
ソース・スービーズ（p.227参照）
　……50g

直径26cmのフライパン

1 —— 鶏肉は筋を切って焼き縮みを防ぎ、大きめのひと口大に切る。塩2gをふり、もんで馴染ませ、室温に最低でも15分おく。きのこは石づきがあるものは除き、食べやすい大きさに切る。

2 —— フライパンに鶏肉を皮目を下にして入れ、中火で焼く。鶏肉から脂が出てくるが、フライパンの上をすべらせるように動かし、常に肉の下に脂がある状態を保つ。脂をスプーンですくい、肉にかけながら焼く。脂が多すぎるようなら取り除く。ただし、この脂できのこを焼くので、取りすぎないこと。

3 —— 肉の表面から透明な肉汁が出てきて、皮においしそうな焼き色がついたら裏返す。

4 —— 肉の裏側に軽く焼き色がついたら、きのこを加える。

5 —— きのこに鶏肉の旨みを吸わせるようにひと混ぜし、塩1.5g、黒こしょうをふり、混ぜる。

6 —— きのこが鶏肉の脂を吸ったら、ソース・スービーズを加える。

7 —— 強火でひと煮立ちさせる。ソース・スービーズは火を入れるとゆるくなり、きのこの水分（旨み）も出てくるので、さらりとしたソースに仕上がる。

## ハーブピュレ

**【材料】**（作りやすい分量）

ディル……3g
セルフィーユ……4g
エストラゴン……1g
イタリアンパセリ……7g
オリーブ油……30mℓ

＊保存：冷蔵庫で約１週間

1 ── ハーブは合わせてみじん切りにする。

2 ── まな板の上でオリーブ油を加える。数回に分けて加え、そのつど包丁でたたいて混ぜ、ハーブをさらに細かくする。油を加えると色止めにもなる。

3 ── オリーブ油を混ぜ合わせたら、裏ごし器で漉す。家庭で使う場合は漉さなくてもよい。ミキサーは熱をもってえぐみが出てしまうので使わない。

## にんにくオイル

**【材料】**（作りやすい分量）

にんにく……25g
オリーブ油……150mℓ

＊保存：冷蔵庫で数日間

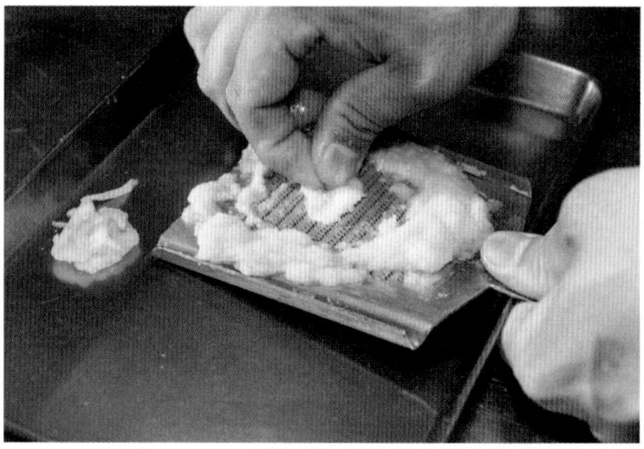

1 ── にんにくはすりおろす。根元は繊維があっておろせないので使わない。

2 ── ボウルににんにくを入れ、オリーブ油を少しずつ垂らしながら加え、泡立て器で混ぜ合わせる。すりおろしたにんにくの間にオリーブ油がきれいに入っていかないとダマになるので、オリーブ油は少しずつ垂らし、手を休めずしっかり混ぜる。手応えが、重くもったりしてきたらでき上がり。

## セミドライトマト

**【材料】**(作りやすい分量)

トマト……6 個(600g)
塩……3g
オリーブ油……大さじ 1

＊保存：冷蔵庫で約 2 〜 3 週間

1 ── トマトは 8 等分のくし形に切ってバットに並べ、まんべんなく塩をふる。

2 ── トマトからうっすらと水分が出てきたらオリーブ油をかける。

3 ── オーブンを予熱して、150℃で 5 分焼く。100℃にし、さらに 2 時間ほど乾燥させる。状態を見ながら、焦がさないように温度調節をする。

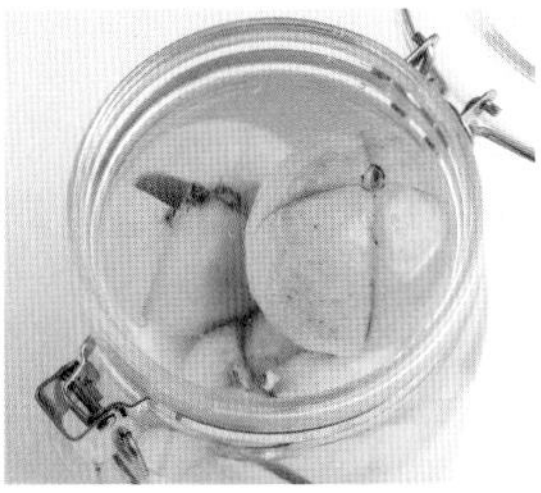

## シトロン・サレ

**【材料】**(作りやすい分量)

レモン(無農薬)……5 個
グラニュー糖……500g
塩……100g
水……500mℓ

＊保存：冷蔵庫で約 2 週間

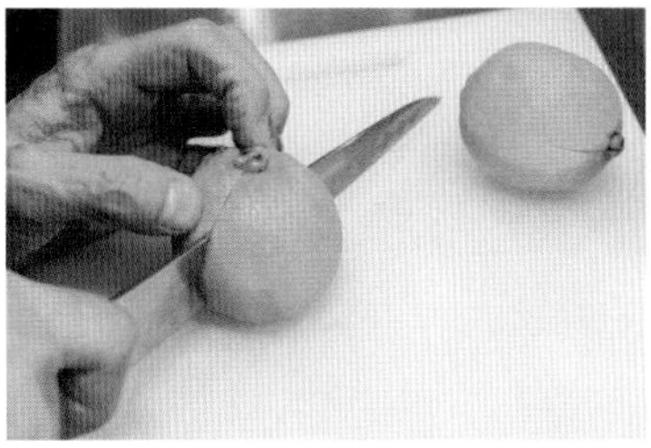

1 ── レモンはへたのほうから十字に切り込みを入れる。深さは 2/3 ほど。

2 ── ボウルにグラニュー糖 50g、塩 10g を混ぜ合わせて 5 等分し、1 の切り込みに詰め込む。瓶に切り込みを上にして入れる。

3 ── 鍋に残りのグラニュー糖と塩、水を入れて強火にかけ、泡立て器で混ぜて溶かす。冷まして 2 に注ぎ入れる。翌日から使える。

## にんにくと緑オリーブのコンフィ

**【材料】**(作りやすい分量)

にんにく……球のまま 4 個(260g)
緑オリーブ(缶詰。種なし)……150g
オリーブ油……400mℓ
ローズマリー……1 枝
タイム……6 〜 7 枝

＊保存：常温または冷蔵庫で約 1 週間

1 ── にんにくは皮つきのまま 1 かけずつに分け、緑オリーブとともに鍋に入れる。オリーブ油を加え、強火にかける。

2 ── ふつふつとしてきたら弱火にし、小さい泡が出る状態を保ちながらゆっくり加熱する。揚げものではないので、焦がさないよう火加減に注意する。

3 ── にんにくに竹串を刺してスッと通るようになるまで、30 分ほど加熱する。瓶に移し、ローズマリー、タイムを加え、粗熱がとれたら蓋をする。一晩おくと使いごろ。

# ルー・ブラン

**【材料】**

材料・分量は各料理ページ参照

＊保存：冷蔵庫で約１週間

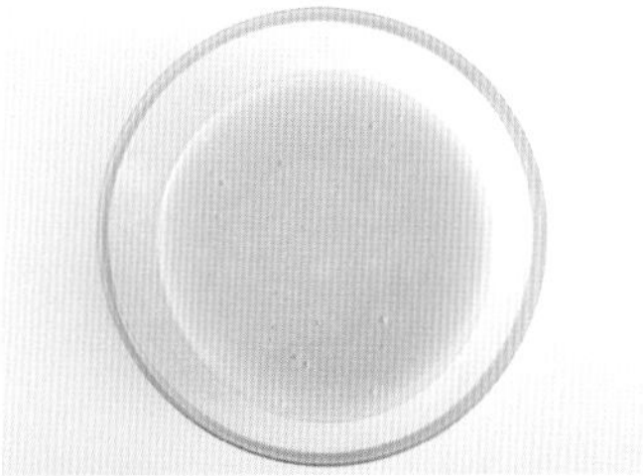

1 ── 鍋にバターを入れて中火にかけ、溶け出したら火を止め、完全に溶けたら、小麦粉を一気に加える(a)。熱いとダマになるので、火を止めたままよく混ぜる。

2 ── 弱火にかけ、木べらで鍋底から全体に絶えずかき混ぜ、焦がさないように炒める(b)。最初は団子状になる。

3 ── 炒めていくと団子がなめらかになり、ツヤが出てくる。木べらで鍋底をかくと跡が残る状態(c)。

4 ── さらに炒めていくとふつふつと泡立ってくるので火を弱める。黄色がかった色が白っぽくなり、かき混ぜるときの手応えが軽くなったら粉に火が通った合図。木べらで鍋底をかくと、跡が残らずすぐに戻ってくる(d)。これがルー・ブラン。ここから用途に合わせて液体を加える。

＊ルー・ブランはソースのベースになるもの。バターの分量を１～２割ほど多くすると失敗が防げます。加える液体によってソースの名前が変わります。また、用途によって濃度（液体の割合）が変わります。

[ソース]
ルー・ブランに牛乳を加えると▶ソース・ベシャメル
ルー・ブランにコンソメを加えると▶ソース・ヴルーテ

[用途]
スープ▶粉１：バター１：液体20～25（すくうとさらりと流れ落ちる程度）
グラタン▶粉１：バター１：液体15～20（少しもったりと流れ落ちる程度）
クリームコロッケ▶粉１：バター１：液体６～10（しばらくしてもったりと落ちる程度）

# ブール・ノワゼット（焦がしバター）

**【材料】**

バター……分量は各料理ページ参照

1 ── 小さめのフライパンにバターを入れて強火にかけ、フライパンを傾けて動かし、バターを回す。

2 ── バターが溶けてくると大きな泡が出てくるが、焦げを均一にするために回し続ける。

3 ── うっすらと色づいてくるが、泡はまだ大きいまま。

4 ── 泡が細かくなり、すっと落ちるように消える瞬間がある。この状態がブール・ノワゼット。

## ミロワール

**【材料】**
赤ワイン……分量は各料理ページ参照

1 —— 鍋に赤ワインを入れて強火にかけ、鍋を回しながら煮詰める。

2 —— 水分がなくなり、すべりが悪くなって鍋底が見え、ツヤが出てくる。このツヤツヤになった状態がミロワール。ミロワールはフランス語で「鏡」の意味。

＊コクと深みを出したい場合はブランデー、キレを求めるなら赤ワインヴィネガー、丸みを足したいならクレーム・ド・カシスをそれぞれ赤ワインに加えてミロワールする。

## 野菜の下処理

### じゃがいもをゆでて皮をむく

・じゃがいもは水から、ゆっくりゆでるのが原則。時間をかけるとアルファ化しやすく、粘着性が出てきます。フランス料理では「微笑むように煮る」と言いますが、決してボコボコと沸騰させず、細かい泡が出てやさしくゆらめく火加減をキープします。店だと4～5個のじゃがいもをゆでるのに小1時間はかけます。急ぐ場合は切ってゆでてもいいでしょう。

・鍋にじゃがいもとたっぷりの水を入れ、強火にかける。沸騰したら弱火にしてゆでる。

・串を刺してみて、すっと通ればゆで上がり。

・湯をきり、皮をむく。熱ければペーパータオルやふきんを使う。

### 玉ねぎを炒める

・玉ねぎを炒める目的は甘みを引き出すこと。玉ねぎは火を通すと甘くなりますが、焦げてしまっては台無し。しっかりと火を通すために水を加えます。タイミングは最初から。ときどき混ぜながら弱めの中火で加熱します。水分がないと火の通りにばらつきが出るので、少なくなったらそのつど大さじ2～3ずつ足します。辛みが消えて甘みが出たら炒め上がり。みじん切りや色紙切り、どの切り方でも炒め方は同じです。

・最初に加える水は、ひたひたに加えて大丈夫。

・水分が足りないと焦げる。炒め玉ねぎは白く仕上げたいので、焦げないように水を足す。

# 野菜の下処理

## トマトの湯むき

・トマトは皮をむいて使うのが基本。皮は加熱しても柔らかくならないので、口に残って食感がよくありません。加熱することで皮が縮んでめくれ、むきやすくなります。

・トマトは先の細い包丁を斜めに入れてへたをくりぬき、反対側に十字の切り込みを入れる。

・鍋に湯を沸かし、グラグラと煮立ったところにトマトを入れる。6～7秒で取り出す。

・すぐに冷水に入れて冷ます。

・粗熱がとれたら包丁で皮を引き起こすようにむく。

## トマトの焼きむき

・数が少ない場合は焼きむきのほうが手間がかかりません。フォークは焦げても心残りのないものを使ってください。

・へたの部分にフォークなどを刺し、直火にかざして全体を焼く。皮が裂けたら、湯むきと同様に冷水に入れて冷まし、皮をむく。

## パプリカの焼きむき

・パプリカは皮が堅いので取り除いて口当たりをよくします。また、加熱することで果肉が凝縮してほくほくになります。ただし、フレッシュ感を残したい場合は焼かずにむきます。

・焼き網を強火にかけ（またはグリル）、パプリカをのせて全体を真っ黒になるまで焼く。

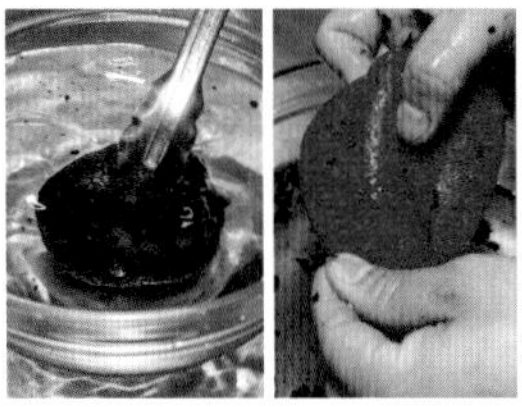

・冷水に入れて冷まし、真っ黒に焼けた皮を取る。

## トマト缶の裏漉し

・口当たりのよさはおいしい料理の大前提。トマト缶も裏漉しして調理します。店ではシノワを使いますが、ざるでも充分裏漉しできます。

・ボウルの上にざるをのせ、手でトマトをざるに押しつけるようにして漉す。

## ホワイトアスパラガスの皮むき

・ホワイトアスパラガスはもともと皮が堅いので、厚めに皮をむきます。まんべんなく皮をむくためには、断面が丸くなるようにします。

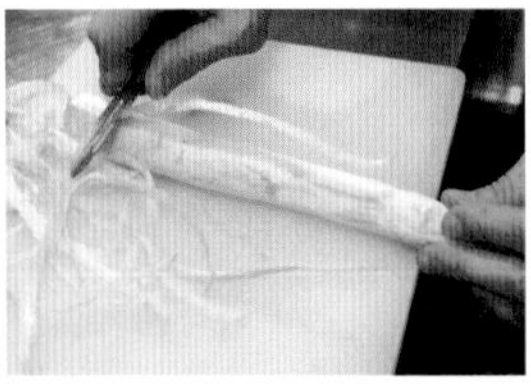

・アスパラガスを回しながらピーラーで穂先側からむく。

・山ができないように丸くむくと筋が残らない。

## アスパラガスの下処理

・アスパラガスは収穫して時間がたつと表面が乾いて堅くなります。堅いところは必ず取って抵抗なく噛める柔らかさにします。

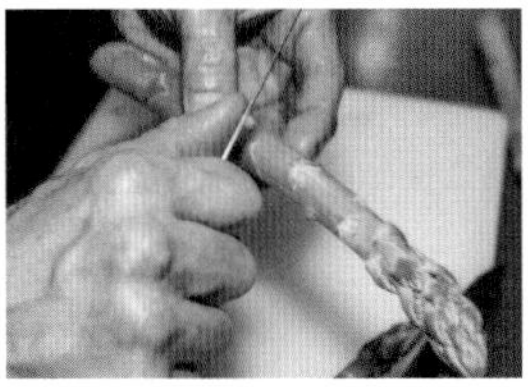

・はかまを削り取る。はかまをめくってみて、中に若芽があるところは取らない。

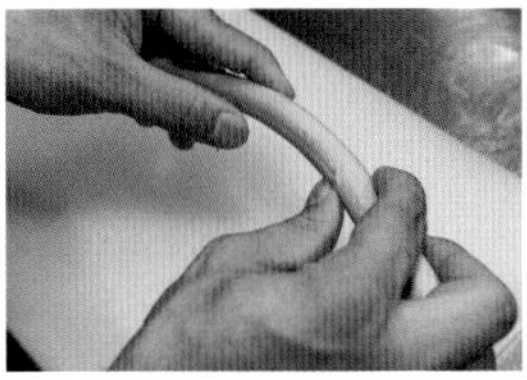

・根元のきわと5cmぐらいのところを持って曲げ、曲がり始めを切る。この根元側が堅い部分。

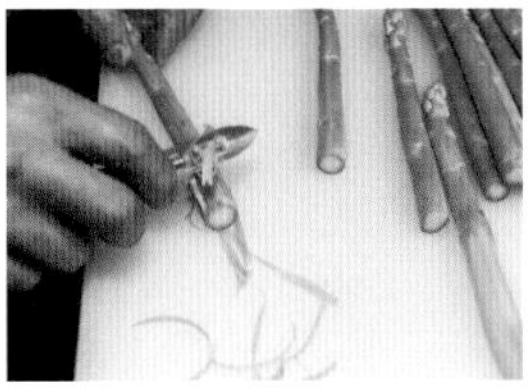

・さらに堅い根元側は皮をむく。

### スライサーでせん切りにする

・ヴィネグレットを食材にしっかりからませたいサラダなど、せん切り用スライサーを使います。包丁だと切った面が平らでツルツルしますが、スライサーを使うと凹凸ができて表面積が大きくなり、ヴィネグレットがからみやすくなります。

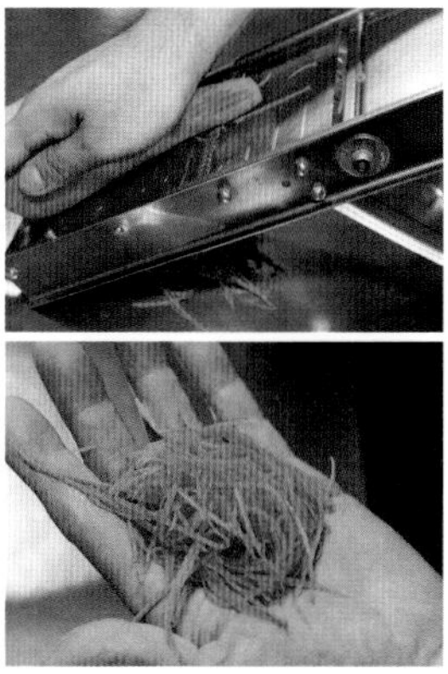

・縦に長いせん切りにする。

### ブロッコリーを小房に分ける

・「小房に分ける」とは根元を切り落として小さなかたまりに分けることですが、芯も下処理して無駄なく使います。

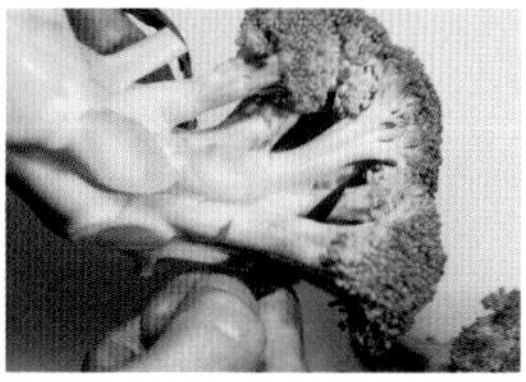

・小さなかたまりの内側から包丁を入れ、切り分ける。

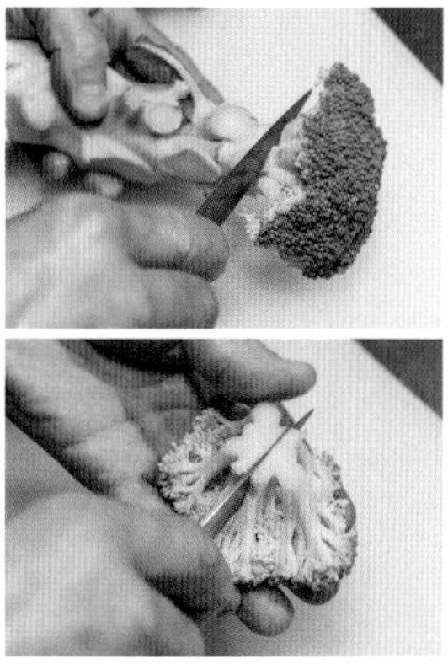

・中心部分の大きなかたまりは細い茎のすぐ下で切り落とし、底から包丁を入れて割り、大きさを揃える。

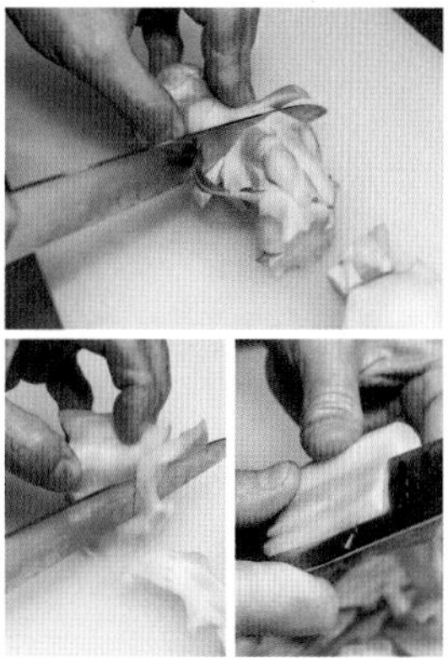

・茎は根元の堅いところを取り、3～5cm 長さに切る。まわりを切り落とし、筋がなくなるまで桂むきする。

### 玉ねぎの切り方

・玉ねぎは（玉ねぎに限らず素材全般に言えることですが）、火の通りを均一にするために大きさを揃えることが大切。結果、見栄えもよくなります。また、外側が乾いていると、シワがあったり黄みがかっていたりして、煮ても炒めてもおいしくはならないので必ず除きます。

・内側から外側までを3等分ほどにし、別々に切る。

### 縞目にむく

・縦に1～2cm 間隔で皮をむくことを「縞目にむく」と言います。火の通りが早くなる、味が染み込みやすくなるなどのほか、色あいなどの見栄えにも一役買います。きゅうりの場合は皮の味が強すぎるので、強い味を和らげる効果もあります。

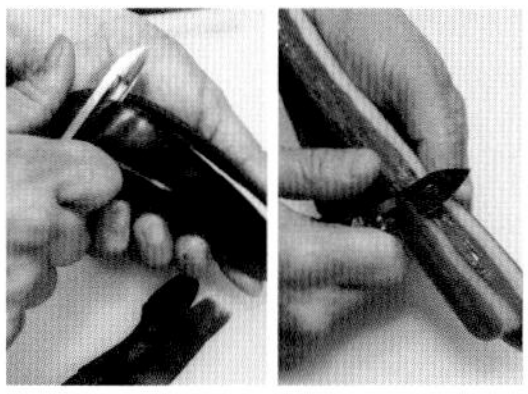

・等間隔にむくにはピーラーが使いやすい。

### 面取り

・面取りとは、角切りや輪切り、ひと口大にした野菜の角を薄くそぎ取ることで、煮崩れを防ぎます。

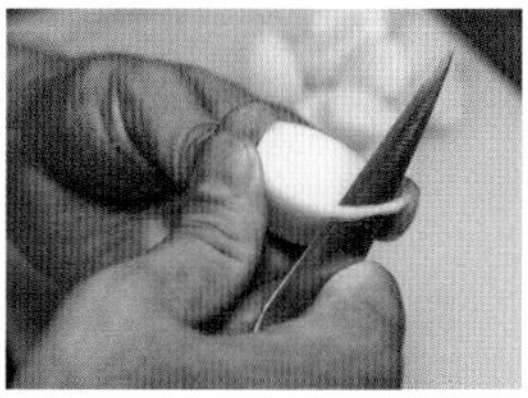

・切り口の角を薄くそぎ取り、丸くしていく。

### 玉ねぎ・きゅうりの塩もみ

・食材に塩をふり、軽くもむのが塩もみ。ぬめりを取る、歯応えをよくするなど、食材によって効果が異なります。玉ねぎやきゅうりの塩もみは、辛みやアクなどの料理に邪魔な雑味を取り、歯触りをよくします。

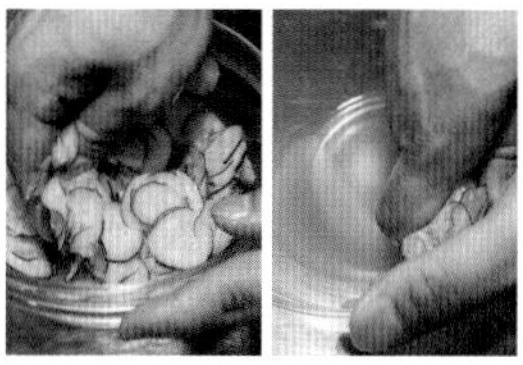

・塩をふり、手でもむ。
・水分が出てきたら、水にさらし、しっかり絞る。

### オクラの板ずり

・オクラの板ずりには、産毛を取って表面をなめらかにする、色を鮮やかにする、アクを抜くなどの効果があります。

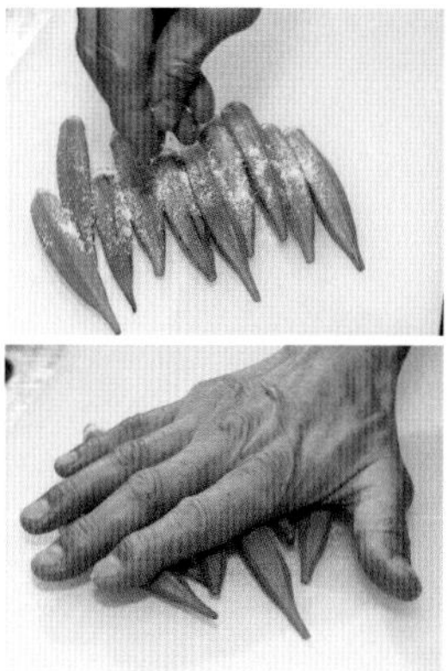

・へたの先と堅いところを切り取る。
・まな板の上にオクラをのせ、全体に塩をまぶす。手のひらで表面をこすりつけるように転がし、塩をすり込む。

**谷 昇** Tani Noboru

1952年8月4日生まれ。東京都出身。血液型はA型。アンドレ・パッション氏率いる六本木「イル・ド・フランス」でフレンチの世界に入る。24歳で渡仏。帰国後レストランのシェフや調理師学校講師を経て、37歳で再びフランスへ。アルザスの3つ星レストラン「クロコディル」や2つ星レストラン「シリンガー」などで修業をする。帰国後は「オー・シザーブル」などでシェフを務めたあと、94年「ル・マンジュ・トゥー」のオーナーシェフに。2006年に同店改装リニューアル。著書に『素描（デッサン）するフランス料理』『ル・マンジュ・トゥーの全仕事』（柴田書店）、『ル・マンジュ・トゥー 谷昇シェフの ビストロ流ベーシック・レシピ』『ビストロ流 谷昇シェフの スープと煮込み』（世界文化社）など。2012年、辻静雄食文化賞専門技術者賞を受賞。2021年からスタートしたSNSでは調理技術を動画でアップ。内外の料理人からも注目されている。（Instagramアカウント：lemangetout）


◆ 撮影：原 務（カバー、p.2、11、43、75、99、153、183、240）
◆ 写真：日置武晴（p.12～41、44～49、51～63、65～69、150～152、154～157）
原 務（p.4～5、10 、42、50、53、64、70～74、76～98、100～149、158～182、184～239）
◆ ブックデザイン：椎名麻美
◆ DTP協力：株式会社 明昌堂
◆ 校正：株式会社 円水社
◆ 編集協力：河合寛子
◆ 編集部：川崎阿久里

本書は小社刊『ル・マンジュ・トゥー 谷昇シェフの ビストロ流ベーシック・レシピ』『ル・マンジュ・トゥー 谷昇シェフの ビストロ流おいしいソース・レシピ』（共に編集：坂本敦子＋株式会社世界文化クリエイティブ）、『フレンチのきほん、完全レシピ』の一部を再編集して新たに構成したものです。なお、刊行にあたり、材料やレシピの一部を改訂しています。


---

**ル・マンジュ・トゥー 谷昇シェフの**
**ビストロ流 完全レシピ**
**絶対おいしく作れる　永久保存の120品**


発行日　2023年6月10日　　初版第1刷発行

著者……谷 昇
発行者……竹間 勉
発行……株式会社世界文化ブックス
発行・発売……株式会社世界文化社
〒102-8195　東京都千代田区九段北4-2-29
電話　編集部03（3262）5129
販売部03（3262）5115

印刷・製本……株式会社リーブルテック



ISBN 978-4-418-23305-2